日本近世史を見通す

6 宗教・思想・文化

上野大輔・小林准士【編】

吉川弘文館

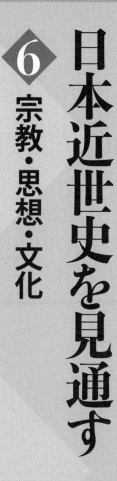

刊行にあたって

日本近世史の研究は、豊かな成果をうみ出している。時の経過とともに、研究する側での関心の持ち方や、問題意識といえるようなものも、当然変化してきている。そうした変化に伴って、さまざまな研究の成果も、豊富かつ多様にもたらされたのであった。こうした、現在の歴史学研究の成果を、そして近世史研究がこれまでに到達した見地を、このシリーズでは集成してみたい。

しかし、こうした豊富さは、その反面で否応なしに、大きな課題をも出現させている。きわめて多様な研究成果のすべてを見渡して論じることが困難になり、従来「研究の個別分散化」といわれてきた事態を克服することもまた、非常に難しくなった。専門家は、以上の状況に苦慮しつつも、日日なんとか対応しているのだが、一方ではそれぞれ専門とする分野も大きく分け隔てられたままであり、また研究分野の間で充分な相互理解が確保されているとは、とうてい言い難い面があるのもまた、現状である（政治史研究と社会史研究のギャップは、その最たるものであろう）。また従来、近世の初期から幕末期までを貫いて見通すような、通史の観点が現れていないことも問題視されていた。世界史と連関させて近世日本をとらえるアプローチも、いまだ不充分である。近年、シリーズ企画や研究講座のような出版物が相次いで企画されてきたにもかかわらず、このような問題の所在は、大きく変わっていないのではないか。本シリーズではひとまず、こうした認識の上に立って、それぞれの専門的な研究成果をただ持ち寄るのにとどまることなく、視角や問題意識についても可能な限りでの総合化を目指し、近世という時代を見通すことをねらっている。

このシリーズでは、時代をみていく視角を総合化する試みとして、次のような工夫をこらしている。全体を七巻から構成するものとし、最初の三巻については、歴史の通時的な経過を示す、通史的な研究の成果にあてている。続く四巻から六巻までは、テーマ別の編集とし、この時代を考えるうえでは不可欠と思われるような、重要な研究動向を取りあげた。以上の全巻をあわせ読むことで、大きく展望を得たいというのが、ここでの考えである。参考文献の提示などは必要な限りでの提示にとどめ、全体にわたって、一読して理解しやすい内容を、幅広く盛り込むことを期した。また、最終巻の七巻では、シリーズ全体での議論を集約し、関連する問題についての討究を行ったうえで、近世史研究において今後に残された課題についても検証することとしたい。

まず、劈頭《へきとう》に位置する**第一巻『列島の平和と統合―近世前期―』**では、おおよそ織豊《しょくほう》政権の時代から四代将軍・徳川家綱《とくがわいえつな》の時代まで、すなわち一六世紀末から一七世紀後半までの時期を扱っている。近世社会における秩序の形成について、政治過程や対外関係を中心として論じ、「平和」の到来と軍事体制との関係、キリスト教禁教と対外方針の転換にまで説き及んでいる。続く**第二巻『伝統と改革の時代―近世中期―』**では、元禄時代と呼ばれる将軍綱吉《つなよし》の時代、つまり一七世紀末以降、田沼《たぬま》時代と呼ばれる一八世紀後半までの時期を取りあげる。長期にわたって社会の伝統化が進行する一方、初発の危機的な状況を迎えて、幕政・藩政ともに改革政治による対応を余儀なくされる段階である。通史の最後は、**第三巻『体制危機の到来―近世後期―』**が、対応している。一九世紀以降、「大御所《おおごしょ》時代」と呼ばれる時期に深化した政治的・社会的矛盾のなか、到来した対外危機に対して近世国家による対応はどのようなものであったか、また巨大な世界史的動向のなかで、幕末の政治変動はいかなるものとなったかが問題とされる。

研究史上に大きな位置を占めている、重要なテーマ群にあたっては、次の各巻を用意した。**第四巻『地域からみる近世社会』**では、研究史の焦点の一つであった地域社会論を中心に論じている。都市と農村、社会と支配権力のあり方について、広く目配りを効かせての解明を進めている。**第五巻『身分社会の生き方』**は、最重要課題の一つである身分論をベースとして、近世に生きた人びとの生活過程に踏みこんだ検討を行っている。諸集団と個人、人・モノ・カネの動き、生死に関わる状況といった問題群に注意したい。**第六巻『宗教・思想・文化』**では、近年に格段の進展をみせた宗教史と思想史における研究、その双方をともに見渡して、近世文化史全般にもわたる総合的な見地を獲得することをめざしている。分野横断的な論点の提示がますます期待されるところである。以上、政治史研究や国家論の検討にもとづく成果を盛り込んだ通史的研究の巻のみならず、近世社会の重要な諸動向を追究したこれらテーマ別の巻をあわせて提示することで、総合的かつ動態的な歴史過程の把握をめざしたい。

本シリーズの刊行をもって、既存の研究動向をことごとくカバーしたなどと豪語するつもりはもちろんない。全体としての構成には充分に反映しきれなかった研究視角や動向が、なお多く存在していることは承知している（ジェンダー・環境・災害・医療の歴史など）。しかし、今回ここに集成したような数々の論点に向き合うことを抜きにして、今後の研究を前進させることは難しいだろう。本シリーズでの見地から発して歴史像が広く共有され、そのうえでいっそうの議論が喚起されるよう、強く願うものである。

荒木裕行　岩淵令治
上野大輔　小野　将
小林准士　志村　洋
多和田雅保　牧原成征
村　和明　吉村雅美

目　次

プロローグ

多彩な文化をみる視角

小林准士

宗教と学問の展開

近世になると、庶民の葬儀や法事を行う寺院が数多く成立し、各寺が諸本山に所属し宗派別に仏教教団が分立するようになった。一方、五穀豊穣や家内安全などを祈った神社には、僧侶や修験者《しゅげんじゃ》などさまざまな宗教者が関わっていた。そうしたなか、神社に奉仕する神職らを組織した京都の吉田家《よしだけ》は仏教色を排除した神道説や儀礼を発展させ、影響力を広げていった。

中世には禅僧や公家によって教えられていた儒学《じゅがく》は、近世になると俗人の儒者によって教えられるようになり、後期には藩校《はんこう》や私塾などの教育施設を通じて学ぶ者が増えていった。また、日本の古典を研究する国学《こくがく》やオランダ語の習得を基盤にして始まった蘭学《らんがく》、洋学も近世後期には発展した。

儒学と同じく中世には僧侶が主な担い手であった医療も、近世になると儒学との関わりが深まり、儒学の教授を兼ねる儒医《じゅい》や俗体の医者の方が一般的となっていった。こうしたなか、朱子学《しゅしがく》との関わりが深い後世方《こうせいほう》、伊藤仁斎《いとうじんさい》や荻生徂徠《おぎゅうそらい》らが唱えた古学《こがく》との関わりが深い古方《こほう》が医学流派として成立し、近世後期には蘭学を取り入れた蘭方医《らんぽうい》も出現した。

芸能と文芸の発展

中世後期に生まれた仮面劇である能楽《のうがく》は、近世になると武家の式楽《しきがく》として取り入れられ、幕府や諸藩は観世《かんぜ》・宝生《ほうしょう》などの諸流の能役者を召し抱えるようになり、伝統芸能として社会に定着した。また、歌舞伎《かぶき》や浄瑠璃《じょうるり》などの演劇も新たに興り、都市を拠点にして人気を博すようになった。同じく中世後期に普及した喫茶を通じて人をもてなす芸能である茶道も、近世にはいくつかの流派が成立し、家元制《いえもとせい》のもとで武士だけでなく庶民らにも習われるようになった。

古代以来の伝統的文芸である和歌は、公家の家職として受け継がれ教授されるとともに、国学の発展と相まって地下《じげ》(民間)の歌人によっても指南された。また、連歌《れんが》から派生した俳諧《はいかい》や、和歌から派生した狂歌《きょうか》は、社会的な階層を問わず広く親しまれるようになった。さらに儒学の普及と並行して漢詩も盛んにつくられるようになった。

このように近世になり平和が訪れると、政治体制が安定し経済が成長するなかで、さまざまな文化を享受する人びとが支配階層の間だけでなく、社会的な中間層にも多く出現するようになった。また、仏・儒・神などさまざまな教えを聴聞し、読み書きを習い、俳諧や和歌を詠み、漢詩をつくり、謡いを吟じ浄瑠璃を語る素人もそれぞれ増加した。これに伴い、文芸・芸能・学問・宗教が多様化し、それらを伝える担い手も分化していった。文化の領域においても、職分をめぐる競合と棲み分けという過程を通じて、職能に応じた諸身分やさまざまな流派が形成されたのは、近世という時代の特徴であろう。

社会の世俗化

このような文化領域における職能に応じた諸身分の成立とならんで進展したとみられるのが、社会の世俗化である。ただしこの世俗化は宗教が衰退したということを意味するわけではない。むしろ近世になってからのほうが、僧侶が説く教えを人びとが聴く機会は増え、神仏に対する信仰は衰えず、寺社参詣なども盛んとなっていたからである。

しかしその一方で、中世のように政治的重要人物が在俗のまま出家者となって権力を握り続けるということはなくなり(平雅行「日本の中世社会と顕密仏教」『歴史科学』二三六号、二〇一九年)、寺社勢力は政治支配に関与したり武力行使に及んだりせず、宗教活動に専念するようになった。政治権力は宗教的権能を宗教者に任せ、宗教者は政治と軍事の領域には踏み込まなくなるという、聖俗の棲み分けが近世には生じたのである。このような政治領域と宗教領域の棲み分けや、社会的諸機能が宗教から分化する過程を世俗化と定義するならば、政治と道徳の領域を主に取り扱った儒学の普及や、医者身分の宗教者からの分化といった事態も、世俗化の一環として捉えうるであろう（上野大輔「「寛容」をめぐる政権と仏教勢力」、浅見雅一・野々瀬浩司編『キリスト教と寛容―中近世の日本とヨーロッパ―』慶應義塾大学出版会、二〇一九年）。

ただしこうした機能分化は単純なかたちで進行したわけではない。医者による医療が普及した一方で医者の良し悪しを宗教者に頼んで占ってもらったり、寺社参詣に娯楽的要素が増えたとしても信仰を理由とした旅が依然として多かったりしたことからもわかるように、必ずしも機能分化は脱宗教化を意味しないからである。

世相を眺める人びとの出現

したがって、すでに少し触れたように、諸身分が担った職能のあいだには棲み分けがみられた一方、重なりや競合も存在した。よって、文化全体を総合的に捉えるためには、宗教・学問・文芸・芸能といった領域に即して、職能に応じて形成された諸身分間の競合と棲み分けの双方を視野に収めて分析する必要があろう。

その際に参考となるのは、諸身分からなる近世社会をみる次のような視角である。

一般に近世の社会集団には、百姓が属した村の集まりが組合村や郡中として組織されたように重層的な関係が生じる場合と、神職集団が村落鎮守の祭祀における神楽《かぐら》を通じてその演舞を観る百姓等と関係しあうというような身分集団間の関係が生じる場合とがあった。塚田孝はこうした同じ身分集団が重層的に組織される側面と、異なる身分集団どうしが関係をもつ複合の側面を合わせて把握することにより、社会の全体像に迫ることができるとし、次に掲げる三つの位相（社会的な場面）に区別して分析することを提唱している（「身分的周縁と歴史社会の構造」『シリーズ近世の身分的周縁6　身分を問い直す』吉川弘文館、二〇〇〇年）。

［第一の位相］集団の論理を共有する集団内の人びとの位相

［第二の位相］ 異なる論理が交錯して実体的に形成されている社会関係の位相

［第三の位相］ それらの外部にそれらを取り巻く外的世界一般、世相や社会状況の位相

これらの位相の区別は、とくに第三の位相への着目に偏った文化史研究、例えば遊廓《ゆうかく》に関する史料をもっぱら出版物に依拠し、客の視点から遊廓社会の表層を眺めるにとどまっていた研究を批判する意図のもと、第一と第二の位相を分析することの重要性を説くためになされたものであった。

確かに一部の文化史や思想史の研究には、第三の位相に視野が限定されがちであるという傾向のあることは否めないであろう。しかし一方で、近世になり出版業が成立したことで、版本《はんぽん》や写本などの書籍が商品として大量に流布したことの社会への影響は、軽視できない事柄である。

天下泰平の世、経済が成長し社会的中間層が形成されるなか、分限に応じた遊芸や学問の享受がなされるようになった結果、書籍の読者層が拡大した。そして、宗教・学問・文芸・芸能・医療などのそれぞれについて選択的に受容するような、聴衆・読者・顧客の視点から世相を見渡す人びとが多く出現した。このため、社会とそれを見渡す人びとを媒介するメディアが社会のなかで影響を持ち始めることにより、第一・第二の位相に対する第三の位相の影響力が増したのも近世という時代の特徴であったからである。

文化を総合的に捉える視角

ところで、書き写されたり出版されたりした著作物を主たる史料として用いる思想史・文化史研究の視野が、第三の位相に限定されがちであるのはやむを得ない面もある。というのも、とくに近世思想史研究が主な対象とする儒学者・国学者・蘭学者などといった人びとは、結社は形成したけれども、公権を分有し独自の法によって律せられる身分的な社会集団を形成していなかったため、そのような集団の第一・第二の位相における活動がなく（武士・町人・百姓などの身分としての活動を除く）、第三の位相で影響力を発揮した社会的存在だったからである。

一方、僧侶・神職・修験者・陰陽師《おんみょうじ》などといった宗教者は、寺法（宗法）や社法などを具えた身分的な社会集団を形成していた。このため第一の位相に着目した宗派史的仏教史研究や神社・神道史研究が盛んに行われ、第二の位相にも注目した宗教社会史研究も進展したが、第三の位相に対する視点を含んだ宗教に関する思想史・文化史的研究は低調となりがちであった。

このため、儒学・国学・蘭学・心学などを主に扱い仏教などの宗教思想などを扱うことの少ない思想史や教育史研究と、近年盛んとなった宗教社会史的研究が交わり合うことの少ない状況がいまだに続いているというのが研究の現状であろう。ただしその一方で、書物史研究の高まりにより、書物や出版への関心を共有するかたちで、文学史・思想史・教育史・宗教史といった各分野の研究者たちによる交流が進んできているという好ましい状況もある。

したがって、職能に応じて文化の担い手が多岐に分化していたという歴史的実態や、取り扱う史料の性格の偏りにも規定されて生じている、研究の個別分散化状況を乗り越え思想・文化を総合的に捉えるためには、各分野の研究者たちが近世社会の第一から第三の位相（場合によっては社会全体を覆う公儀の法が作用する、「第四の位相」。上野大輔「書評　小林准士著『日本近世の宗教秩序――浄土真宗の宗旨をめぐる紛争――』」『日本史研究』七二四号、二〇二二年）にも目配りした研究を進めることが今後望まれよう。

文化の選択的受容

そしてその際の方法としては、先ほど述べたように第三の位相が第一・第二の位相に及ぼした影響や、逆に第三の位相が第一・第二の位相によってどのように条件付けられていたかに着目することが有効であると考えられる。具体的にいえば、書物などのメディアを介して社会を眺め、宗教・学問・医療・芸能・文芸などのさまざまな文化を選択的に受容した、俗人・読者・聴衆・患者・素人などといった属性をもつ諸身分にわたり存在した人びとと、さまざまな文化の伝達を職分とした者との関係について分析し、横断的に検討するという方法である。その際、文化を選択的に受容する人びとと、文化の担い手それぞれについて社会的実態を明らかにしておくという点も必要である。

というのも、例えば向静静の研究によれば、近世となり『傷寒論《しょうかんろん》』という中国の古典医書に依拠し「汗」「吐」「下」からなる「排毒」の治療を重んじた古方の医学が流行した背景には、麻疹《はしか》・疱瘡《ほうそう》・腸チフス・梅毒《ばいどく》といった病が蔓延していたという事情があり、単に儒学の古学派の影響といった点だけでは説明できない側面が存在していた（『医学と儒学―近世東アジアの医の交流―』人文書院、二〇二三年）。このように医学流派の興亡を考えるにあたっても、さまざまな病に罹り有効な治療法を求める患者の動向をふまえることは重要である。

医学に限らず、いわば顧客の立場から文化を選択的に受容しようとした人びとに対し、さまざまな文化の担い手がどのように応えようとしたのかについて検討することは、職能に応じた諸身分や宗教・学問・芸能・文芸などに関わるさまざまな流派の消長、あるいはそれらの間に生じていた競合と棲み分けの関係について把握するにあたり、重要なことであろう。

本巻の概要

本巻では、研究の個別分散化状況を乗り越え、文化を総合的に捉えようとする、右に述べてきたような観点にもとづき、七本の論考と二本のコラムを用意した。以下、それぞれ概要を紹介する。

第1章「近世的な政教関係の形成」（**林晃弘**）は、一六世紀末から一六六〇年代に至るまでに、武家政権と仏教教団との間で近世的な関係が構築される過程を扱った論考である。戦国期までに宗派を単位とした教団が形成されたことを前提に、豊臣秀吉《とよとみひでよし》が行った、寺領を保証するかわりに仏事勤行や学問などの宗教活動に専念するよう僧侶に求める政策が、徳川家康《とくがわいえやす》にも受け継がれ、学問の振興を軸とした仏法興隆策がとられたこと、その後、幕府職制として寺社奉行《じしゃぶぎょう》が設けられ、各教団にも触頭《ふれがしら》が定められたことで、政治権力による統制は教団自治を前提とした間接的なあり方に転換し、それが定着したことを論じている。

コラムⅠ「大名にとっての文芸」（佐竹朋子）は、大名である柳澤《やなぎさわ》家の歴代当主のうち吉保《よしやす》・吉里《よしさと》・保光《やすみつ》が時の将軍の意向に沿い、公家に入門して和歌を学んだことを紹介し、幕府や朝廷との関係の維持、大名間の交際に和歌が有用であったことを論じたコラムである。

第2章「仏教教団・宗派の構造」（朴澤直秀）は、京都下寺町《しもでらまち》にあった金光寺《こんこうじ》を本寺とし、山城国葛野郡《かどのぐん》西七条村にあった西蓮寺の一カ寺のみを末寺とした時宗市屋《じしゆういちや》派《は》を取り上げた論考である。同派寺院の住職には浄土宗西山派《じようどしゆうせいざんは》で学んだ僧侶が招かれる状態だったのが、一八世紀後半に起こった「宗法混雑一件」を契機にして、招かれるのが時宗遊行派《ゆぎようは》で学んだ僧侶に限定され、市屋派が遊行派の秩序に包摂されるに至った過程を明らかにしている。特定宗派の寺院・僧侶組織が、実際には公家や神社、別宗派の僧侶など、異なる社会集団と関わり合っていたことのわかる興味深い事例の分析となっている。

第3章「民間宗教者の活動と神社」（梅田千尋）は、醍醐《だいご》三宝院《さんぽういん》支配下の修験（山伏《やまぶし》）でありつつ近江国多賀《たが》大社《たいしや》の神宮《じんぐう》寺《じ》の配下となり同社神札などを配っていた同国甲賀郡《こうかぐん》村々の坊人《ぼうにん》のほか、伊勢神宮などの御師《おんし》《おし》、摂津西宮《にしのみや》神社の夷願人《えびすがんにん》や、特定の神社を拠点としつつ複数の寺社祭礼で神楽などの芸能を行うとともに独自に配札も行った神事舞太夫《しんじまいだゆう》などを取り上げている。民間の家々への配札などをめぐって競合した宗教者には、勧進《かんじん》を担う宗教者として寺社によって組織された願人や、本山・本所によって組織された修験や陰陽師など、多様な形態のあったことが明らかにされている。

第4章「学問流派の分立と教育・教化」（小林准士）は、学問の担い手として僧侶・神職・医者・儒者などを取り上げ、彼らの身分と教育施設との関わりについて比較検討している。とくに医者については各藩による医学校の設立が医者の社会集団化と関係していたこと、医学や浄土真宗の教学における学派の分立状況が教育や教化のありようと関係していたことなどが指摘されている。

第5章「民衆の生活における思想・信仰」（上野大輔）は、武蔵国川越《かわごえ》の町人榎本弥左衛門《えのもとやざえもん》、河内国大ヶ塚《だいがつか》の有力百姓河《か》内屋《うちや》可正《かしよう》、大坂町人新屋九右衛門《あたらしやくえもん》ら近世前期の民衆が書き遺したものを検討し、彼らが家業の精励やライフコースを意識しつつ自らの身の処し方を考え、養生を実践したり、芸能を嗜んだりしたことを明らかにしている。また、近世前期には仏教的思惟が拠り所となって正直・孝行などの通俗道徳がすでに志向されていたこと、その一方、種々の行事を通じて人びとが現世利益や来世での救済を願い神仏を信仰していたことも指摘している。

第6章「民間社会からみる書物文化と医療の実態」（鍛治宏介）は、一八世紀末段階の近江国蒲生郡《がもうぐん》高木村では三分の一強の家に蔵書があり、往来物《おうらいもの》や節用集《せつようしゆう》などの日用教養書が所蔵される場合の多かったこと、疱瘡（天然痘）の予防について記した薬方がそのような日用教養書を通じて社会に普及していたことなどを明らかにしている。また、同国同郡東古保《ひがしこぼ》志塚村《しづかむら》の小島幾治の手になる「万宝記」からは、さまざまな書物から医学的知識や米商いにあたっての心構えに関する知識などが取捨選択されながら受容されていたことも指摘している。

コラムⅡ「春画の出版にみる近世の書物と社会」（石上阿希）は、草紙《そうし》に分類され公的な許可なしに刊行された出版物である、性愛を描いた春画《しゆんが》が、絵草紙屋《えぞうしや》で売られ貸本屋を通じて流布したこと、性別・身分を問わずさまざまな人びとに鑑賞され読まれていたことを論じたコラムである。

第7章「近世の寺社参詣とその社会的影響」（原淳一郎）は、旅先で病気になったり亡くなったりした場合の措置や、宿屋による遠隔地間の荷物回送システムが整備されたことにより、民衆による寺社参詣の旅が広がったことを指摘する。また、旅の大衆化によって、旅先で見聞きした文化が旅人の地元に伝えられたことや、旅を通じた文芸の交流を通じて「文芸的公共性」が成立したことなどについて指摘し、旅の大衆化が社会に与えた影響について論じている。

本巻の内容と展望

右にみてきた論考・コラムの概要からわかるように、「宗教・思想・文化」をテーマとした本巻では、林・朴澤・梅田・小林・上野・原の各論考が〈宗教〉を、小林・上野の両論考が〈思想〉を、小林・鍛治の両論考が〈教育〉を、小林・上野・鍛治の各論考が〈医学〉と〈医療〉〈養生〉を、小林・上野・鍛治・石上・原の各論考とコラムが〈書物〉〈出版文化〉を、佐竹・石上の両コラムが〈文芸〉〈絵画〉を、それぞれ文化に関わる領域として取り扱っている。したがって、それぞれの領域における歴史事象を各論考・コラムがどのように取り扱っているかに注意して読むと、歴史分析のさまざまな方法について理解していただけるはずである。

また、先述した社会と文化を総合的に捉える視角として提示した、第一から第四の位相（社会的な場面）への着目という点に即して整理し直すと、武家政権と仏教教団との関係を取り扱った林の論考が第四の位相（公儀の法と寺法との関係）に着目しているほかは、宗教者身分や医者について取り扱った朴澤・梅田・小林の各論考が第一・第二の位相（集団内、集団間の関係）、文化の享受と思想形成などを取り扱った佐竹・上野・鍛治・石上・原の論考・コラムが、文化を選択的に受容していたさまざまな身分にわたる人びとの営為や活動に焦点を合わせており、第三の位相（出版文化、世相・社会状況）にも着目した研究となっている。さらに、小林・上野・鍛治の各論考は、社会的・文化的中間層による宗教・思想・教育・医療の選択的な享受と専門的な学問・思想との関係について取り扱っていると読むこともできる。

このように近世に展開した多彩な文化については、今後もそれぞれの専門領域に即して深く分析を進めていくことが必要である一方で、それらを総合的に捉える視角の設定と方法の模索がますます重要になっている。本巻がそうした試みの一助となれば幸いである。

第1章

近世的な政教関係の形成

林　晃弘

はじめに

日本の国家と宗教の関係における大きな変化の時期をあげるとすれば、どの時期が思いうかぶだろうか。前近代では中世から近世へという時期がその一つとして想起されるのではないだろうか。

それは次のような出来事にもとづくものと思われる。まず、織田信長《おだのぶなが》が武力をもって宗教勢力を屈服させる。元亀二年（一五七一）の比叡山延暦寺《ひえいざんえんりゃくじ》の焼討、天正七年（一五七九）の安土宗論《あづちしゅうろん》、そして本願寺《ほんがんじ》・一向一揆《いっこういっき》との戦いがその象徴的な出来事であろう。

江戸幕府が成立すると、慶長六年（一六〇一）～元和元年（一六一五）に徳川家康《とくがわいえやす》が寺院法度《はっと》を定め、本山《ほんざん》に末寺《まつじ》を統制する絶大な権限をみとめる。ついで、寛永九年（一六三二）～十年の末寺帳《まつじちょう》徴収により、本末関係を確定させる。幕府は基本的に本寺を支持し、本末制の上下関係を介した支配が固まる。

寛文五年（一六六五）には「諸宗寺院法度《しょしゅうじいんはっと》」を定め、統制をいっそう強化する。そしてこの時期に整備される宗門改《しゅうもんあらため》制度をもとに、寺檀《じだん》関係を介した民衆支配が実現する。近代の日本仏教史研究を切りひらいた辻善之助は、これによって近世寺院が安住し、寺僧は堕落したと論じている（辻善之助『日本仏教史』近世篇一～四）。

このようなとらえ方について、杣田善雄は寺檀制度に収斂《しゅうれん》する予定調和的なものだと批判し、再検討を加えている（杣田善雄『幕藩権力と寺院・門跡』）。幕府からの一方的な統制ではなく、戦国・織豊《しょくほう》期の混乱を経て、世俗権力の力を頼ってでも秩序を建て直そうとする寺院側の自律的な動向を押さえるべきだという指摘は重要である。ただし、寛永末寺帳の理解を改めてこの時期の意義を低く見積もり、寛永十年代から寛文・延宝期（一六六一～八一）を十分に分析することなく元禄期（一六八八～一七〇四）に大きな展開をみる見通しは要検討だと考えているため、ここでは採用しない。

広くこの時期の宗教の動向をとらえたものとしては、高埜利彦の一連の研究がある。仏教のみならず、神社や多様な宗教者を含め、朝廷の位置づけも明らかにし、さらに地域社会の状況にも目を配って、まさに総合的に検討を行っている。近年の概説的な見通しは現在の到達点を示すものである（高埜利彦「近世社会と宗教」）。

本章ではかかる高埜の見通しを前提としつつも、改めて武家政権と仏教教団の間で近世的な関係が構築される過程に論点を絞り、近世前期の展開と特質を明らかにしたいと考えている。とくに次の二つの点を意識して見通したい。

第一に、近世前期の寺院政策の基調をどのように理解するかという点である。徳川家康が定めた法度やいくつかの動向は、世俗権力が寺院を統制するためのものと理解されることが多いが、辻善之助も杣田善雄も法度に示される学問・仏法振興が政策の基調であるとしている。本章ではこの点を従来よりも掘り下げることで、政治権力が寺院をどのようにとらえ、位置づけようとしていたのかをみていきたい。

第二に、寺院行政の深化の指標を、政治権力と仏教教団の組織的な関係の成立と成熟にみる。近世のある時期以降の基本的なあり方は、幕府寺社奉行《じしゃぶぎょう》が各教団の窓口となる江戸触頭《えどふれがしら》と連携し、教団組織を介して統制するというものである（豊田武『宗教制度史　豊田武著作集第五巻』）。その形成過程の検討は史料的な制約が大きいが、個別教団研究の蓄積をふまえ、段階差に留意しつつ基礎的な展開を整理し、近世中後期の議論と架橋しうる見通しを示したい。

このような問題関心のため、とくに徳川家康が慶長六年（一六〇一）～元和元年（一六一五）に法度を定めた宗派を主な対象とし、日蓮宗《にちれんしゅう》や真宗《しんしゅう》は限定的にふれる程度となる。また、このテーマを考えるうえでは、近年豊臣政権期が江戸幕府につながる重要な起点であるとして注目されている。本章でもこの時期からみていくことにする。

ここでキリシタンの問題についてふれておきたい。一六世紀半ばにキリスト教の教えが伝わると、信仰を持つものが増え、既存の宗教との摩擦も生じるようになる。それをうけて豊臣秀吉は宣教師の活動を禁じる姿勢をみせる。江戸幕府は民衆の信仰も許さず、厳しい弾圧を加えるようになる。仏教はキリスト教に対抗する役割を期待される場面があり、在来宗教を「日本宗」と呼ぶ観念が登場することも指摘されている（神田千里『宗教で読む戦国時代』）。これらの点は時代背景として押さえておく必要がある。

1 豊臣秀吉の寺院政策

中世末期の寺社と織田信長

中世の大寺社や一部の教団を「寺社勢力」「宗教勢力」などと呼ぶことがある。政治的・経済的な力のみならず、軍事力をも保持し、場合によっては世俗権力と対立することもあった。

顕密《けんみつ》仏教系では延暦寺をはじめ、大和の興福寺《こうふくじ》、紀伊の高野山《こうやさん》・粉河寺《こかわでら》・根来寺《ねごろじ》、越前の平泉寺《へいせんじ》などが有名である。中世末期の延暦寺のあり様を記したものに、『多聞院日記《たもんいんにっき》』永禄十三年（一五七〇）三月十九日条がある。この日、比叡山を訪れた興福寺の僧英俊《えいしゅん》は、堂も坊舎《ぼうしゃ》も一円果て切れたる様子であると記している。僧衆はおおむね坂本《さかもと》に下り、その乱行不法は限りなく、それは修学廃怠《しゅうがくはいたい》のためであり、もはや一山は果ててしまったと耳にしたと記している。そして、英俊はどこの寺も似たような状況であり、悲しむべきことだと嘆息するのである。

こうした事例から退廃的な風潮が強調されることも多い。そのような面があるのは確かだが、学問寺院の各地への展開や、僧侶の交流・研鑽《けんさん》などにより形成されてきた知識基盤が全く失われてしまったわけではない。「新仏教」系では、とくに戦国期に親鸞《しんらん》や日蓮《にちれん》の教説が民衆社会に受容され、真宗や日蓮宗は勢力を伸張する。このことから藤井学は、これらは「鎌倉仏教」というより「戦国仏教」とみた方が実態に即していると指摘している（藤井学『法華文化の展開』）。そして、周知のように、その信仰を核とする一揆もおこる。

かつてはこれらの「旧勢力」を打倒したのが織田信長で、ここに近世の政治権力と宗教との関係がはじまるとされてきた。激しく争うことがあったのは事実だが、近年の研究では宗教上の対立が背景ではなく、本願寺・一向一揆とも非妥協的ではなかったとの理解が定着しつつある（神田千里『宗教で読む戦国時代』）。また、伊勢神宮《いせじんぐう》や石清水八幡宮《いわしみずはちまんぐう》への支援、善光寺如来《ぜんこうじにょらい》の美濃への勧請から、宗教的粉飾《ふんしょく》を支配に利用しようとしたことも指摘されている（三鬼清一郎『織豊期の国家と秩序』）。

このように信長の革新性は相対化されてきている。しかし、本願寺・一向一揆には苦戦を強いられたとはいえ、武力を背景とする政治的優越は明らかとなり、そのことが政治思想的な面を含め、近世の政教関係の前提となる。

秀吉の対高野山政策

天正十年（一五八二）、信長は本能寺《ほんのうじ》にたおれる。その後の主導権をめぐる抗争のなかで、羽柴（豊臣）秀吉は寺社の軍事力を利用しようとすることもあったが、そのような姿勢はやがて転換する。

天正十三年三月、秀吉は紀伊に出陣し敵対勢力を屈服させる。このとき、抵抗した粉河寺・根来寺は炎上し、壊滅した。さらに秀吉は高野山に圧力をかけ、同年四月十日付で七ヵ条の条々を突きつける。その一～五ヵ条目はおおよそ次のような内容である（「高野山文書」）。

①弘法大師《こうぼうだいし》の手印《しゅいん》（御手印縁起）で示された寺領の範囲は明らかなので、現在支配している通り高野山領とする。

②高野山が押領《おうりょう》している地があれば、それは弘法大師の手印を高野山から破ることになり、ゆくゆくは滅亡につながるもとになるので、そのことをわきまえるように。

③寺僧・行人《ぎょうにん》、その他の僧が学文をたしなまず、いわれのない武具・鉄砲などを置いているのは悪逆無道である。

④弘法大師の定めのように、寺僧・行人以下は心持に注意をはらい、仏事勤行《ぶつじごんぎょう》に専念するように。

⑤天下に対して敵となる謀叛人《むほんにん》・悪逆人を寺中に抱え置くことは、いわれのないことである。

三ヵ条目で寺僧と呼ばれているのは学侶《がくりょ》で、行人は本来的には仏道修行として寺内の施設の管理・荘厳や年貢徴収などの雑務をつとめる集団である。このほかに聖《ひじり》と呼ばれる宗教者が存在する。高野山以外の顕密仏教系寺院の内部構造も学侶・行人・聖の三類型で把握されることが多い。

右の秀吉の条々では、他から奪った寺領を放棄するようせまるが、本来の寺領は秀吉が保証するという。したがって僧侶は武装して自力で寺領を維持する必要はなく、そうであるから仏事勤行に専念するよう求めるという論理である。ここにみられる要求は、その後の寺院政策の基本的な方針となっていく。

このとき、秀吉と交渉し、高野山の存立を認めさせたのは木食応其《もくじきおうご》という僧である。応其は学侶・行人・聖のいずれにも属さない客僧という立場にあったが、秀吉からの「高野の木食と存ずべからず、木食が高野と存ずべし」(「高野山文書」)という強い信任を背景に高野山を支配することになる。そして、畿内近国の真言宗《しんごんしゅう》寺院の再興を進め、後でみる秀吉の東山大仏造営でも重要な役割を果たす。

朱印地の形成

近世への展開のなかでの大きな変化の一つが経済的基盤である寺領・社領に関するものである。中世以来の寺社領は再編され、近世の知行《ちぎょう》体系のなかに組み込まれる。そのうち幕藩領主からの判物《はんもつ》・朱黒印状《しゅこくいんじょう》によって認められたものを朱印《しゅいん》地《ち》・黒印地《こくいんち》という。そして、その端緒は秀吉の時代にある。

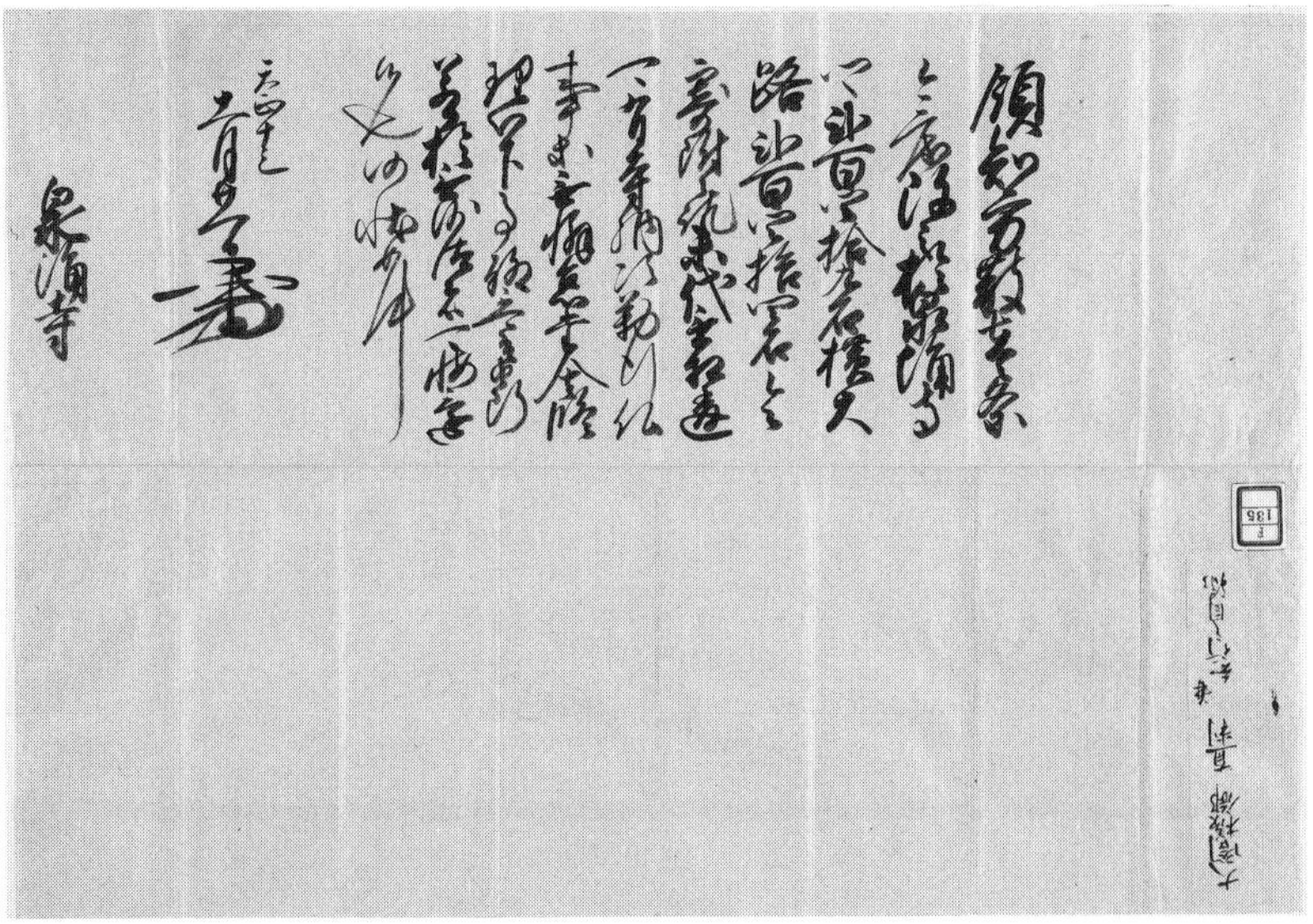

図1-1　天正13年11月21日付羽柴秀吉判物（泉涌寺所蔵）
同日付の秀吉の判物・朱印状は約50点確認されている．

判物・朱印状を具体的にみてみよう。次の史料は天正十三年（一五八五）の山城国検地後に泉涌寺《せんにゅうじ》に出された判物である。読み下して示すと次の通りである。

　領知方散在の条、今度これを改め、泉涌寺郷において弐百四拾九石、横大路《よこおおじ》弐百四拾四石、寄附せしめ候訖《おわ》んぬ、末代相違なく寺納あるべし、次いで勤行仏事等懈怠《けたい》なく、堂舎修理《どうしゃしゅうり》以下の事、聊《いささか》（油）も由断あるべからず、もし無沙《ぶさ》汰《た》においては、これを悔還《くいかえ》すべく候なり、仍《よ》って状くだんのごとし、

天正十三
十一月廿一日（秀吉花押）
泉涌寺

（「泉涌寺文書」『泉涌寺史』資料篇一三五号）

泉涌寺の場合は、泉涌寺郷と横大路村の二ヵ所で、あわせて四九四石が与えられている。検地時点で散在していた泉涌寺と塔頭《たっちゅう》・末寺の寺領を合算して、それと同等の規模で設定されたものである。これが近世の泉涌寺領の基礎となる。この判物では泉涌寺に対して勤行仏事・堂舎修理を求め、無沙汰する場合は寺社領を悔《く》い還《かえ》す、つまり政権に返還させるとし

ている。こうした文言が記されたものは数例に過ぎないが、寺領は僧侶の宗教活動や堂舎の維持のために与えられたものであり、その役割をしっかり果たすことが求められたのである。

朱印地となる寺社は、必ずしも政権側から主要なものを選定したわけではない。天正十九年の京都では数石程度の朱印状も発給されるが、これは地子《じし》免許《めんきょ》や御土居《おどい》堀《ぼり》構築による替地のために出されたものである。このような副次的な背景により生まれた小規模な朱印地寺社も、政権との間で領知を媒介とした関係を結ぶこととなった。

一方で高名な寺社でも領知を認められなかったものがある。例えば、山城西岡《にしのおか》の光明寺《こうみょうじ》・金蔵寺《こんぞうじ》・善峯寺《よしみねでら》、大和の西大《さいだい》寺《じ》や薬師寺《やくしじ》などである。西岡の諸寺は朝廷の祈願所としての由緒を有しており、薬師寺は秀吉から一族の病気平癒の祈禱を要請された寺院の一つである。これらの寺院は所領の回復を嘆願するが叶わず、不知行《ふちぎょう》状態におちいる（林晃弘「朱印地形成と秀吉の寺社政策」）。豊臣政権の方針について、寺社の自律性を高めるために後援する側面を強調する見解もあるが（伊藤真昭『京都の寺社と豊臣政権』）、必ずしもそのような形で全面的に展開したわけではない。

僧侶に対する統制

豊臣政権が個別寺院に対して踏み込んだ統制を加えた事例がある。例えば、天正十六年（一五八八）に大和の長谷寺《はせでら》では、豊臣秀長の命によりそれまでの妻帯していた寺僧が追放となり、かわって根来寺にて修学した専誉《せんよ》が入住する（『多聞院日記』）。同寺は学山として再興を遂げ、のちに根来寺の学問所で慶長六年（一六〇一）に京都にて再興される智積院《ちしやくいん》とともに新義真言宗《しんぎしんごんしゅう》の本山となる。

文禄年間（一五九二〜九六）には法度が定められる。朴秀哲はそれまでの勤行・修造に、新たに学問が加わることを指摘し、そこに木食応其の影響を想定している（朴秀哲「豊臣政権における寺社支配の理念」）。文禄三年（一五九四）四月に、寺社行政を担当する京都所司《きょうとしょし》代《だい》の前田《まえだ》玄以《げんい》が京都の諸寺に対して次のような内容の三ヵ条を定めている（「本能寺文書」「妙心寺文書」）。

①それぞれの宗の学問を身につけ、勤行などを怠ることがないように。
②女犯《にょぼん》・肉食《にくじき》が元から禁止であるのはもちろんである。住持《じゅうじ》・長老は弟子・同宿《どうしゅく》をよくチェックし、いいかげんなことがないように申し付けるように。弟子・同宿は住持・長老の行儀をチェックし、互いに油断なく、毎月一筆書いて仏祖・開山の前に備えるように。そのほか、年に一度起請文《きしょうもん》を奉行に提出するように。
③行儀がふさわしくない出家はよく取り調べ、寺を追放するように。このことを油断し、寺中に一人でも乱行の僧がいたならば全員の曲事《くせごと》とする。

一ヵ条目の最初に学問が登場し、それと勤行が僧侶にとっての最重要項目として位置づけられている。二ヵ条目では住持と弟子の相互監視と、起請文の提出、三ヵ条目では行儀不律《ぎょうぎふりつ》の僧の追放を命じている。ここでの対象は京都の諸寺に限られるが、河内将芳が指摘するように日蓮宗寺院や林下《りんか》（五山の系統に入らない禅宗寺院）にも一律に命じられたことは注目される（河内将芳『中世京都の都市と宗教』）。翌年八月の「御掟追加《おんおきてついか》」という法令では、二ヵ条目で諸寺社は寺法・社法を先規の通り守り、修造・学問・勤行に専念するよう定める。政権が僧侶や神職身分に求めたあり方がここに端的に示されている。

東山大仏の造営と千僧会

天正十二年（一五八四）十月、秀吉は紫野《むらさきの》に天正寺《てんしょうじ》と号する寺院の造営を企画する。これは亡き主君信長の位牌所を拡充するものであった。しかし、計画は変更となり、天正十四年（一五八六）に東山《ひがしやま》での新大仏の造立が決定する。大名に役《やく》を課し、全国から資材を集める大規模な事業となった。そのなかで天正十六年（一五八八）の「刀狩令《かたながりれい》」では、没収する刀・脇差《わきざし》は大仏造立のなかで釘・かすがいとして再利用するので、百姓は今世・来世とも救済されると述べている。口実に過ぎないとしても、こうした文脈に位置づけられた点は注意される。大仏は文禄三年（一五九四）にはおおむね完成する（三鬼清一郎『織豊期の国家と秩序』）。

文禄四年（一五九五）に大仏千僧会《だいぶつせんそうえ》という法会が開始される。河内将芳の研究を起点に実態の解明が進み、その重要性が明らかになってきた（河内将芳『中世京都の民衆と社会』、安藤弥『戦国期宗教勢力史論』）。この法会は、国家的法会と同義の性格を持つものと位置づけられ、秀吉の母方祖父母の命日に、真言宗・天台宗《てんだいしゅう》・律宗《りつしゅう》・禅宗・日蓮宗・浄土宗《じょうどしゅう》・時宗《じしゅう》・真宗の八つの宗から、それぞれ一〇〇人ずつ、計八〇〇人の僧を出仕させ、順番に法事を行わせたものである（出仕の順番や方法はのちに変化する）。まず、中世後期に明瞭になってくる「宗派」という概念が前面に出ている点が注目される。

そして、歴史的にとくに重要な点は、戦国期に勢力を拡大させ教団化を遂げた日蓮宗・真宗、それに時宗が、伝統的な八宗《はっしゅう》という枠組みのなかへ、顕密禅宗とともに包摂・再編されたことである。ここに「戦国仏教」系の教団も武家政権からの公認をうけ、それらを含む諸宗派が、一定の序列のもとに分立することになる。このようなあり方は、その後の基本的なものとなる。また、日蓮宗では日奥《にちおう》が出仕を拒否する。これがのちの不受不施《ふじゅふせ》派の禁制につながっていく点でも、近世の政教関係史上の重要な出来事であった。

2　徳川家康の寺院政策

豊臣から徳川へ

慶長三年（一五九八）に秀吉が死去すると、徳川家康が実権を掌握していき、慶長五年（一六〇〇）九月の関ヶ原《せきがはら》合戦の勝利でそれを盤石なものにする。しかし、豊臣政権における大老の一人としての立場をただちに脱却したわけではなく、徳川氏による国家支配の正当性の確立と、秀吉の遺児秀頼《ひでより》との関係の清算は課題として残された。以下でみていく家康の寺院政策は、このような政治的立場のなかで展開したものである。

関ヶ原合戦後の家康は、新たに自らの勢力圏となった東海・関東地域の主要な寺社に領知を認め、朱印状を発給していく。一方、畿内近国の寺社では、神となった秀吉を祀《まつ》る豊国神社《とよくにじんじゃ》など新規のものは数件にとどまった。

家康は慶長八年（一六〇三）二月に将軍に就任する。同年九月二十五日付で、東海地方のいくつかの寺社と同時に河内の道明寺《どうみょうじ》に朱印状を発給する。道明寺にはすでに秀吉が朱印状を与えており、はじめてそれを更新するものとなった。同じく慶長八年九〜十月ごろには大和の諸寺に対して、前年の調査にもとづき寺領を付与する。そして翌九年閏八月に四二通の判物・朱印状を発給する（ただし日付は慶長七年八月五日・六日付）。秀吉段階で不知行となった西大寺や薬師寺などが対象となった。地域の由緒ある寺院を庇護《ひご》し、再興しようという姿勢を示したのである。このように、家康は豊臣秀頼が直接支配する地域の周辺においても、寺社に対する領知宛行権《りょうちあてがいけん》を掌握し、行使していく（林晃弘「慶長七・八年付大和諸寺宛徳川家康判物・朱印状の発給年次」）。

関ヶ原合戦直後の時期には、政治状況の変化をうけていくつかの寺社の内部で対立が生じる。興福寺では慶長五年十一月に一所衆《いっしょしゅう》という集団が、自らの正当性を主張して五師衆《ごししゅう》を訴える。家康は先例をふまえて五師衆側を勝訴とする判断をくだす。そして、そのことを伝えるなかで南都の教学は天下の一大事であるとの認識を示し、その興隆のため寺領のうち一〇〇〇石を学問料とするよう指示する（『中臣祐範記《なかとみのすけのりき》』）。

高野山では木食応其が関ヶ原合戦の際に反徳川方に協力的であったため離山する。行人方が応其の地位を継承しようとするが、それに学侶が異議を申したてる。対応を求められた家康は法度を定めて両者の関係を確認し、寺領の配分を決定して双方に判物を与える。そのなかで学侶に対して寺領のうち一〇〇〇石を、学問料として碩学《せきがく》の僧に配分するよう求める（「三宝院文書」）。

このように僧の器量を重視する方針は家康により引き継がれ、寺領の配分にまで踏み込むものとなっている。この学問振興政策は慶長十年代に新たな展開をみせる。

延暦寺・園城寺への法度

慶長十三年（一六〇八）、延暦寺に法度が出される。先に将軍の秀忠《ひでただ》が領知判物・目録を発給しており、つづいて大御所の家康が領知判物の発給と同時に定めたものである。内容は次の通りである（『御当家令条』）。

①山門の衆徒《しゅと》（清僧《せいそう》の学侶）で学道を勤めないものが住坊することはならない。ただし再興のときより住山している僧と坊舎を建立し住坊するものは、一代に限り非学であっても許すように。

②学道を勤めたとしても、その僧の行儀が不律《ふりつ》であれば、すみやかに離山させるように。

③顕教・密教の重要な院室《いんしつ》は、学匠《がくしょう》が相続するように。

④一人で複数の坊を抱え置くこと、ならびに無住状態の坊は禁止するように。

⑤坊領はその住持以外のものが望んで争ってはならない。

⑥坊舎や寺領の売買・質入などは一切禁止である。

⑦衆徒で妄《みだ》りに名を連ねて結託し、徒党を組んで非義を企てるものは追放するように。

このように住坊するのは学道を修めた僧を原則とし、器量に問題のある僧や寺院上層部に逆らう僧を排除し、山内の秩序を整えようとする。幕府側からの一方的な統制ではなく、上層部による寺院内部の支配においても有効な内容である。慶長十四年（一六〇九）五月には園城寺《おんじょうじ》に対して寺務に関する判物を発給し、寺領を保証するとともに、学道を勤めない僧や、行いが不律な僧は追放することを定めている（「園城寺文書」）。

これらの幕府の方針をうけて、延暦寺・園城寺では実際に山内で改革が行われたようである。いずれも複数の子院において器量の不足する住持を排除し、学問僧に変えたという（「仁和寺文書」）。このころ延暦寺に赴いた僧の一人が、家康により取り立てられ、のちに秀忠・家光のもとで重用される天海《てんかい》である。

学問料政策の展開

慶長十四年（一六〇九）八月、家康は東寺《とうじ》年預《ねんよ》坊に宛て定書《さだめがき》を発給する（「東寺文書」）。そこでは東寺・醍醐寺《だいごじ》で教相《きょうそう》（ここでは密教における実修作法を指す事相《じそう》と対になる教理的な面）を興隆するため、高野山と人的に交流し、僧侶の入れ替えも視野にいれて学問を修めるよう命じる。また、無学問者は寺領を持つことを禁じるとも明記している。

この定書の背景にいるのが高野山遍照光院《へんじょうこういん》の頼慶《らいけい》という僧である。頼慶はこのころ家康の信頼を得ており、その寺院政策に一定の影響を及ぼした。その書状をみていくと、学問僧を中心とするあり方を理想として真言宗内の改革を進めようとしたことがわかる（「三宝院文書」など）。しかし、従来の秩序を大きく揺るがしかねないものであり、また、実態としては頼慶に近い僧を取り立てようとするものだったようである。そのため強い反発をうけ、慶長十五年（一六一〇）三月に高野山宝性院《ほうしょういん》政遍《せいへん》・醍醐寺三宝院《さんぼういん》義演《ぎえん》との対決ののち、家康により追放される。

慶長十五年四月、家康は東寺宛に領知判物を発給する（「東寺文書」）。そこでは寺内で雑務に携わる公人《くにん》・諸役者分の知行を学問料とすることを命じ、実際に彼らの権益は取り上げられる。頼慶は失脚するが方針は維持されたといえよう。同様の動きは醍醐寺、大和の多武峰《とうのみね》、京都五山の天龍寺《てんりゅうじ》・相国寺《しょうこくじ》・建仁寺《けんにんじ》・東福寺《とうふくじ》でもみられる。寺内の学問に関わらない身分集団を知行から切り離すという強力な介入により、学問を軸に仏法興隆を計ろうとするのである（林晃弘「慶長期における徳川家康の寺院政策」）。

結果的には徹底されなかったが、このような介入が可能になった理由は、寺社領が世俗権力の判物・朱黒印状により与えられるようになったという性格の変化に求められる。また、家康はこのころ学僧を召して、しばしば論義や法問《ほうもん》を開催している。自身の仏教への関心も背景の一つであると考えられる。

学問料の設定は家康側の独善的な政策ではなかった。例えば、醍醐寺三宝院の義演は、一連の政策について御厚恩は筆紙に述べがたいとも記している（『義演准后日記《ぎえんじゅごうにっき》』）。学問を修めた僧の優位が明確になることは、彼らが寺院を支配するうえで望ましいことであった。また、大和の西大寺では、慶長十六年（一六一一）八月に衆議によって寺領内に学問料を設けることを決定している。これは高野山や興福寺の例をふまえたものとされており、家康の示した仏法興隆の理念は直接介入しない寺院にも影響を及ぼしたことがわかる（「西大寺記録」）。

元和元年の法度

慶長十九年（一六一四）、豊臣秀頼の再建した東山大仏の供養や鐘銘《しょうめい》をめぐる問題を端緒に、豊臣・徳川両氏の関係が不安定化する。豊臣方内部の対立も顕在化し、大坂冬の陣の開戦に至る。一旦講和がなるが、翌二十年五月に大坂城は陥落する。徳川氏の天下は揺るぎないものとなり、泰平の時代が到来したとの認識が広がった。

表 1-1　元和元年の寺院法度

法　度	判・印	典　拠
真言宗諸法度	（朱印）	醍醐寺文書
高野山衆徒法度	御朱印	三宝院文書
五山十刹諸山之諸法度	（朱印）	金地院文書
大徳寺諸法度	（朱印）	大徳寺文書
妙心寺諸法度	（朱印）	妙心寺文書
永平寺諸法度	（朱印）	永平寺文書
総持寺諸法度	（朱印）	総持寺文書
浄土宗諸法度	（花押） （花押） （花押）	知恩院文書 増上寺文書 伝通院文書
浄土西山派諸法度	（朱印）	禅林寺文書

『大日本史料』12 編–22，元和元年 7 月 24 日条をもとに，一部の典拠については原本に改めた．なお，浄土宗諸法度にはそれぞれ宛所がある．

同年七月十三日に元和と改元される。その前後に「武家諸法度《ぶけしょはっと》」、「禁中并公家中諸法度《きんちゅうならびにくげちゅうしょはっと》」とともに、家康により寺院法度が定められる。表1-1に示した九件で、日蓮宗・時宗・真宗の法度は交付されなかった。九件の法度を通してみると、複数のものに共通する項目はいくつかあるが、なかでも器量の優れた僧が昇進し、組織の中心となるよう求める点はすべてにみられる。そして、いずれも学問の内容や修行年数などの条件を具体的に記している。朝廷とも関わる人事や衣《え》体《たい》の問題もこれに関するものである。単に各宗派のあり方を確認し遵守を促すだけではなく、仏法・学問の振興を強調することに主眼が置かれているといえるのではないか。そして、右の諸宗ではこの法度が近世を通して規範となる。

翌元和二年（一六一六）四月、家康は駿府《すんぷ》にて最期を迎え、遺言にもとづき神格化を遂げる。

3　幕府寺社奉行の成立と仏教教団

近世初期の寺社行政

ここまでは秀吉・家康の時代における、仏法・学問興隆を基調に、場合によっては寺院内部の問題にまで介入する政策のあり方をみてきた。ここからは幕藩領主と仏教教団間の組織的関係の形成について論じていく。幕府側でその中心的な役割を担うのが寺社奉行である。まず、その設置までを概観する。

起点に位置づけられるのが、豊臣政権下で京都所司代をつとめた前田玄以であり、その役割は伊藤真昭により具体的に明らかにされている（伊藤真昭『京都の寺社と豊臣政権』）。また、戦国・織豊期の大名のなかにも寺社を担当する家臣を置くものがあり、徳川氏の場合は全阿弥《ぜんあみ》がその役割を担ったことが知られている（宇高良哲『近世関東仏教教団史の研究』）。

関ヶ原合戦後、家康のもとでの寺社方に対する役割は西笑承兌《せいしょうじょうたい》・閑室元佶《かんしつげんきつ》に引き継がれる。いずれも臨済宗五山派の禅僧である。彼らは外交に関する役割も担当する。西笑没後には、同じく五山派の禅僧である以心崇伝《いしんすうでん》が加わる。また、京都所司代の板倉勝重《いたくらかつしげ》も寺社行政に関与するようになる。

この時期の寺社行政については、西笑承兌の『西笑和尚文案《せいしょうおしょうぶんあん》』や以心崇伝の『本光国師日記《ほんこうこくしにっき》』から具体的に知ることができる。寺社では多様なトラブルが生じており、その解決はしばしば政権に求められた。右の担当者らは、時に家康の上意を仰ぎつつ、その処理を進めたのである。

家康没後の秀忠政権下では、以心崇伝は寺社行政から外され、紫衣《しえ》事件など大きな問題について意見を求められる程度となる。代わって幕閣が中心となる。一例として、元和六年（一六二〇）十一月末に生じた大和の法隆寺《ほうりゅうじ》での学侶と堂方の相論をみてみよう（『大日本史料』一二編―三四）。

この相論は、まず翌七年二月に、京都において中坊秀政《なかのぼうひでまさ》・小野貞則《おのさだのり》が双方の主張を聴取する。中坊は奈良奉行であり、小野は大津代官とされるが、このころは大和の支配にも関与している。まずは地域の担当者のもとでの解決がめざされる。ここでは学侶が寺法を申し付けるのが適当であるとの判断がなされたようである。

しかし、堂方はこれを不服として江戸へ下向する。同地では島田利正《しまだとしまさ》（江戸町奉行）・松平正綱《まつだいらまさつな》（初期の勘定頭《かんじようがしら》）のもとで対決があり、最終的に幕府年寄《としより》（のちの老中《ろうじゆう》に相当する）の酒井忠世《さかいただよ》邸にて学侶が寺法を申し付けるようにとの決定がなされる。法隆寺の記録によると、この裁許に関わったのは右の三名のほか、年寄の土井利勝《どいとしかつ》・本多正純《ほんだまさずみ》、初期の勘定頭の一人の伊丹康勝《いたみやすかつ》であったという。この段階では寺社の問題はこのような人的構成で対処された。

幕府寺社奉行の成立

寛永九年（一六三二）正月に秀忠が死去し、家光《いえみつ》への実質的な代替わりとなる。まず、翌十年にかけて家康と秀忠が定めた寺院法度の調査・確認が行われ、新規法度制定に向けた動きもみられる。ここでも中心となるのは幕府年寄衆である。そして、その役割は寛永十一年三月の老中宛法度のなかで明文化される。

寛永十二年十一月に幕府の政治体制は大きく組み替えられ、そのなかで寺社奉行が設置される。直接の背景は老中の権限の分割であるが、寺社からの諸願・訴訟の頻発も一因であるように思われる。最初に就任したのは安藤重長《あんどうしげなが》・松平勝《かつ》隆《たか》・堀利重《ほりとししげ》の三名の幕臣で、設置当初の役割は寺社方御用と遠国訴訟への対応である。安藤は明暦三年（一六五七）、松平は万治二年（一六五九）まで二十年以上にわたり在職する。そのなかで奉行の職掌も明確になっていったものとみられる。成立期は史料が乏しいが、中後期には『大岡越前守忠相日記《おおおかえちぜんのかみただすけにつき》』をはじめまとまった史料があり、寺社行政や文書管理のあり方を詳しく知ることができる（小沢文子「寺社奉行考」、大友一雄『江戸幕府と情報管理』）。

本山と江戸触頭

一方の各宗派でも近世前期を通して内部組織が整備されていく。そこでは中世までの秩序が前提となるものの、幕藩領

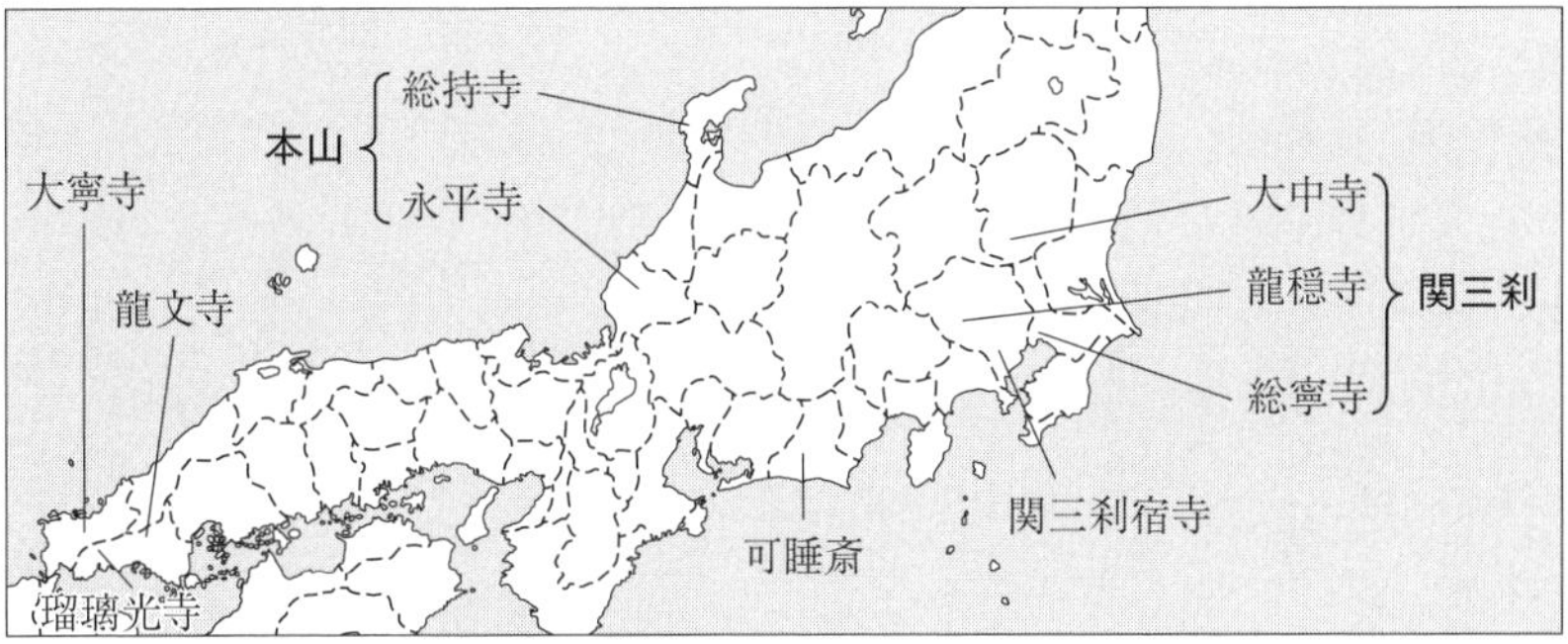

図1-2　本章で取り上げる曹洞宗寺院

主との関係によって変化する部分も少なくない。例えば、天台宗では寛永寺《かんえいじ》、浄土宗では増上寺《ぞうじょうじ》のように将軍家との強い結びつきのある関東の寺院の地位が高まる。曹洞宗《そうとうしゅう》の場合は、中世には他に有力寺院が存在したが、一六世紀に越前の永平寺《えいへいじ》と能登の総持寺《そうじじ》が一宗の本山の地位を築き、元和元年（一六一五）の幕府の法度によってそのことが確定する。

教団内の行政において重要な役割を果たすのが江戸触頭である。本山の多くは上方や遠方にあることから、幕府との窓口の役割を主に関東の寺院が果たしたものである（宇高良哲『近世関東仏教教団史の研究』）。すなわち、幕府からの指示をうけてそれを教団内に伝達し、教団からの願いや訴えを幕府に伝えるのである。江戸触頭には本山の出先機関にとどまるものと、本山に匹敵する力を得ていくものがあり、前者の例としては真宗が知られている。

後者の例としては曹洞宗がある。江戸触頭（大僧録《だいそうろく》）は、慶長十七年（一六一二）に家康から「曹洞宗法度」を与えられた武蔵の龍穏寺《りゅうおんじ》、下総の総寧寺《そうねいじ》、遠江の可睡斎《かすいさい》、少し遅れて加えられる下野の大中寺《だいちゅうじ》である。このうち龍穏寺・総寧寺・大中寺を関三刹《かんさんさつ》という。関三刹は、可睡斎配下を除く全国の教団内行政を担当し、幕府との関係を強めるなかで本山の永平寺・総持寺をもしのぐような立場を獲得していく。なお、関三刹も江戸からはやや離れていることから、それぞれ出張所として宿寺《しゅくじ》を置いた。

江戸触頭は、もとはいくつかの教団において自発的に置かれたものであるが、寺社奉行からの指示の伝達や、寺社奉行への諸願いを取り次ぐなかで、各教団で同様の役割を担う組織が整っていくものとみられる。ここでは上意伝達の一例として、寛永十九年（一六四二）八月十九日の将軍家光の上意の申渡しをみてみよう（林晃弘「幕府寺社奉行の成立と寺院政策の展開」）。

この上意は家光の法度に準じるものとされている。内容は、幕府が寺領を与えた寺院や、宗派内の学問所である檀林《だんりん》にはしかるべき器量の僧侶を置くようにというものである。諸宗の代表の僧が召され、寺社奉行より伝達された。曹洞宗では上意の内容をまとめた四ヵ条の条々があり、後住《ごじゅう》の任命においては小本寺とともに関三刹でよく詮議《せんぎ》すること、もし不相応なものがあれば関三刹が処罰をうけることなどを確認している。そしてこの内容を配下の寺院に触れている。

このように、寺社奉行は教団の代表に将軍の上意を伝達し、教団側の上層部との間でそれぞれの内実に合わせて調整し、それが教団内で周知される。幕府が個々の寺院を直接統制するのではなく、教団の組織と自律性を前提に、間接的に統制するあり方をみてとることができる。

教団内では、国郡や藩領などの地域的な枠組みで触頭が置かれる場合がある。ここでは地方触頭と呼ぶ。担当地域内に対して江戸触頭からの指示を伝達し、また領主との交渉を行う。教団により差異があるが、本山や江戸触頭を上部におき、重層的で全国的な広がりをもつ組織が、幕藩領主との関係も一因として出来上がるのである。

相論への対応

このように中世以来の秩序は変化を迫られる。寛永九年（一六三二）～十年に本末関係の調査が行われたこともあいまって、とくに寺院間の上下関係に関する相論が多発する。

問題を抱える寺院は、本山・江戸触頭といった教団上層、あるいは幕藩領主に訴え出る。幕藩領主へ訴え出た場合でも、教団内で完結する問題は、まずは教団内での解決が求められる。それで決着しない場合は幕府寺社奉行や評定所《ひょうじょうしょ》、あるいは藩の担当部署などでの判断となる。

相論のなかには末寺が本寺を訴える場合もある。従来からいわれているように、幕藩領主は基本的には本寺側を支持する。ただし、萩藩《はぎはん》領内の曹洞宗寺院である長門大寧寺《たいねいじ》と周防瑠璃光寺《るりこうじ》の相論では異なる展開となる（林晃弘「幕府寺社奉行の成立と寺院政策の展開」）。この両寺に周防の龍文寺《りゅうもんじ》を加えた三ヵ寺が防長の地方触頭（録所《ろくしょ》）となっていたが、上下関係などをめぐる争いがおこる。藩主の毛利秀就《もうりひでなり》は和解するよう促すが、まとまらなかったため本山での解決を指示する。本山の総持寺は大寧寺を支持し、瑠璃光寺の僧は処罰をうける。

瑠璃光寺は、この判断は本山の恣意的なものだとし、寛永二十一年（一六四四）に幕府寺社奉行に訴え出る。対決の後、寺社奉行は毛利氏の江戸留守居《えどるすい》と協議の場を設ける。まず、幕府の判断を示し、その場に同席する江戸触頭に確認をとり、本山の総持寺の僧を呼び出して判断を見直すよう求める。そして最終的に毛利氏により大寧寺が処罰される。

同時期には、幕府寺社奉行が江戸触頭に対して判断の撤回を要求する事例もある。教団内部の判断には恣意的とみられるものもあり、寺社奉行は、場合によっては中立的な立場から本山や江戸触頭の判断に干渉したのである。つまり、基本的には教団側に委ねるものの、寺社奉行が是正しうる立場にあることで、教団組織を介した間接的な統制が機能するといえるのではないか。

4　一七世紀後半への展開

教団組織を介した寺院行政の確立

臨済宗《りんざいしゅう》五山派の江戸触頭である金地《こんち》僧録《そうろく》の記録をみていくと、明暦元年（一六五五）に江戸の寺院門前における秤《はかり》の使用に関する触がみられる。寛文七年（一六六七）三月には、幕府全国令の一つであるたばこ・酒造制限令が江戸触頭を介して諸国の門派寺院に伝達されている。このように江戸触頭から教団内に伝達する触のなかに、幕府からの一般の行政に関わる内容の触が入ってくるようになり、また全国化をみせる（林晃弘「幕府寺社奉行の成立と寺院政策の展開」）。このころから金地僧録側では、幕府の触を僧録の職務に関する『僧録官記《そうろくかんき》』という冊子に記録するようになる。その伝達も僧録の役割の一環であると明確に認識されるようになったことがわかる（「金地院記録」、東京大学史料編纂所所蔵）。

また、相論への対応についても、それまで各地の奉行・代官で扱われていたものも、江戸の寺社奉行に集約されていくようである。これらのことから、筆者はこの時期に幕府寺社奉行と江戸触頭を軸とする寺院行政のあり方が確立すると考えている。

そして、これは見通しにとどまるが、教団組織を通して一般的な幕府全国令も伝達し始めることで、把握できていない部分の存在が幕府側に認識されるようになるのではないかと思われる。このことが、一七世紀後半にいくつかの地域でみられる寺社改帳などによる面的な把握につながっていったのではないだろうか。

「諸宗寺院法度」

寛文五年（一六六五）、四代将軍徳川家綱《いえつな》は寺社に対して代替わりの領知判物・朱印状の一斉発給を行う。同時に、全寺院・神社を対象とする法度が出される。「諸宗寺院法度」と「諸社禰宜神主法度《しょしゃねぎかんぬしはっと》」である。寺院に対しては老中連署の条々も出されている。「諸宗寺院法度」は全九ヵ条で、一〜四ヵ条目はおおよそ次のような内容である（『御当家令条』）。

①それぞれの宗派の法式《ほっしき》を乱してはならない。もし不行儀のものがいれば、厳しく取り裁く。

②一宗の法式を存ぜざる僧侶は、寺院の住持としてはならない。付けたり、新しい教義を立て、奇怪の法を説いてはならない。

③本末のきまりを乱してはならない。たとえ本寺であっても、末寺に対して理不尽な行いをしてはならない。

④檀那《だんな》が檀那寺を選ぶにあたっては、その信仰心に任せるように。僧侶側から檀那を争ってはならない。

一・二ヵ条目では、法会・儀式などの作法を守り、しかるべき住持を置くことを求め、新儀・奇怪の説を禁じる。三ヵ条目では、先行するほぼすべての法度が本寺の末寺統制権のみを記載したのに対し、それを制限する内容を明示した点が注意される。四ヵ条目の檀那寺選択の自由を定める箇条は新しくみえるが、僧侶の強引なあり方がしばしば問題となっていたことをうかがわせる。以下、五ヵ条目は徒党《ととう》・闘諍《とうじょう》の禁止、六ヵ条目は国法に背く重罪人の隠匿《いんとく》の禁止、七ヵ条目は美麗すぎる修復の禁止、八ヵ条目は寺領売買・質入の禁止がつづく。おおむね先行する法度にみられる内容である。九ヵ条目は、由緒がないもののみだりな出家を制限するものである。

このように「諸宗寺院法度」自体には新しい内容を定める要素は少なく、踏み込んだ規定もない。制定の目的は、これまで法度が出されていない宗派も含めて、共通して守るべき項目を示すことにあったものとみられる。とはいえ、この法度は在地の寺院や宗教者の相論でも言及されることがあるように広く認知されるものとなる。

宗門改の制度化と寺檀制度

最後に寺檀制度の位置づけを示しておきたい。周知の通り、寺院の住職が、宗門改において、その寺の檀那について幕府禁制の宗教の信徒でないことを証明する制度である。

大きな背景は、地域社会において、中世後期に仏教と人びとの関係形成が進んだことである。現世利益《げんせりやく》や葬祭への希求にこたえて地域社会に僧侶が入りこみ、そこに定着していく。寺院も多くがこの時期に開創・再興される。そして、ここで成立してくる初発的な寺檀関係が寺請《てらうけ》の前提となる。

早いものでは、慶長十九年（一六一四）に京都所司代の板倉勝重が、転《ころ》びキリシタンの改宗後に檀那寺から請書《うけしょ》を提出させた例がある（豊田武『宗教制度史　豊田武著作集第五巻』）。その後、寺請は寛永十二年（一六三五）ごろには各地でみられるようになる。幕府の強い禁制の方針を背景に、摘発に苦慮する幕藩領主によって手段の一つとして取り入れられたのである。

大橋幸泰によれば、寛永十四年（一六三七）～十五年の島原天草一揆後に対象が指導者層から民衆へと移り、その移動が警戒されるようになるという。そして、宗門改は地域で多様に展開し、十七世紀中期の一連のキリシタン露顕事件が契機となり、幕府による制度化に帰結すると説明される（大橋幸泰『キリシタン民衆史の研究』）。

幕府は、万治二年（一六五九）に諸大名に対し、百姓・町人の五人組と檀那寺を確認し、キリシタンを摘発するよう命じる。寛文四年（一六六四）には大名に宗門改役の設置を指示し、同十一年には幕府領に対して宗旨人別帳《しゅうしにんべつちょう》の作成を命じる。これらを経て全国的に寺請による宗門改が行われるようになる。なお、この間の寛文九年には不受不施派による寺請が禁止されることで、事実上同派も禁制となる（『御触書寛保集成』『徳川禁令考』）。

かつてはキリシタンの現実的脅威が消滅した段階で民衆統制を目的に制度が整えられたと考えられてきたが、近年では脅威は払拭されておらず、全国的な制度化に至ったのはそれへの対応であると理解されている。このようにキリシタン禁制を主たる目的に展開するが、このの ち人びとと仏教の関係を大きく規定することとなる。

おわりに

本章では秀吉・家康の時代から寛文期までの政治権力と寺院との関係を見通してきた。秀吉の時代には、その後の起点となる動向がいくつかみられる。僧侶の武装の否定、朱印寺社領の形成、大仏千僧会にみられる「戦国仏教」系教団を含む諸宗派の政権公認下での分立などである。なかでも学問を重視し仏教興隆をはかる点は、家康の政策のなかでさらに展開し、寺領を寺内のさまざまな身分集団から切り離し、学僧に集中させるような強力な介入もみられる。また、元和元年（一六一五）の寺院法度もかかる文脈の上に位置づけることができる。

僧侶の器量は、その後の時代も重要な項目となる。しかし、直接的な介入は後退し、幕府寺社奉行と江戸触頭を軸とする間接的な統制のあり方が中心となる。一七世紀半ばには、幕府の一般的な行政に関する触も広く伝達されるようになる。また、別の文脈で展開してきた宗門改も同時期に制度化が進む。ここに形成される政教関係は、近世中後期にいっそう整備されたものとなる。

〔参考文献〕

安藤　弥『戦国期宗教勢力史論』法藏館、二〇一九年
伊藤真昭『京都の寺社と豊臣政権』法藏館、二〇〇三年
宇高良哲『近世関東仏教教団史の研究―浄土宗・真言宗・天台宗を中心に―』文化書院、一九九九年
大友一雄『江戸幕府と情報管理』臨川書店、二〇〇三年
大橋幸泰『キリシタン民衆史の研究』東京堂出版、二〇〇一年
小沢文子「寺社奉行考」児玉幸多先生古稀記念会編『幕府制度史の研究』吉川弘文館、一九八三年
河内将芳『中世京都の民衆と社会』思文閣出版、二〇〇〇年
河内将芳『中世京都の都市と宗教』思文閣出版、二〇〇六年
神田千里『宗教で読む戦国時代』講談社選書メチエ、二〇一〇年
杣田善雄『幕藩権力と寺院・門跡』思文閣出版、二〇〇三年
高埜利彦「近世社会と宗教」高埜利彦・安田次郎編『新体系日本史15　宗教社会史』山川出版社、二〇一二年
辻善之助『日本仏教史』近世篇一～四、岩波書店、一九五二～五五年
豊田　武『宗教制度史　豊田武著作集第五巻』吉川弘文館、一九八二年
朴　秀哲「豊臣政権における寺社支配の理念」『日本史研究』四五五、二〇〇〇年
林　晃弘「慶長期における徳川家康の寺院政策―学問料を中心に―」『史林』九五―五、二〇一二年
林　晃弘「慶長七・八年付大和諸寺宛徳川家康判物・朱印状の発給年次」『日本史研究』六〇二、二〇一二年

林　晃弘「朱印地形成と秀吉の寺社政策」『ヒストリア』二五七、二〇一六年
林　晃弘「幕府寺社奉行の成立と寺院政策の展開」『日本史研究』六九〇、二〇二〇年
藤井　学『法華文化の展開』法藏館、二〇〇二年
三鬼清一郎『織豊期の国家と秩序』青史出版、二〇一二年

※本章はＪＳＰＳ科研費 JP20H00010・20K00964・21K13090 の助成を受けています。

column I 大名にとっての文芸

佐竹朋子

江戸時代の和歌

なぜ武力をもって将軍から与えられた領知を治めることが本分の大名が、和歌をはじめとする文芸に取り組んだのだろうか。本コラムでは、柳澤家《やなぎさわけ》が取り組んだ和歌について検討することで、大名が文芸に取り組んだ意義について考えたい。

和歌は、中野三敏氏（『十八世紀の江戸文化』『十八世紀の江戸文芸』岩波書店、一九九九年）が指摘するところの「雅の領域」（伝統文化）である。ただし、江戸時代、天皇は、「禁《きん》中幷公家中諸法度《ちゅうならびにくげちゅうしょはっと》」において第一に学問、次いで和歌を学ぶことを義務づけられ、公家は、「公家衆法度」において和歌や蹴鞠《けまり》などの家業への精進が義務づけられた。天皇や公家が文化的営為を展開させるための環境は、幕府によって整えられていた（松澤克行「近世の天皇と芸能」『天皇と芸能　天皇の歴史一〇巻』講談社、二〇一一年）。やがて、後水尾《ごみずのお》天皇・霊元《れいげん》天皇・光格《こうかく》天皇のように、堂上公家《とうしょうくげ》（五位以上の昇殿を許された者）を門弟として歌壇《かだん》（歌人の社会）を経営する天皇も現れた。

一方、大名の和歌について、福井久蔵氏（『諸大名の学術と文藝の研究』厚生閣、一九三七年）は、大名の文芸のなかで和歌はもっとも重要とし、その取り組みを紹介した。渡辺憲司氏（「田村建顕と堂上歌壇」『近世大名文芸圏研究』八木書店、一九九七年）は、文芸に対する深い教養を持ったことで、外《と》様《ざま》でありながら譜代《ふだい》格となり奏者番《そうじゃばん》を務めた一関藩主《いちのせきはんしゅ》田村建《たむらたけ》顕《あき》の和歌を検討し、将軍徳川綱吉《つなよし》の文治《ぶんち》政治下では、和歌は自らの存在を主張し安定をはかるために必要であり、そのために堂上歌壇と結びつくことも必要であったと指摘した。また、田中暁龍氏（「公家の江戸参向と武家文化との接点」『近世の公家社会と幕府』吉川弘文館、二〇二〇年）は、将軍による公家の芸能奨励によって、和歌・蹴鞠・衣紋《えもん》などが大名や幕臣に浸透し、とくに将軍徳川吉宗《よしむね》以降、武家たちは積極的に入門して門人たちの文化サークルができ、家元たる公家はその紐帯となったと指摘した。つまり、大名の和歌は、将軍の意向に添った取り組みであり、武家社会において自らの存在を主張し安定をはかるための有効な手段となった。

柳澤家の和歌について、福井氏（前掲『諸大名の学術と文藝の研究』参照）は、初代吉保《よしやす》（一六五八～一七一四）以降、二代吉里《よしさと》（一六八七～一七四五）・三代信鴻《のぶとき》（一七二四～九二）・四代保光《やすみつ》（一七五三～一八一七）の取り組みを紹介し、宮川葉子氏（『柳澤家の古典学』上巻〈新典社、二〇〇七年〉・下巻〈青簡舎、二〇一二年〉）は、吉保と吉里の和歌について、吉保の側室正親町町子《おおぎまちまちこ》が与えた影響や霊元院及び公家との文化交流などを含めて具体的に明らかにした。米田弘義氏（『大和郡山藩主　松平（柳澤）甲斐守保光』公益財団法人郡山城史跡・柳沢文庫保存会〈以下柳沢文庫〉、二〇一三年）は、保光の生涯を明らかにするなかで、保光の和歌への取り組みや和歌を通じた大名との交際、島津重豪《しまづしげひで》の娘（近衛経熈《つねひろ》の養女）で将軍徳川家斉《いえなり》の御台所《みだいどころ》である茂姫《しげひめ》（近衛寔子《ただこ》、広大院《こうだいいん》）の書道と和歌の師範になったことを明らかにした。

吉保・吉里の和歌

吉保は、将軍徳川綱吉に取り立てられて幕臣から大名となり、側用人として将軍を補佐した。吉保は、和歌・儒学・禅に取り組んだが、なかでも和歌は、元禄十三年（一七〇〇）、北村季吟《きたむらきぎん》より古今伝授《こきんでんじゅ》を受け、江戸下屋敷《しもやしき》には和歌の世界を具現化した六義園《りくぎえん》を造園するなど熱心であった。

古今伝授とは、『古今和歌集』の難解な歌や語句についての解説を秘伝として、師から弟子へ、親から子へ伝え授けることを指す。古今伝授の重要さは、関ヶ原《せきがはら》の戦の直前、当時唯一の古今伝授伝承者であった細川幽斎《ほそかわゆうさい》（藤孝《ふじたか》）が、丹後田辺城《たなべじょう》に籠城して西軍に包囲された際、幽斎の討ち死によって古今伝授が絶えることを恐れた後陽成《ごようぜい》天皇の勅命によって助け出されたことからも理解できよう。

吉保の公用日記である『楽只堂年録《らくしどうねんろく》』（柳沢文庫所蔵）元禄十六年（一七〇三）七月二日条には、吉保は和歌の道にのめり込むあまり、身の拙さを顧みず側室正親町町子の兄正親町公通《きんみち》を頼りにして、密かに霊元院へ吉保が詠んだ歌の添削を願いたいと記し、正親町公通へ願書等とともに、「名所百首和哥《わか》一巻」を送ったとある。そうしたところ、同年録同年七月十九日条には、霊元院が吉保の「名所百首和哥一巻」を近々添削されるとの正親町公通からの返書が写してあり、同年録同年七月二十六日条には、霊元院は和歌百首のなかでよいと認めた二十六首に點《てん》を与え、吉保の和歌の風体《ふうてい》は正路《しょうろ》（正道）と評価したとの正親町公通からの書状が写してある。以降、吉保は正親町公通を介して、霊元院へ和歌の添削を依頼するというルートを得た。息子吉里も同じく、父吉保から古今伝授を受け、霊元院や中院通茂《なかのいんみちしげ》ら堂上公家からの添削を受け、『積玉和歌集《せきぎょくわかしゅう》』（柳沢文庫所蔵）を編むなど、熱心に和歌に取り組んだ。吉保・吉里が和歌に取り組んだ意義は、学芸に熱心であった綱吉政権期において、霊元院とのルートを得たことにあり、吉保・吉里の和歌の箔付けにもなった。

享保九年（一七二四）、吉里は、甲斐国府中《ふちゅう》（山梨県甲府市）から大和国郡山《こおりやま》（奈良県大和郡山市）へ転封《てんぽう》となり、和歌を家業とする冷泉為久《れいぜいためひさ》へ教えを乞うた。久保田啓一氏（同「近世冷泉家研究の課題」『近世冷泉派歌壇の研究』翰林書房、二〇〇三年）が、享保以降、将軍徳川吉宗は積極的に幕臣を冷泉家に入門させようとしたと指摘した通り、吉里は将軍の意向に添ったのだろう。

保光の和歌

吉里の息子信鴻は、和歌より俳諧《はいかい》に熱心であった。信鴻の息子保光は、冷泉為久の息子為村《ためむら》に入門したが、安永三年（一七七四）に為村が死去した後、父信鴻と共に公家の日野《ひの》資枝《すけき》へ入門した。このとき、冷泉家の門弟が次々と他の宗匠家に鞍替《くらが》えしていた（久保田啓一「川崎池上家『京進書札留』抜書」前掲『近世冷泉派歌壇の研究』参照）。日野資枝は、烏《からす》丸光栄《まるみつひで》の息子で日野資時《すけとき》の養子となり、和歌に秀で、後桜町《ごさくらまち》天皇の歌壇で活躍した。実父の烏丸光栄は、霊元院に師事し、中院通躬《みちみ》から古今伝授を受け、桜町《さくらまち》天皇へは『古今和歌集』の秘説を授けるなど秀でた歌人であった。

寛政九年（一七九七）、保光は、日野資枝から御所伝授でいうところの第二階梯《かいてい》にあたる『三部抄《さんぶしょう》』を伝授された。これ以上の伝授があったのかは明らかにならないが、保光は日野資枝から和歌の世界で最高の教育をうけた。

米田弘義氏（前掲『大和郡山藩主　松平（柳澤）甲斐守保光』参照）は、保光の豊富な歌学の知識と歌風が大名に好まれたと指摘した。例えば、保光の公用日記である『虚白堂年録《きょはくどうねんろく》』（柳沢文庫所蔵）安永六年（一七七七）十二月十七日条には、仙台藩主伊達重村《だてしげむら》の江戸屋敷で催された歌会に参加したとあり、同年録安永七年（一七七八）四月十三日条には、長州藩主毛利治親《もうりはるちか》の下屋敷へ赴き歌会を興行するなどの記事が度々ある。上山藩主《かみのやまはんしゅ》松平信亨《のぶつら》・信古《のぶふる》父子とは、和歌を通じて昵懇《じっこん》であったことから、両敬《りょうけい》（大名が相互の訪問・応対・文通などの交際に、同等の敬称を用いたこと）であった。親族では宇和島藩主伊達村候《むらとき》や保光の弟高家《こうけ》六角広籌《ろっかくひろかず》等と歌会を催した記事がある。

また、同年録安永十年（一七八一）一月十三日条には、随《ずい》宜楽院宮准后公遵《ぎらくいんのみやじゅごうこうじゅん》親王の推挙を得て、保光の和歌二十首が後桜町院の叡覧《えいらん》に浴《よく》したとあるが、保光の正室松平輝高《てるたか》の娘幾子《いくこ》からも大聖寺宮永皎《だいしょうじのみやえいこう》女王と光照院宮尊乗《こうしょういんのみやそんじょう》女王へ推挙を依頼しており、二人からの書状には、後桜町院が保光の和歌を叡覧した際、殊更よろしく感じたとの言葉を賜ったと記されている。このことが保光の和歌を確固たるものにした。

さらに、保光は、風早実秋《かざはやさねあき》・外山光実《とやまみつざね》（実父烏丸光胤《みつたね》）・外山光施《みつはる》・下冷泉為訓《しもれいぜいためのり》（実父風早公雄《きみお》）といった和歌に秀でた公家と姻戚関係を結んだ。その目的も和歌のためで、例えば、寛政二年（一七九〇）五月に保光の兄柳澤信復《のぶあきら》の娘正子《まさこ》（『風早家譜』〈東京大学史料編纂所蔵〉では保光の叔父信昌《のぶまさ》の娘）は風早実秋に嫁いだが、その縁で保光は、風早実秋が三《さん》条西延季《じょうにしのぶすえ》の許しを得て書写した三条西実隆《さねたか》家集『再昌《さいしょう》』の書写が許された。また、同じく実秋が日野資矩《すけのり》から借りて書写した『実条公口《さねえだこうく》伝《でん》　三条西』を入手した。姻戚関係を結ぶことによって、他見が許されない歌学書を収集できた。

そのような保光の和歌は、茂姫が将軍世継ぎ家斉《いえなり》（一橋豊《ひとつばしとよ》千代《ちよ》）とともに江戸城西の丸へ移ったことを祝い、島津家の江戸屋敷で開かれたお祝い会に、保光が茂姫の書道と和歌の師範として招かれたことに結実する（『虚白堂年録』天明元年〈一七八一〉十一月六日条）。

吉保から保光までの交際関係をまとめた「縁戚記《えんせきき》」（『柳沢史料集成　第四巻　柳沢家譜集』財団法人郡山城史跡・柳沢文庫保存会、一九九五年）に、島津家とは重豪の息子中津藩主奥《おく》平昌高《だいらまさたか》を介して縁続きであり、保光と島津重豪が懇意のため両敬とある。柳澤家と島津家は、和歌を通じて両敬を結び、さらに保光の孫保興《やすおき》は、島津重豪の娘淑子《ますこ》（真華院）と婚姻した。嘉永元年（一八四八）に保興が死去した後、跡を継いだ幼年の保申《やすのぶ》は、淑子や柳澤家の重臣、柳澤家分家の黒川《くろかわ》藩《はん》・三日市《みっかいちはん》藩に支えられて成長していった（柳澤保徳「最後の郡山藩主柳澤保申の生涯」〈『平和のシンボル、金魚が泳ぐ城下町～郡山の歴史と文化～』大和郡山市、二〇二一年〉）。

柳澤家が和歌に取り組んだ意義

以上、柳澤家当主が和歌に取り組んだ意義は、吉保・吉里は、霊元院とのルートを得たことにあり、保光は、和歌に秀でることで武家社会における交際を円滑にし、家の安定をはかることにあった。しかし、保光以降の当主は、和歌に取り組んだ形跡がない。なぜなら、『虚白堂年録』寛政五年（一七九三）一月二十五日条に、老中松平定信《さだのぶ》から、領知である伊勢国四日《よつか》市《いち》（三重県四日市市）の海辺警護を申し渡されて

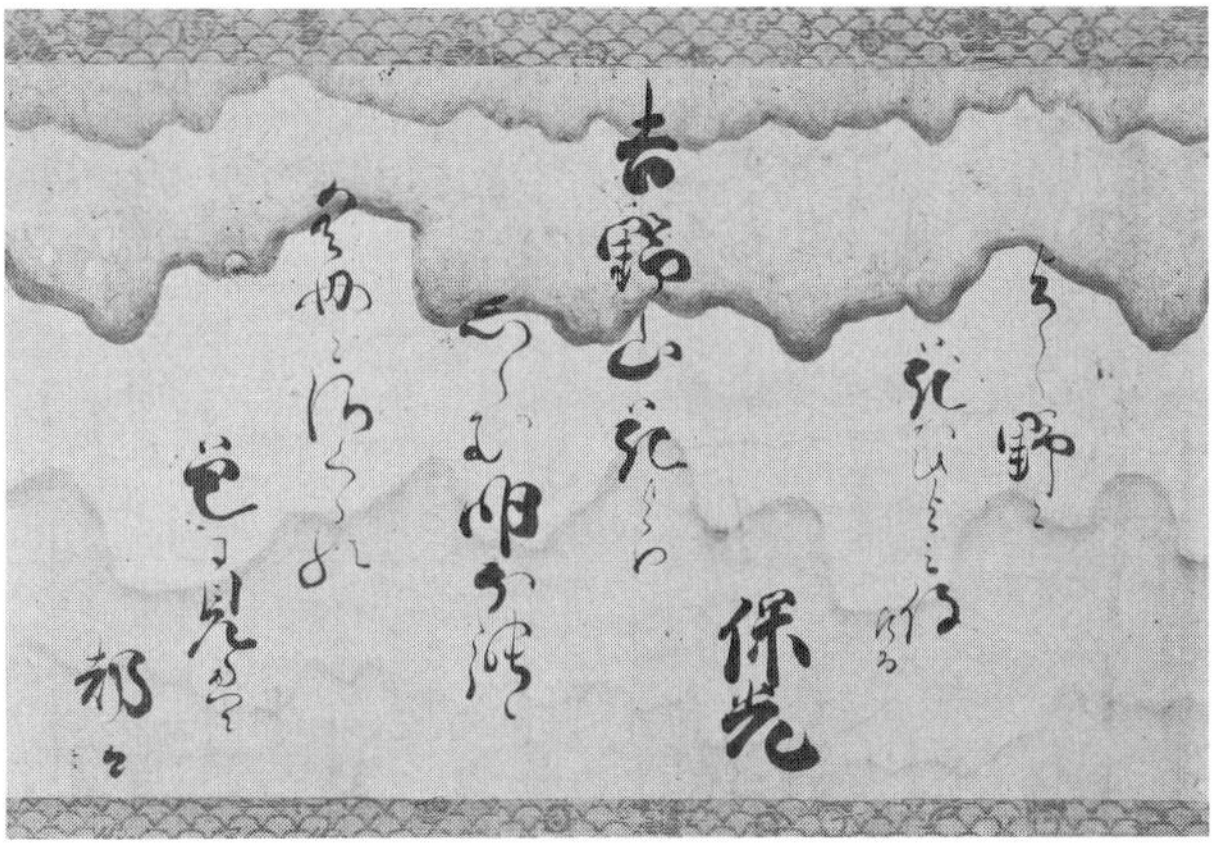

柳沢保光の和歌詠草（柳沢文庫所蔵）

〈釈文〉

よし野々／花をよミ侍／ける／保光
吉野山花より／しらむ明ほの、／くもゝさくらの／色に見え／つゝ

おり、異国船の脅威を察知した保光は、息子保泰《やすひろ》や家臣へは武芸を奨励したからである。保光は、次の時代は、和歌ではなく武芸に秀でることが必要と判断したのだろう。まさしく柳澤家の和歌は、将軍の意向に添って取り組まれたといえる。

　大名が文芸に求めたものは、各々違ったであろうが、柳澤家の事例から明らかなように、文芸のみならず、幕府および公家側の動向や交際関係をも含めて検討していくことで、大名が文芸に取り組んだ意義を明らかにできよう。

※本コラムは、公益財団法人郡山城史跡柳沢文庫保存会平成二十七年度後期企画展「柳澤家当主と学芸—和歌を通じた公家・大名家との交際を中心に—」、および平成二十九年度特別展「没後二〇〇年記念柳澤保光」の成果です。

第2章 仏教教団・宗派の構造

朴澤直秀

はじめに

江戸幕府による仏教教団や寺院の統制について、高校教科書では、幕府が、各宗派の本山《ほんざん》に末寺《まつじ》を統制させる「本末《ほんまつ》制度」を設けた、といった説明がなされている。この「本末制度」という言葉からは、各宗派の「本山—末寺」のヒエラルヒー（階層秩序）にすべての寺院が網羅され、そのヒエラルヒーによって本山が下部の寺院を支配する、という、単線的・一元的な統制のイメージが持たれるかもしれない。しかし、実はそういった寺院のヒエラルヒーは仏教教団の構造の一部であり、実際には、複数の上下関係や支配系統が内包されていた。

まず前提として、仏教教団は、寺院組織（宗教施設の組織）と、それに対応する僧侶集団（宗教者の集団）との、二つの側面を持っていることを確認しておきたい。右にみた「本山—末寺」のヒエラルヒーは、寺院組織のありようの一面である（①狭義の寺院本末関係）。全国的な宗教施設のヒエラルヒーが形成され公認されたことが、他の宗教者と比べた場合の、仏教教団の特質であった。

幕府は、基本的には各宗派の自治を前提とした支配を行った。その状況のもと、幕府と諸宗派との間のスムーズな上申下達ルートとして、必ずしも①のヒエラルヒーと一致しない回路も形成された（②教団行政の支配系統）。また、幕府によっても、諸宗派内部でも、僧侶の（一定度の）質が求められた。そのもとで、個々の僧侶の教育に関しても、必ずしも①のヒエラルヒーと一致しない支配系統が形成された（③教学や修行に関する支配系統・統属関係）。さらに、僧侶や寺院の格式の認定・付与についても、①～③と関係しつつも、多くは幕府や朝廷による制度・裏付けのもとにある支配系統が存在した（④寺院や僧侶の格に関する支配系統・階層秩序）。こういった①～④の諸系統は、それぞれが必ずしも別々に存在したわけではなく、重複したり、他宗派と入り組んだりする場合もあった（朴澤直秀『近世仏教の制度と情報』）。

やや詳しくみてみると、①の狭義の寺院本末関係は、各宗派の本山を頂点とし、そのもとに形成された末寺―孫末寺といったヒエラルヒーである。基本的には、その本末関係は幕府により何度か徴収された寺院本末帳（本末帳）に記載され、また各教団内でそのもととなる台帳に記載された。②の教団行政の支配系統においては、幕府との窓口となる施設として、全国的な教団組織の触頭《ふれがしら》（江戸触頭）が設けられた。幕府からの触《ふれ》などは江戸触頭を通じて教団に伝達され、諸教団からの情報も、江戸触頭を通じて幕府に伝えられた。教団内の行政に関しては、教団によって、江戸触頭と本山との力関係に差異があった。③の教学や修行に関する支配系統では、すべてではないが、多くの宗派で教学機関（檀林《だんりん》・談林《だんりん》・学寮《がくりょう》・学林《がくりん》など）が整備され、僧侶の修学に関わる事務もその機関で行われた。④の寺院や僧侶の格に関する支配系統は、頂点部分において、幕府・朝廷や、他宗派の門跡《もんぜき》寺院と結びつくことがある。一定以上の、修学・修行や住職する寺の格式に応じた僧侶の格式として、僧位・僧官（僧侶の位階や官職）があるが、大部分の僧侶が僧位・僧官を持たない宗派もあり、宗派によっては上人号《しょうにんごう》を許されたり、禅宗の場合は本山などの（名目的な）住職資格を得たりした。宗派によってそういった差異はあるが、共通の要素としては、相応の色衣《しきえ》（紫衣《しえ》・香衣《こうえ》などの色つきの僧衣）の着用資格を得ることが重視されていたように思われる。

近世の仏教教団や宗派のありようを考えるうえでは、実態としての寺院組織や僧侶集団と、幕藩領主による組織化や制度化との、両面に着目する必要があるだろう。つまり、既存の組織や集団、さらにはその周縁に位置するものを把握し支配すべく、幕府や地域領主が、それらの実態を踏まえた組織化や、制度の整備を試みる。また、それをうけて、寺院・僧侶・教団の側で、組織化や、周縁に位置するものの編成が進展する。さらに、それに伴う軋轢《あつれき》も生じていく。そうした過程とその結果を捉えていく必要があろう。その際、いわば分析の道具として、右に示した①〜④の諸系統の実情や形成過程に着眼することが有効である。本章では、時宗市屋派《じしゅういちやは》という（聞き慣れない宗派であろうが、詳細は次節以降で説明していく）、寺院組織はあるが、実質的に僧侶集団を欠くような、ごく規模の小さな宗派を取り上げる。そして、寺院と周辺社会との関係などにも目を配りながら、この事例を通じて、近世の宗派の構造や、支配のありよう、寺院を取り巻く諸関係を浮き彫りにしたい。

1　時宗の統属関係

時宗の本末関係と江戸触頭

前提として、近世の時宗について、先学の研究に学んで概観しておこう（金井清光『一遍と時衆教団』、小野澤眞『中世時衆史の研究』、大橋俊雄編著『時衆史料第二 時宗末寺帳』、同『一遍と時宗教団』、望月華山編『時衆年表』）。本項ではまず、「はじめに」で述べた①②についてみる。

時宗は、一般的には、一遍《いっぺん》を開祖とし、藤沢《ふじさわ》の清浄光寺《しょうじょうこうじ》（通称 遊行寺《ゆぎょうじ》、神奈川県藤沢市）を本山とする、と捉えられている。しかし実のところ、近世の「時宗」は、本来は一遍やその弟子真教《しんきょう》の系譜に属さないものも含む、念仏教団や寺院が、清浄光寺を本山とする遊行派《ゆぎょうは》の統属下に収められていったものであった。近世には「時宗十二派」という諸派の括りがみられたが、この「十二派」という用語は、遊行派側によって創出されたものとされ、初出は、元禄十年（一六九七）に、柳沢保明《やなぎさわやすあき》（後の吉保《よしやす》）の依頼により、遊行派の日輪寺《にちりんじ》（台東区西浅草）の呑了《どんりょう》（のち遊行上人《ゆぎょうしょうにん》四八代・藤沢上人一三世賦国）が記した「時宗要略譜《じしゅうようりゃくふ》」だとされる。十二派は、遊行派・一向《いっこう》派・奥谷《おくたに》派・当麻《たいま》派・四条《しじょう》派・六条《ろくじょう》派・解意《げい》派・霊山《りょうぜん》派・国《こく》阿《あ》派・市屋派・天童《てんどう》派・御影堂《みえどう》派で、「時衆要略譜」では、奥谷派・六条派は遊行派に、天童派は一向派に帰しているとされている。実態としてはこの時点で遊行派のほか八派ということになるが、すでに他派に帰したものも含めて、十二光《じゅうにこう》仏《ぶつ》（阿弥陀仏の別称）に準《なぞら》えて「十二派」としたのではないかと考えられている。

幕府に提出された本末帳・末寺帳についてみてみよう。まず寛永十年（一六三三）の内閣文庫本の末寺帳は『時宗藤沢遊行末寺帳』と題されており、清浄光寺から提出されている。表題のごとく遊行派寺院のみの書き上げで、ここにはすでに奥谷派の本寺である伊予道後《どうご》の宝厳寺《ほうごんじ》（愛媛県松山市）も含まれている。次に、天明八年（一七八八）に遊行派の江戸浅草の日輪寺（肩書は「時宗総触頭《そうふれがしら》」）から提出された彰考館《しょうこうかん》本の本末帳では、遊行派の他、一向派・四条派・当麻派・解意派・市屋派・霊山派・国阿派・王阿《おうあ》派（御影堂派）の、派ごとの諸寺院が書き上げられている。なお、六条派が遊行派に組み込まれたのは延享年間（一七四四〜四八）、天童派が一向派に組み込まれたのは貞享年間（一六八四〜八八）とされる。また、近代以降、一向派（・天童派）は浄土宗に、国阿派は天台宗に転じた。

右にみたように、浅草にある遊行派の日輪寺が、時宗全体の江戸触頭となった。なお、遊行派内では教団行政において本寺の清浄光寺の役割が大きく、その寺務を統括する職として衆領軒《しゅりょうけん》があった。

時宗の学寮と僧侶の格式

次に本項では、「はじめに」で述べた③④について概観する（長谷川匡俊『近世浄土宗・時宗檀林史の研究』、平田諦善『時宗教学の研究』、長澤昌幸『一遍仏教と時宗教団』、圭室文雄『江戸時代の遊行聖』）。時宗（遊行派）の学寮設立は他宗に比べて遅く、それまでは、藤沢の清浄光寺と京都七条道場《しちじょうどうじょう》の金光寺《こんこうじ》（現存せず）との両本山が、僧侶養成機関としての中心的機能を果たしたと考えられている。また、浄土宗鎮西派《じょうどしゅうちんぜいは》の檀林で学ぶ僧もいたという。そして、延享五年（一七四八）に至って、両本山に学寮の設立をみたとされる。またその後、年次は不詳だが、日輪寺にも学寮が設立され、藤沢学寮の支所的性格をもった。なお、遊行派の頂点には二人の上人がおり、藤沢上人《とうたくしょうにん》が清浄光寺に住し、遊行上人が全国を廻国《かいこく》する。そして藤沢上人が亡くなると遊行上人が次の藤沢上人となり、新たな遊行上人が選ばれるのだが、その遊行上人の廻国先でも、僧侶の修行が行われた。一方、遊行派以外では、独自の学寮がなかったとされる。四条派の場合、一八世紀前半には、自派の僧侶が少なく、本寺の金蓮寺《こんれんじ》（京都市北区）では、浄土宗鎮西派の影響など宗義を巡る混乱がみられ、その後、遊行派の学寮で四条派の僧を学ばせようという動きがみられた。

遊行派の僧は、享和元年（一八〇一）に日輪寺が幕府に届けた規定によれば（「諸宗階級」）、出家して十五歳以上から、両本山および遊行上人の廻国先のいずれかの最寄りで法臈《ほうろう》（出家後の修業年数）を積んでいき、「茶執司《ちゃずつす》」「十室」「五軒」「二庵」「本寮」という格式を累進していく。五軒になれば、木蘭《もくらん》の色衣の着用や、檀那《だんな》の引導・焼香をすることが許される。二庵では、青色の袈裟を着用し、また、遊行派の寺社伝奏《じしゃてんそう》（特定の寺社につき、朝廷への取り次ぎ〈執奏《しっそう》〉を行う公家）である勧修寺家《かじゅうじけ》を通じて上人号・香衣を申請することも、遊行上人に随従して参内《さんだい》することも許される。なお、時宗のなかで紫衣を許されるのは、解意派の常陸国海老ヶ島《えびがしま》（茨城県筑西市）の新善光寺《しんぜんこうじ》のみであり、遊行派含め他派の僧侶は香衣止まりであった。

幕府との関係において認められる格式として、幕府から寺領（朱印地《しゅいんち》）の領有を認められているといったことや、将軍への年頭礼や、将軍や世子《せいし》の葬儀に際しての納経拝礼への出仕を認められているといったことがある。納経拝礼についていえば（そのなかでも惣礼や独礼といった格式の差があるが）、遊行派の数ヵ寺の他、一向派本寺の蓮花寺《れんげじ》（滋賀県米原市）、四条派本寺の金蓮寺、解意派本寺の新善光寺、当麻派本寺の無量光寺《むりょうこうじ》（神奈川県相模原市）、市屋派本寺の金光寺（下京区本塩竈町。遊行派の七条道場金光寺とは別の寺）が出仕を認められていた（古賀克彦「時宗寺院の納経拝礼」、「安永六年～文政八年藤沢山衆領軒寮記録」）。

2　市屋派本寺金光寺をめぐる争論

宗法混雑一件以前の住職たちと浄土宗西山派

時宗市屋派は、京都下寺町《しもでらまち》（図2―1参照。また図2―2も適宜参照されたい）の市屋道場金光寺を本寺とする。金光寺には二八石四斗六升の朱印高があり、境内に市姫大明神《いちひめだいみょうじん》があった。末寺は、近世においては山城国葛野《かどの》郡西七条村の西蓮寺《さいれんじ》（下京区西七条南中野町）一ヵ寺のみであり、宗派としては極小の構成であった。前節でみたように、時宗の江戸触頭である日輪寺（遊行派）の触下に置かれ、独自の学寮は持たなかった。公家の花山院家《かざんいんけ》が金光寺に対して特別の由緒を持っており（本節で詳しく述べる）、金光寺・西蓮寺両寺の寺社伝奏になっていた（近世の市屋派については梅谷繁樹『中世遊行聖と文学』、および同「市屋派について（下）」、金井清光『一遍と時衆教団』などでの言及がある）。

元禄五年（一六九二）、京都町奉行所の寺社改に際して、金光寺・西蓮寺からも明細や由緒が書き上げられ、またその書上を提出した旨が、花山院家に届け出られている（西蓮寺文書〈西蓮寺文書については京都市歴史資料館写真帳を参照、以下同じ〉『公儀《こうぎ》寺社改《じしゃあらた》メに付差出《つきさしだし》』）。差出者として署名しているのは、金光寺住持空元《じゅうじくうげん》と、役者《やくしゃ》西蓮寺貞応《じょうおう》とである。金光寺については、時宗一本寺として、朱印寺領高が二八石余であることが記されている。また、平安京の東市屋の守護神である市姫明神の祭祀を司る道場として空也《くうや》により建立され、のち一遍の参詣により時宗の法儀が相伝されたという由緒が書き上げられている。さらに、金光寺の末寺は多数あったが西蓮寺以外は天正年中（一五七三～九二）に退転したこと、金光寺は往古から花山院家の寺であり、住持職・諸事につき下知《げち》を蒙《こうむ》っていることなども記されている。西蓮寺については、末寺として、（隣接する）松尾旅所《まつのおたびしょ》の社僧であり、社領（西八条村内に一四五石）のうち三石五斗を寺納していることなどが記されている。

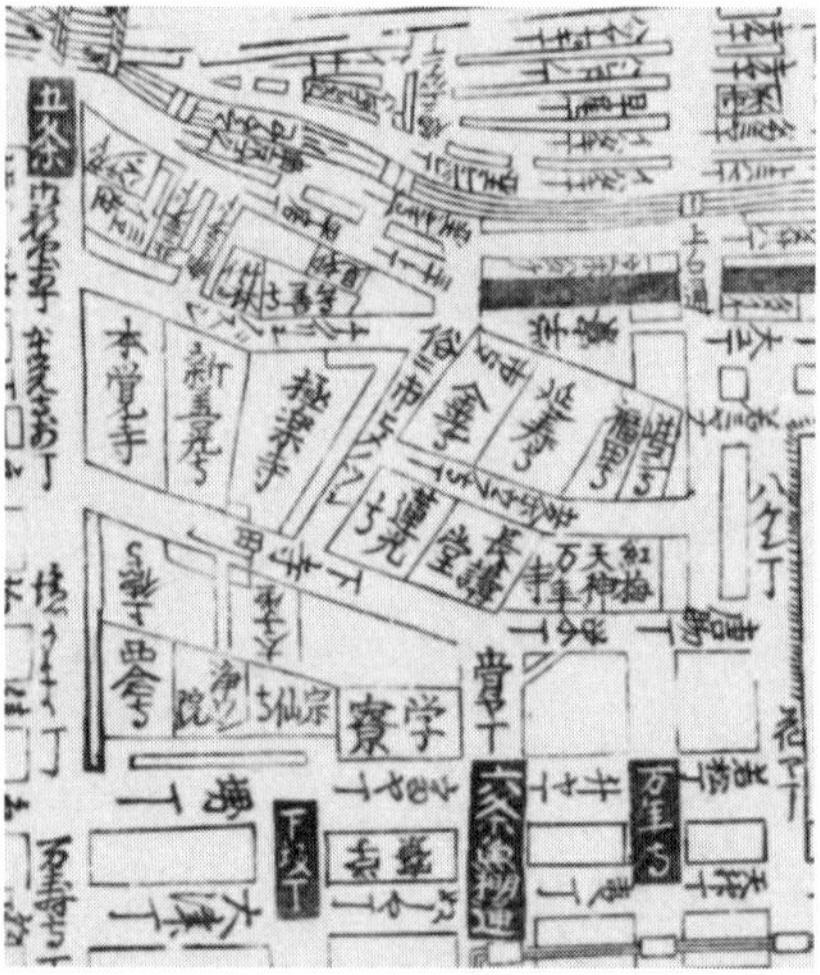

図2–1　京都下寺町地図（天保2年〈1831〉，『改正京町絵図細見大成』立正大学図書館田中啓爾文庫所蔵）

左が北で，五条通が東西に通じる．東側を南北に流れるのが高瀬川．市姫大明神（市ヒメ）を境内に擁する金光寺は，豊臣秀吉によって平安京の東市の跡から移転させられた．西山派の等善寺・万年寺・延寿寺・西念寺も，遊行派の荘厳寺（荘コン寺）・福田寺も，ごく近隣の寺である．

安永五年（一七七六）以降、時宗触頭の日輪寺が、時宗に属する市屋派の「宗法」に、他宗である浄土宗西山《せいざん》派の伝法が混じっている、ということを問題視した。安永八年（一七七九）、この件は幕府による裁判の対象となった。この件については、すでに金井清光氏によって言及がなされているが、ここでは、翌安永九年十一月の、幕府寺社《じしゃ》奉行牧野《ぶぎょうまきの》惟成《これしげ》から月番老中田沼意次《つきばんろうじゅうたぬまおきつぐ》宛の吟味伺書《ぎんみうかがいしょ》の内容と、西蓮寺文書の内容とにより、この一件のみならず、金光寺や西蓮寺の実態をめぐり詳しくみていく（吟味伺書は布施弥平治編『百箇条調書』第四巻に所収。また同内容のものが『祠部職掌類聚・吟味伺書安永九子年従正月至十二月』〈一七一九〉「浅草日輪寺申立候京都金光寺宗法之儀ニ付吟味伺書」、『祠部職掌類聚・相談書安永九子年従正月至十二月』〈一二一二一〉に所収。ともに原本は篠山市立青山歴史村所蔵。マイクロフィルム『近世法制史資料集成』第三期を利用した）。なお、以下の叙述では、金光寺の住職名が頻出し煩雑であるため、永禄年間（一五五八～七〇）以来の系譜を記しておくので、適宜ご参照いただきたい。

……仁空《にんくう》—□—□—林室《りんしつ》—正林《しょうりん》—空元《くうげん》—玄哲《げんてつ》—玄寮《げんりょう》（敬空《けいくう》）—俊旭《しゅんきょく》—靍潭《かくたん》—旭燦《きょくさん》—珂燦《かさん》—賢晃《けんこう》（英空《えいくう》）—善空《ぜんくう》—鏡空《きょうくう》—旭栄《きょくえい》……泰順《たいじゅん》—賢隆《けんりゅう》—一浄《いちじょう》（浄信《じょうしん》）—真徹《しんてつ》……

市屋道場金光寺の住職には、早い段階から、浄土宗西山派（江戸時代の括りでは、現在の、光明寺〈長岡京市〉を総本山とする西山浄土宗と、東山禅林寺《ひがしやまぜんりんじ》〈永観堂《えいかんどう》。東山区〉を総本山とする浄土宗西山禅林寺派）の本山（光明寺・禅林寺）で学んだ僧が就い

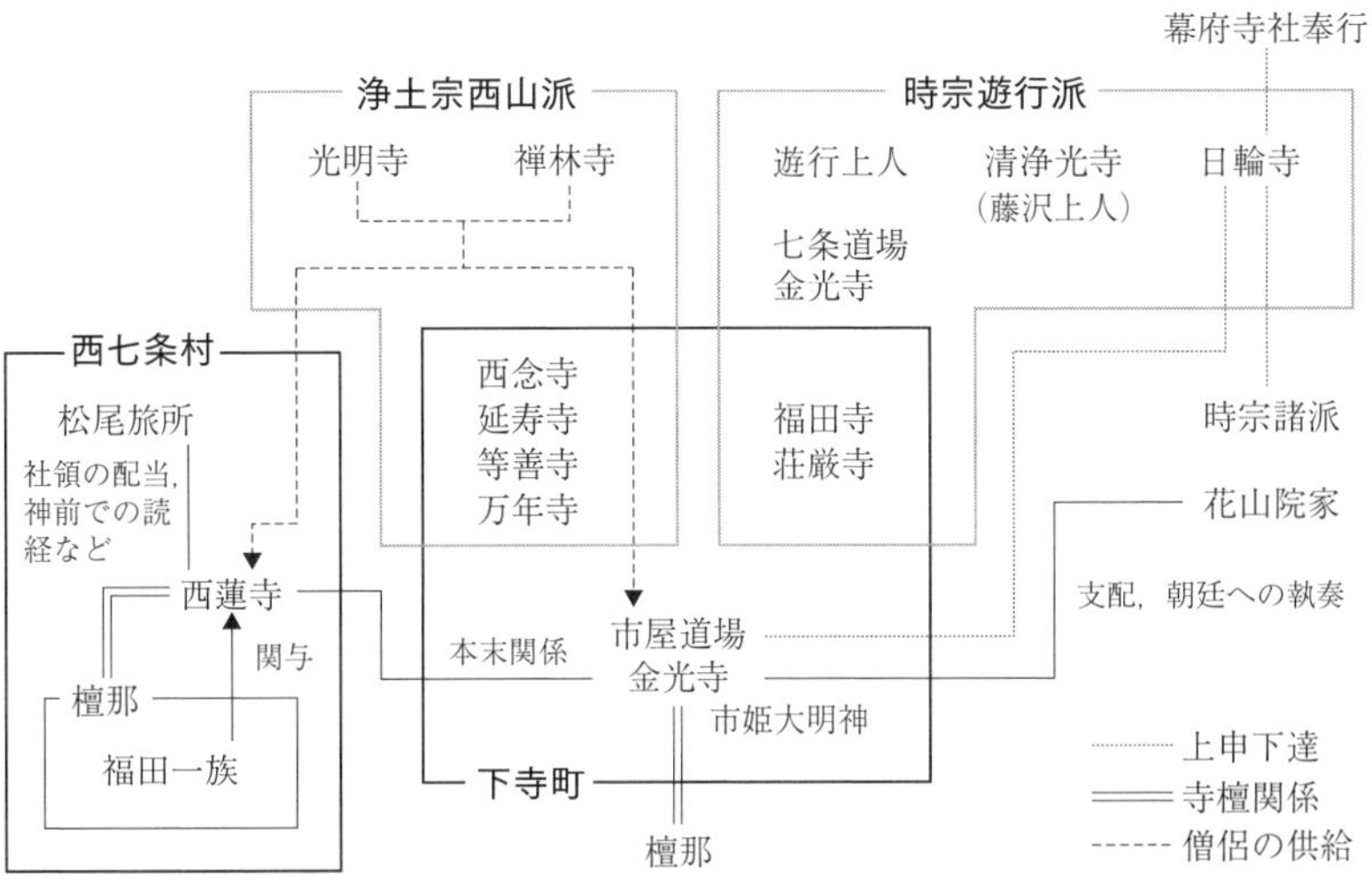

図 2-2　金光寺・西蓮寺を取り巻く諸関係（宗法混雑一件の時点）

ていた。なお、寺社奉行所による調査では、永禄年中の仁空という住職以来、西山派の僧が住職してきたということだ、とされている。

金光寺の住職の隠居・就任などについては、堂上公家《とうしょうくげ》の花山院家（家格は精華家《せいがけ》）が「寺元」（ただし、一般的にみられる、寺元家の子弟を入寺させる寺元〈朴澤直秀『近世仏教の制度と情報』〉ではない）として許可を与える立場にあった（後述）。花山院家に差し出された金光寺住職の入院証文が断片的に残っており、取り調べの過程で証拠書類として、さらに寺社奉行所に提出されている。そこから、具体的な住職の履歴などを知ることができる。なお、入院証文には記載に異同もあるが、花山院家の諸大夫《しょだいぶ》（家司）の猶子《ゆうし》となる（名目的な親子関係を結ぶ）こと、入院後一定の期間に参内出世すること、その他誓約事項が記され、住職によっては「花山院家の先例により浄土宗の学文を成就する」といった文言もみられる。

正保四年（一六四七）に住職になった正林の修学履歴は不明である。延宝三年（一六七五）に住職になった空元は禅林寺で修学した。元禄十五年（一七〇二）に住職になった玄哲は、伊勢国富田《とみだ》（富田）の冨田七兵衛の子であり、幼年に出家し、禅林寺で学んだ。そのため空元と同山のよしみで住職になり、このたび帰依《きえ》し、師弟の契約をしたとしている。次の住職の玄寮も禅林寺の出身だった。その次の俊旭は、享保二十年（一七三五）に住職となった。尾張国名古屋の鈴木宗順《すずきそうじゅん》の子息で、幼年より出家して、禅林寺で修学した。玄寮とは同山のよしみで師弟の契約をした。次の靏潭は、尾張国名古屋川村半右衛門の伜《せがれ》で、元文二年（一七三七）に住職となった。「十歳から老師俊旭に随身し、剃髪《ていはつ》を受けた直弟だ」としているが、修学は禅林寺ではなく光明寺でしているから、疑わしい。

宗法混雑一件に関わった住職たちと浄土宗西山派

靏潭の後、旭粲、珂粲と住職が継承され、珂粲の死後、宝暦四年（一七五四）に、西山派の僧であった英空が入院した。以下、住職については取り調べで明らかになった情報も併せて知ることができる。英空は賢晃ともいい、丹波篠山《ささやま》（兵庫県篠山市）の大内六兵衛の実子で、住職継承時に二一歳だったとみられる。入院証文では、旭粲の直弟子だとしており、また、隠居の敬空（玄寮）と「前金光寺法兄西念寺《ほうけいさいねんじ》廓空《かくくう》」（俊旭・靏潭・旭粲の誰か）が連署している。取り調べによれば、英空は市屋派の伝法《でんぽう》をうけたわけではなく、西山派の伝法で寺役・法用を勤めていた。花山院家の指図を受け、「宗号は時宗市屋派で、伝法は西山派を用いる」寺格だと心得て住職を務めた。明和五年（一七六八）に、下寺町内の浄土宗西山派の西念寺に移った。

同年に、西山派の僧であった善空が次の住職となった。入院証文によると、善空は大和国式上郡《しきじょうぐん》辻村（奈良県桜井市）の嶋岡助右衛門の実子である。（嶋岡）助右衛門家は辻村の草分け的存在で、近世を通じてほぼ代々庄屋を務め、元禄期（一六八八～一七〇四）にかけて土地集積を行い、村方地主となるほか、多角的な経営を行っていた。また、郷社の年預《ねんよ》筋《すじ》として祭祀を担う家でもあった（谷山正道「近世後期大和における村方地主経営の展開」）。なお入院証文では、善空は英空の弟子だから住職継承を願い出たとしているが、このとき善空は四七歳とみられ、英空より一二歳の年長であり、これは事実と異なるか、あるいは形式的に師弟関係を結んだにすぎないのではないか。取り調べで、善空は「金光寺は花山院家の指図を受け、宗門は時宗で、伝法は西山派の寺格と心得ている」との認識を示している。

安永二年（一七七三）に、善空は花山院家に対し、下寺町内の浄土宗西山派寺院である等善寺《とうぜんじ》・万年寺《まんねんじ》・延寿寺《えんじゅじ》・西念寺《さいねんじ》に、金光寺に関与することを命じてくれるよう願い出、花山院家はそれを受け入れた。花山院家が吟味に際して提出したその際の書類によれば、四ヵ寺の関与事項は金光寺の維持と、後住が決まらずに善空が死んだ場合の、後住になる西山派の僧の手配であった。善空の供述によれば、金光寺は財政的に困窮しており、西山派寺院の祠堂金《しどうきん》（貸付金）を前々から借り受けていた。そのため、もし西山派以外の僧が住職になっては、返済もなおざりになると考え、代々西山派の僧を住職にしてきた。なおまた、末々そのようにしたいため、西山派の西念寺・延寿寺・等善寺・万年寺の四ヵ寺が添願をするのでなければ、金光寺からの願いを花山院家が聞き届けないようにしてほしい旨を願い出たのだという。英空の供述でも、四ヵ寺の関与について同様の認識が示されている。以来、金光寺と四ヵ寺とは、「組合」や「門中」という関係ではないけれども、金光寺について四ヵ寺が関与するようになった。

ただし、金光寺への入院については花山院家の了承のもとに行うが、届け出は時宗触頭の日輪寺にするので、そのことは次の住職の鏡空にも申し送った。善空が住職をしているうちに、市屋派の伝法を受けたことはなかった。

善空が隠居したのち、安永五年に西山派の僧の鏡空が後住に入った。入院証文によれば、鏡空は紀州藩家中の三葛宇左衛門の弟である。鏡空も市屋派の伝法は知らず、西山派の伝法でもって寺役・法用を勤め、「宗門は時宗市屋派の本寺で、伝法は西山派を用いる寺格」だと認識し、花山院家を「本寺」のように考えて、入院の際にも日輪寺への届けはしなかった。末寺の西蓮寺についても、同様に西山派の僧が住職をするものとのみ心得ていた。

「宗法混雑」の吟味

鏡空が日輪寺に入院の届をしなかったことがきっかけとなり、日輪寺により金光寺における西山派の宗法の「乱入」が問題視され、日輪寺から幕府に吟味をするよう願い出がなされた。鏡空は安永八年（一七七九）（四月か）に、将軍徳川家《いえ》治《はる》の世子家基《いえもと》の葬送に伴う東叡山寛永寺《とうえいざんかんえいじ》での納経拝礼のため出府し、その際に金光寺の宗法に関する取り調べも行われた。

鏡空が日輪寺坊中にいたところ、体調を崩して「下宿」（日輪寺から出て他所に泊まることであろう）することを申し立てたが、了承されなかった。そのため、鏡空は五月に寺社奉行の土岐定経《ときさだつね》邸に駆込訴《かけこみうったえ》をしたが、日輪寺に引き渡された。鏡空は吟味中の九月に、傷寒（熱病）のため病死した。

西念寺の住職となっていた前々住職の英空は、どうしたわけか、西念寺への移転の際に金光寺の先住珂粲が所持していた書籍を持っていってしまったらしい。移転後、そのなかに、時宗市屋派の伝法の書が一冊あったのをみつけたが、金光寺の住職を離れたあとだったので、そのままにしていた。金光寺の宗法のことで、前住職の善空も日輪寺に呼び出され、英空のところに暇乞いに立ち寄った。そのため英空は善空に、宗法について尋問されたときの参考になるだろうと、この書物をみせた。しかし善空は、隠居後に今更のことだとして取り合わなかった。なお取り調べの過程で、寺社奉行が、この「市屋派伝法の書」を取り上げ一読したところ、『時宗市屋派本山伝法血脈之口決《でんぽうけちみゃくのくけつ》』という表題の、紙数五十枚余の写本で、敬空玄寮が住持のときにしたためた書とみえ、市屋派の伝法を記してあるようだったという。

鏡空が死去し、金光寺が無住になったため、寺社奉行所は、朱印状の守護や檀用・寺役について最寄りの同宗（時宗）の寺院に取りはからわせるよう、触頭日輪寺に申し渡した。そして日輪寺は、そのことを、金光寺の留守居瑞光と、金光寺の至近の福田寺《ふくでんじ》・荘厳寺《しょうごんじ》（ともに時宗遊行派）とに伝えた。そうしたところ、その情報が金光寺留守居から花山院家に伝わり、花山院家は武家伝奏に、「金光寺は花山院家が執奏であるのみならず、往古より由緒があり、花山院家が指図する寺で、その由緒を申し立てたい」などと申し立て、それが京都所司代、京都町奉行を経由して、花山院家が差し出した証拠書類とともに寺社奉行に伝達された。

また、寺社奉行が、西念寺・延寿寺・等善寺・万年寺も江戸で取り調べたところ、金光寺は数代にわたって宗法が「混雑」しているようであった。さらに、金光寺の末寺の西蓮寺に関しても糺《ただ》したところ、同様だということだった。それで、西蓮寺は現在無住なので、看坊《かんぼう》（仮の住職）の大真を召喚した。すると、「西蓮寺は（隣接する）西七条松尾旅所の社務の

渡辺備後《わたなべびんご》の支配であり、旅所の供僧を勤め、無本寺である。差紙の肩書の『時宗市屋派金光寺末』は間違いだ」というこ

とを備後・大真から京都町奉行へ申し出た。それをうけて、寺社奉行は備後も呼び出したが、病気とのことで子息の下総が出府した。下総に尋ねたところ、「西蓮寺は数代無本寺と心得てきた。また、西七条村百姓の（福田）小兵衛の由緒の者を代々住職にすることを社務が了承してきた」ということであった。そのため、さらに小兵衛も呼び出して取り調べた。また、所司代を通じて花山院家に不審点の問い合わせを行い、書面で回答を得た。かくして吟味が終わり、安永九年十一月、金光寺・西蓮寺が「宗法混雑」の状況なのに、関係者がそれが問題だと認識していなかったことを、寺社奉行は不届きだとして、金光寺の鏡空は退院（僧侶を居住する寺院から退出させる刑罰。ただし鏡空はすでに病死）、善空は追院（僧侶を〈寺院に戻ることを許さず〉刑を宣告したその場から追放する刑罰）、英空は退院、また西蓮寺の大真は看坊取放（職務を取り上げる）、といった処罰が策定された。なお西蓮寺については、次節で詳述する。

花山院家が主張する由緒

ここでは、一件の吟味過程で、花山院家から差し出された書類などで主張されていることを確認する。

まず証拠書類として差し出された、花山院家から金光寺に交付された、年不詳（「寅二月」付だが、前々からの内容だとされている）の「御下知状目」の情報を摘記する。

・金光寺は、歴代の勅願所《ちょくがんしょ》であり、将軍家代々の御朱印所である。また、時宗宗門の一本寺（一派の本寺）である。他宗はもとより、時宗であっても猥りに他派他流を混ぜてはいけない。

・金光寺の後住となる弟子については、かねがね来ている、「種族」（家柄の意であろう）が確かな小児を花山院家の諸大夫の養子（猶子）とする。「他所横入之僧」は後住弟子にしてはならない。ただし、弟子がいないうちに住持が早世してしまった場合は、先規に従って、花山院家の命により末寺の僧を金光寺の住持とする。

・金光寺の住持も末寺の僧侶も、西山浄土の檀林で十ヶ年の修学を経、年齢・法臈《ほうろう》が相応になったときに出世の綸旨《りんじ》

（参内して香衣・上人号を得る）を願うべきであって、未熟の者は出世してはならない。

・花山院家は、金光寺の「寺元」である。それゆえ住職は、花山院家に対して、年中五節の御礼や、平生の祗候を怠ってはならない。

・金光寺の住持が隠居する場合は、花山院家の許可を得たうえで、「奉行所」（京都町奉行所であろう）に届け出なければならない。また、隠居は寺内に隠居すべきである。

金光寺の住職の相続の実態から考えると、この掟書の実効性には疑わしい部分もある。ただし、金光寺と花山院家との関係や、（時宗宗門であるとしつつ）西山派での修学に言及されている点などは注目される。

次に、取り調べに際して新たに書き上げられたと考えられる「花山院家金光寺由緒之事」および「時宗市屋派西山修学之事」に書かれていることを摘記する。ここでも西山派との関係が述べられている。

・金光寺の地主《じしゅ》（土地の守護神）市姫大明神は花山院家伝来の社と同体である。ゆえに、神体の箱の封は花山院家が封じ、金光寺については代々花山院家が下知し、「寺元」として、住職など万端、花山院家が許可を与える。

・金光寺の住持は、一遍が西山派の祖証空の法孫なので、その法縁をつぎ、市姫大明神の祭祀、祈禱護摩《きとうごま》、般若持読などは、西山派や、四宗（時宗の他、天台・真言・律・浄土）兼学の市屋派にかなうことなので、代々西山の修学を遂げてきた。もし直弟子がない場合は、西山派の僧を花山院家の命により改宗させて住職を申しつける。

さらに、安永九年三月二十日付で、幕府寺社奉行からの尋ねへの返答として、花山院家から武家伝奏に宛てられた書類では、以下のように述べられている。

・住持替えの際に西山派の寺院の一同の願いでなくては当家が許容しないというのは、隠居善空が住職であった安永二年六月に、金光寺の相続・建立のために等善寺・万年寺・延寿寺・西念寺の助けをうけたい旨、当家に願ってきたので、許したもので、前々はなかったことである。

・時宗伝法は師資相承連綿であるが、相応の弟子がない場合には、他宗の僧を改宗させ、師弟の契約で住職させるのであり、近ごろ浄土宗西山派を用い、宗法が猥りになっているということではない。もし宗法が猥りになっているとすればその者の懈怠《けたい》であり、当家では一切知らないことである。

この最後の返答では、僧侶が西山派で修学する、という点は抜けているが、寺社奉行からの「宗法が猥りになっている」という指摘をうけて主張を変えたものか。

時宗触頭日輪寺の主張

ここでは、安永九年（一七八〇）七月の、寺社奉行所からの尋ねに対する日輪寺からの返答「改宗僧之儀御尋付御答申上候事」で主張されていることから、注目される点を摘記する。

寺院を相続させるために猥りに他宗の僧を改宗させて弟子にすることは堅く禁ずる規則である。他宗の僧が時宗の法義に帰依し、たって改宗を願う僧があり、やむを得ず改宗させて弟子にすることもある。これまで他宗で何十年も法臈を積み、伝法・宗脈などを所持していても、綸旨を得ていても、それは一切取り上げない。新たな出家の扱いとして改めて剃髪・得度《とくど》の式を行い、法衣を時宗の制に改め、それから時宗の法臈・階級を経させる。他宗から改宗した僧は、たとえ法臈を積んだとしても、本寺はいうに及ばず、大寺や格上の寺々に住職をすることは許さない。

こういった規則があるところ、市屋派金光寺は、一派一本寺で組合などもなく、実に「一ヶ寺立」ゆえに、宗門の規則を守らず、十代前くらいに、ふと浄土宗西山派の僧が住職し、その後、続いて西山派の僧のみが住職をしていると聞いている。日輪寺には、代々弟子譲りだとして、他宗から改宗したということは一切申し出ず、時宗門で相続されているようにこれまで届け出ていた。そうしたところ、鏡空が住職就任の届をしなかったことの取り調べから、はじめて、これまで数代他宗から乱入し、宗門の法儀を取り失っている状態がわかったため、さらに幕府に取り調べるよう願った。こういう事情なので、住職が時宗に改宗したというのは名ばかりで、いっこうに時宗の法臈を積まず、無論、時宗の譜脈を所持せず、朝夕の勤行、法要、そのほか引導・焼香などの法儀に至るまで、一つとして時宗の法儀は用いず、ただ西山派の法脈・法儀のみで、時宗というのは名ばかりである。遠い以前はわからないが、英空・善空・鏡空の三代ともに、にわかに師弟の契約をし、昨日まで西山派の住持だった者が、今日ははや金光寺の住持に変化したようなもので、金光寺を居抜きに渡したものを「弟子」と唱えたものである。金光寺に下された朱印を他宗の法脈で相続し、他宗の法儀を執り行って住職するのは、禄を盗み天下の大法に背くものである。

以上であるが、この返答書で述べられている階級は遊行派のものであり、遊行派基準の一方的な主張であるともいえる。なおさらに、宝暦十三年（一七六三）に裁許がなされた、時宗解意派本寺の新善光寺に関する一件に言及がなされている。これは、触頭による監督や、派内に相応の僧がいない場合に遊行派の僧を後住とすることを認められた先例として持ち出されていると考えられる。以下に大意を引用する。

日輪寺配下の、新善光寺の住職の光法は、元来浄土宗で、江戸小石川伝通院《でんづういん》の所化《しょけ》（学徒）だった。にわかに改宗して、新善光寺先住の良意《りょうい》の弟子になり、新善光寺の住職をしていたところ、不届きなことがあって幕府の囚人となり、宝暦十三年に裁許があり、遠島を命ぜられた。そのみぎり、掛りの寺社奉行酒井忠香《ただか》から日輪寺へ、「触下の寺院の住職交代の際は、他宗から乱入する不埒な僧が住職にならないように、触頭から厳しく取り調べるように」という旨を命ぜられた。新善光寺の後住につき伺ったところ、「勅許で紫衣を着用する格式の寺なので、法臈が長い老分の僧を解意派の中で選び、もし解意派の中で相応の僧がいない場合は、遊行派の僧を日輪寺で選び、住職を申し付けるように」と命ぜられた。これにより、清浄光寺末（遊行派）の下野国宇都宮応願寺《おうがんじ》（栃木県宇都宮市）の隠居の恵雲《えうん》という老僧を選び出し、伺いのうえ住職を申し付けた。

宗法混雑一件後の状況

幕府の裁許を受け、翌天明元年（一七八一）十月、日輪寺から金光寺に、裁許の趣旨を反映させた掟書が交付された

（「市屋道場金光寺掟書」）。その掟書に書かれていることから、注目すべき点を以下に摘記する。

・安永九年の幕府の裁許の趣旨を守り、他宗他門と混同しないこと、
・市屋派伝法の譜脈を、金光寺の住持が代々相承すること。
・金光寺は一本寺だが、新たに町内の荘厳寺・福田寺を組寺に定めること。三ヵ寺組合の普段の席順は時宗の法臈・階級によるべきこと。ただし公務の際は、金光寺が一本寺なので、法臈・階級にかかわらず上座にすること。
・金光寺の住職は日輪寺で吟味のうえ申し付ける。
・金光寺が弟子を取り立てる際は、委細を書き付けて日輪寺に提出すること。弟子は、遊行・藤沢・七条の三会下のいずれかで法臈を積み修学させ、決して他宗他門の学林には属させないこと。
・金光寺の住職を嗣ぐ僧については、時宗の「二庵」の格まで進んだ者でなければならない。
・直弟子がなくとも、他宗他門から改宗させた僧に後を嗣がせてはならない。

このように、修学や組寺の編成について、時宗、実質的には遊行派の秩序のもとに組み込まれている。

また同月、清浄光寺の老僧ならびに衆領軒から日輪寺へ、金光寺の次の住職に関する伺い書きへの返書が出されている（「安永九年～天明元年　藤沢山書翰扣」）。それによると、安永九年の幕府の裁許で、金光寺の住職については以後代々日輪寺が選び申し付けるように、と幕府から言い渡された。しかし相応の僧も見当たらなかったので、これまで延び延びになっていた。そうしたところ、このたび荘厳寺の弟子の旭栄が、住職になることを願い、出府するとのことであった。旭栄は一度菅浦《すがうら》阿弥陀寺《あみだじ》（遊行派、近江国浅井郡〈滋賀県長浜市〉）の住職をした僧だった。

時代は下るが、安政二年（一八五五）と、文久三年（一八六三）の、金光寺の住職交代についての情報を知ることができる。安政二年には泰順から賢隆への住職交代が行われた（西蓮寺文書『触頭之次第略記』）。賢隆は伯耆国汗入《あせり》郡福尾村（鳥取県西伯郡大山町）で金田長門守（神職か）の子として生まれ、六歳で同郡稲光《いなみつ》村万福寺（遊行派、大山町）泰順（金光寺泰順と

の関係は不明）の弟子になり出家し、清浄光寺で法臈を積んだ。市屋派に改派して、住職になることについて花山院家の許可を得ている。

文久三年には、真徹が住職になっている（西蓮寺文書『真徹方丈御入山一条記』、「日鑑（文久三年正月〜十二月）」）。真徹は越後下田蓮光寺（遊行派、新潟県三条市）の住職であったが、金光寺先代の一浄が文久元年に死去して金光寺が無住になり、金光寺に因縁があるとして金光寺の檀中（檀家組織）から触頭日輪寺に推挙され、日輪寺から住職になるよう申し付けられた。真徹は四七歳で、下田から弟子や若党を伴っている。真徹の「新山」の儀式の案内が檀中に回文で出されているが、宛先は山田屋藤兵衛・同藤七・大和屋源兵衛・綿屋万介・三文字屋和助・松葉屋玄兵衛・藤村摂津・田中玄良・北村永三郎・大和屋忠七となっている。詳細は不明だが、人名から、商人に限らない檀那層を持っていることがうかがえる。住職交代は、花山院家および京都町奉行所に、日輪寺から真徹に申しつけられたとして届け出されている。

3　末寺西蓮寺をめぐる状況

西蓮寺の記録と争論

本節では、市屋派の唯一の末寺である西蓮寺を取り上げる。西蓮寺文書のなかに、おおむね寛永年中から元禄十年（一六二四〜一六九七）に至る出来事を纏めている記録がある（西蓮寺文書『西七条村西蓮寺心得条々』。一部が梅谷繁樹「社寺争論と神仏関係」に翻刻されている）。成立時期は不明であり、後の写本だと思われるが、金光寺の本寺としての地位を主張する立場から書かれていることを勘案すると、原本の成立時期は、（先述のように西蓮寺との関わりがあった、隣接する）松尾旅所と西蓮寺との係争があった元禄十年に近い時期かと思われる。以下、主にそこに書かれていることを摘記していく。

まず由緒や概況についての記述だが、金光寺と西蓮寺とは、空也以来の念仏宗、しいていえば天台宗の念仏であり、のち両寺ともに時宗に転向した。金光寺は、西蓮寺住職に代々金光寺で剃髪させる。金光寺は、西蓮寺住職に、修行成就のうえ、市屋道場本尊祖師前で行法を勤めさせ、そのうえで時宗の伝法許可状を授け、「覚阿《かくあ》」の名を授ける。西蓮寺住職が入院して三年のうちに、綸旨を頂戴させる。西蓮寺住職が往生のときは、金光寺から焼香・引導する。金光寺は、このように、西蓮寺は往古から金光寺の末寺である。西蓮寺住職は、学文修行については、浄土宗西山流禅林寺・光明寺ででも、鎮西流関東檀林ででも、勝手次第に勤める。西蓮寺檀那は西七条村中に百家ほどある。西蓮寺檀那の宗旨請状にも、例年の宗旨改めなどでも、「市屋道場金光寺末寺西蓮寺」と書く。

以下、出来事についての記述だが、寛永年中（一六二四～四四）に、西七条村の郷士の中村一族と金光寺との間で、西蓮寺をめぐる争論が起きた。中村一族は、西蓮寺は中村一族が支配する寺で、金光寺の末寺ではないと主張した。しかし幕府郡代奉行による詮議の結果、西蓮寺は金光寺末寺だと認定された。なお、中村一族は、『西七条村西蓮寺心得条々』では基本的に西蓮寺の檀那だとされている。しかし、後代の中村一族の由緒書によると（中村〈亮〉家文書『中村家由緒書・願書』、中村〈太〉家文書『郷士中村平之丞由緒書差出案』・『中村家郷士相続につき由緒書差出案』他。両家ともに京都市歴史資料館写真帳を参照）、元禄五年に代々郷士である由緒を京都町奉行所に申し出た際に、金光寺が「当寺檀那」だとして請合手形を差し出している（西蓮寺が請け合った、という中村一族による記述もみられる）。情報が錯綜しており、時期による移動もあるやもしれないが、両寺いずれかの檀那であったということであろう。

元禄十年に、近隣の西七条塩小路の水薬師如来の開帳に便乗して、西蓮寺の本尊や霊宝を開帳し、金光寺空元が法事を勤めた。その最中に、松尾旅所の社務の渡辺内蔵助《くらのすけ》が京都町奉行に西蓮寺を訴え、裁判となった。裁判の論点は、西蓮寺は松尾旅所の社僧や宮寺の供僧であるのか、それとも金光寺の末寺であるのかということ、またそれと関わって、西蓮寺が滅罪檀那（葬祭に携わる檀那）を持つことの妥当性についてであった。

九月に、以下のような内容の裁許があったという。毎年四月朔日の読経念仏は先規のように勤めるべし。それについて三石五斗の念仏料を先規のごとく収納するように。その念仏前後三十日は檀那の滅罪があっても出ず、斎非時《ときひじ》にも出ず、清浄に読経念仏を勤めなくてはならない。滅罪檀那については、このたび検分したところ新たなものではないと判断される。以前からの檀那はこのまま付け置くが、新規の檀那は勧め入れてはならない。ただし、墓石は松尾旅所の社壇にほど近いので、他の地に移すようにせよ。読経念仏は松尾旅所の神前で勤めるので、社役は社務の指図をうけて勤めるように。西蓮寺の寺法については、本寺金光寺の指南をうけて勤めるように。

それに対して社務は以下のように不服を述べた。西蓮寺は社領を拝領している社僧なので、滅罪檀那を捨てるように命じていただきたい。西蓮寺が四月朔日の役鐘を叩き、念仏をするのはあってはならないことで、祈禱に心経でも読誦させるようにしていただきたい。西蓮寺と金光寺との関係を絶ち、社家一分にさせるようにしていただきたい。

この不服に対して京都町奉行は社務を叱り、松尾旅所の社僧について以下のことを述べた。松尾旅所社内の神宮寺・仁仲庵という真言宗の二ヵ寺が、社務供僧である。西蓮寺は、社外に居り、念仏の時宗で、四月朔日念仏を神前で勤めるばかりで、そのほか社役はない。よって社僧供僧ではない。

この裁許の記録は幕府に残り、宗法混雑一件の際に参照された。それを勘案すると、この松尾旅所との係争について由緒書で述べられていることはおおむね事実であると考えられる。

その後、享保年間（一七一六〜三六）頃の、西蓮寺と檀中惣代（福田小兵衛・同三郎兵衛）が金光寺に宛てた証文の写が伝わっている（西蓮寺文書『触頭之次第略記』）。「西蓮寺の先住恵観は光明寺で修学し、西山派の香衣出世の綸旨を得たい旨を願い出たところ一代のみ許容された。現住も禅林寺で修学し、禅林寺を通じて綸旨を得たく願い出たところ、差し止めになり承知し、（代わりに）金光寺・花山院家の取り次ぎで綸旨を得る」という趣旨である。なお、恵観の願を許容した金光寺の隠居空元・住職玄哲は、先述のように禅林寺で修行した僧であった。

宗法混雑一件と西蓮寺

安永九年（一七八〇）の時点で、西蓮寺の看坊の大真は五七歳、松尾旅所社務の渡辺備後の倅渡辺下総は三六歳、七条村の百姓小兵衛は二六歳であった。以下、宗法混雑一件の取り調べによれば、大真は、浄土宗西山派で修行した遍山僧（住職などにならず、遍歴する僧のことであろう）だったところ、ちょうど住職がいなかった西蓮寺の看坊になろうと思った。西蓮寺の住持や看坊については、西七条村の百姓（福田）小兵衛から松尾旅所社務に申し立て、取りはからうということなので、小兵衛に相談し、明和七年（一七七〇）から看坊になった。しかし、時宗市屋派の法儀を知りようもなく、松尾旅所の朱印地の一四五石からの配当三石五斗を申しうけ、供僧を勤める寺と認識し、西山派の伝法で、金光寺との本末関係も弁《わきま》えていなかった、と供述した。先述の通り裁許では、大真は看坊取り放ちに処せられた。

一方、寺社奉行に対する渡辺下総の供述内容は以下の通りである。西蓮寺は松尾旅所の供僧であり、社領を三石五斗配当し、以前より支配している。時宗無本寺の寺と心得ており、住持や看坊を定める際には、前々の仕来りにより、西七条村百姓小兵衛が由緒の者を願い出、それを社務が聞き届けてきた。明和七年、長らく無住だったため、小兵衛から申し立て、大真を看坊にすることを聞き届けた。ところが今回の呼び出しの差紙に「金光寺末寺」とあり、元禄十年（一六九七）も社務と西蓮寺との争論の裁許の書付に「社務の指図を受けるように」とあったがゆえに無本寺だと心得ていたため、肩書が違う、ということを京都町奉行に申し立てた。これに対して京都町奉行所は、元禄の裁許に「無本寺」とはなく、また先年の本末改《ほんまつあらため》の際、「西蓮寺は金光寺の末寺」だと差し出されており、社務が知らないということはないはずで、また時宗の寺に西山派の僧を看坊に置くこともよくないと伝えた。それを受け、渡辺備後は詫び書きを差し出した。

以上の渡辺下総からの供述をうけて、寺社奉行は「元禄の裁許は、社法についての申し渡しである。「無本寺」だと心得ていたとしても、本末帳に記載がある上は、申し分を取り上げがたい」ということを言い聞かせた。

さらに、百姓（福田）小兵衛の供述内容は次のようである。

西蓮寺へ由緒の者を住職にしてきた濫觴《らんしょう》はわからないが、寛永年間（中村一族との係争の後か）の住職の専阿弥《せんあみ》は、先祖藤右衛門の兄であり、その縁を元にしたものか、引き続き先住恵暁まで八世にわたり、由緒の者を「児立」として、松尾社務に願い住職として、年来「児本之家」と心得て来た。恵暁の死後、大真が看坊になることを頼んだので、明和七年から、社務渡辺備後の了解を得、大真が看坊を務めてきた。「西蓮寺は市屋派金光寺末」だということや、「法義」に関する書物などは知らない。

この供述に対して、寺社奉行側は「寺院はその本寺・触頭の取り計らいであり、はっきりした由緒がなければ後住などを俗家で決めることはない。年来の仕来りとはいうが、取り上げがたい筋である」と言い聞かせた。

一件の後、天明三年（一七八三）には、日輪寺から金光寺に出された掟書をふまえて、金光寺名義で西蓮寺に掟書が出されている（西蓮寺文書『触頭之次第略記』）。そこでは、金光寺への掟書と同内容の条項を含め、

・安永九年の幕府の裁許の趣旨を守り、他宗他門と混同しないこと。
・市屋派伝法の譜脈を西蓮寺の住持が代々相承すること。
・弟子は遊行・藤沢・七条の三会下のいずれかで法臈を積み修学させ、決して他宗他門の学林には属させないこと。
・直弟子がない場合でも、他宗他門から年長の僧を改宗させて弟子にしてはならないということ。
・西蓮寺が上人号の綸旨を申請する際は本寺金光寺に願い、花山院家の伝奏をうけること。
・松尾旅所の社役については、仕来り通り社務の支配をうけること。
・松尾旅所朱印のうちの西蓮寺朱印田地については、年貢皆済状は本寺へ差し出すこと。

などが記されている。

金光寺・西蓮寺の実態

ここで、金光寺・西蓮寺、および市屋派の実態について整理したい。

寺院は、寺院組織に包摂されるのみならず、教団や宗派の外の諸要素と関係を取り結ぶ。そういった諸要素についてみると、まず公家の花山院家は、金光寺の「寺元」として、住職就任に許可を与え、住職に、諸大夫の猶子となることを命じ、そのほか金光寺を支配していた。また金光寺・西蓮寺両寺の寺社伝奏として、両寺住職への香衣・上人号授与を執奏した（西蓮寺は、本寺金光寺を通じて花山院家の執奏をうける）。また地域のなかで、金光寺・西蓮寺ともに、葬祭の檀那寺としての機能も持っており、檀那との関係も持っていた。さらに西蓮寺に限れば、松尾旅所との関係もあり、松尾旅所の側としては支配意識を持っていた。それに加え、時期によっては、西七条村の郷士一族や百姓一族が、寺の支配や、住職・看坊の選定に関与した。

次に僧侶集団と寺院組織とに関して整理する。制度上は、金光寺・西蓮寺両寺の直弟子が両寺の僧侶になり得た。しかし実態としては、市屋派に相当する僧侶集団は存在せず、学寮なども存在すべくもなかった。少なくとも金光寺では、宗法混雑一件までの段階では、浄土宗西山派の禅林寺ないしは光明寺で修学した僧侶が、先の住職との関係などにより住職となった。金光寺からさらに西山派の寺院に転住する例もあった。また一件後は、僧侶は遊行派寺院で修学・修業することが規定づけられ、遊行派の僧が遊行派寺院から転住するなどして住職になる実態となった。実態としては、少なくとも金光寺に関しては、住僧は一件前後で、実質的には浄土宗西山派の僧侶集団に包摂される状態から、時宗遊行派に包摂される状態へと転換したといえよう。寺院組織としては、本末関係とは別に近隣寺院との関係が結ばれる局面があった。金光寺については、一件直前の時期に、先述の西山派との関係のもと、町内の浄土宗西山派寺院四ヵ寺の関与をうけるようになった。また一件後は、町内の遊行派寺院との三ヵ寺組合を組むことを定められている。なお西蓮寺については、一件後に西山派と「宗法混雑」しないように定められているが、「近代以降でも西山派寺院と組寺」（小野澤眞『中世時衆史の研究』）だという。

しかし僧侶集団はなくとも、金光寺の寺伝としては、時宗市屋派の本寺としての認識があった。また西蓮寺の寺伝としても、時宗市屋派で、金光寺の末寺であるという認識があった。金光寺の住職にはその認識は保持されていた。西蓮寺の住職も、金光寺関係の書類に「役者」として署判するなどその認識を保持していたと思われる。ただし、宗法混雑一件のときの大真は、(福田家を頼り看坊となり)その認識を共有していなかった。

おわりに

全国のほとんどの寺院がそれらの組織下に編成されている、という意味で「一般的」な、教団としての実質を具えた宗派の場合、寺院組織と僧侶集団と、双方の側面を持っていた。また、冒頭で述べた①(寺院本末関係)、②(教団行政の支配系統)、③(教学や修行に関する支配系統・統属関係)は、部分的に他宗派につながったり、(江戸触頭や檀林などが)共同利用されたりする場合はあるにせよ、兼備されている場合が多かった。ただし、その整備過程は宗派によって大きく異なり、例えば、近世初頭にすでに檀林が発達している宗派もあったが、本章でみた時宗遊行派の場合、学寮の設立は一八世紀半ばであった。

一方市屋派は、寺院組織はあるものの、僧侶集団を実質的には欠き、独自の触頭や学寮も置きようがないという実態だった。そして金光寺は、一定の寺格を持ち、上位教団に包摂されない一本寺(一派の本寺)寺院であって、西蓮寺とともに、花山院家や神社、地域の特定一族、檀那、西山派の僧侶集団などとの諸関係のもとに存在していた。一般に、由緒ある無本寺寺院や小教団の本山、大檀那の意向が強く働く寺院など、全国的教団の確固たる編成を受けなかったり、上位寺院などのコントロールをうけなかったりという寺院もそれなりに存在しており——とりわけ畿内には多い——(朴澤『近世仏教の制度と情報』)、金光寺・西蓮寺もそういった寺院だったのである。

本章ではそういった市屋派の実態や、宗法混雑一件を経た状況の変化をみてきた。ここからは、「一般的な」教団が、一般的な像からみれば周縁的な存在を、影響下に組み込んでいこうとする過程をうかがうことができる。

遊行派および時宗江戸触頭日輪寺は、すでに市屋派を、遊行派を中心とした「時宗」の触頭―触下関係のもとに組み込んでいたが、さらに宗法混雑一件で、浄土宗西山派との関係を「混雑」として退け、「時宗」の（＝事実上は遊行派の）修業・修学秩序のなかに組み込み、近隣遊行派寺院と組合関係を持たせた。一方で、市屋派としての本末関係や系譜、ならびに花山院家との関係については認めた。遊行派は、元禄期の「時宗十二派」の創出など、他の念仏集団諸派・諸寺院の、遊行派を中心とした「時宗」への組み込み、日輪寺の触下でのコントロールの動きを継続的に進めていたものと思われ、宝暦期の解意派新善光寺に関する一件も、本章でみた宗法混雑一件も、そのなかに位置づけられよう（秋月俊也「時宗」では、両一件がともに「遊行派における他派一元化の動き」と位置づけられている）。

次に幕府側の方向性について。幕府側は、「時宗総触頭」である日輪寺による「時宗」教団行政の統轄を前提としている。一般的にみれば、幕府側は諸宗に対し「宗」の統一的編成を求めているわけではなく、「派」ごとの、江戸触頭などを通じた把握もしている。しかし「時宗」については、遊行派以外の諸派が小規模であるゆえに、遊行派側の動向と相まって、遊行派の触頭を「時宗」全体の触頭として、それを通じての把握を指向したものであろう。そして幕府側は、寺院は本寺・触頭が管轄することが原則だという見解に立っている。また幕府側も遊行派同様、浄土宗西山派の僧侶が住職になったり、西山派の伝法が用いられたりすることを、それが実態であることにかかわらず「混雑」と捉えた。そして、市屋派の伝法の相続や、市屋派内での住職の相続を原則とし、市屋派内に僧侶がいない場合は、時宗他派の僧侶に市屋派の伝法を相続させ、住職を継がせるべきだとした。幕府の「宗」に対する（実態を問わず、「宗」を越えることを許容しない形式的な）把握の事例として、注目されよう（ただし、宗法混雑一件では、市屋派寺院の僧侶は取り調べをうけるのみで、遊行派に対する対抗勢力、ないし争論の当事者たり得るものではなかったことには留意する必要があろう）。

幕藩領主による寺院や僧侶の把握の方向性は、原則としては宗派単位の明快なものである。しかし一方で、多様・流動的な寺院や宗派の実態があり、諸宗派の動向と相まって、その把握が（そのままの存続を公認されるものも含めて）継続的に試みられていくものであったといえよう。

〔参考文献〕

秋月俊也「時宗」佛教史学会編『仏教史研究ハンドブック』法藏館、二〇一七年
梅谷繁樹「市屋派について（下）」『時衆研究』五二、一九七二年
梅谷繁樹「社寺争論と神仏関係」『近世佛教　史料と研究』第四巻第一号（通巻一一号）、一九七九年
梅谷繁樹『中世遊行聖と文学』桜楓社、一九八八年
大橋俊雄編著『時衆史料第二　時宗末寺帳』教学研究所、一九六五年
大橋俊雄『一遍と時宗教団』教育社、一九七八年
小野澤眞『中世時衆史の研究』八木書店、二〇一二年
金井清光『一遍と時衆教団』角川書店、一九七五年
古賀克彦「時宗寺院の納経拝礼─安永八年、徳川家治将軍世子、大納言家基の場合─」『寺社と民衆』第十二輯、二〇一六年
谷山正道「近世後期大和における村方地主経営の展開─式上郡辻村助右衛門家の分析─」頼祺一先生退官記念論集刊行会編『近世近代の地域社会と文化』清文堂出版、二〇〇四年
圭室文雄『江戸時代の遊行聖』吉川弘文館、二〇一二年
長澤昌幸『一遍仏教と時宗教団』法藏館、二〇一七年
長谷川匡俊『近世浄土宗・時宗檀林史の研究』法藏館、二〇二〇年
平田諦善『時宗教学の研究』山喜房仏書林、一九六五年

布施弥平治編『百箇条調書』第四巻、新生社、一九六六年
朴澤直秀『近世仏教の制度と情報』吉川弘文館、二〇一五年
望月華山編『時衆年表』角川書店、一九七〇年
吉田徳夫・小椋孝士編『近世法制史資料集成』第三期、科学書院、二〇一二年
「諸宗階級」『続々群書類従』第十二　宗教部二、国書刊行会、一九〇七年
「安永六年〜文政八年藤沢山衆領軒寮記録」「安永九年〜天明元年　藤沢山書翰扣」高野修編『時宗近世史料集』二、白金松秀寺、一九九二年
「日鑑（文久三年正月〜十二月）」藤沢市文書館編集発行『藤沢山日鑑』第二六巻、二〇〇八年
「市屋道場金光寺掟書」村井康彦・大山喬平編『長楽寺蔵七条道場金光寺文書の研究』法藏館、二〇一二年

※本章はＪＳＰＳ科研費 20K00964 による成果の一部である。

第3章

民間宗教者の活動と神社

梅田千尋

はじめに

現代の人びとは古い寺社のたたずまいに、古代・中世以来の変わらぬ姿を求めて訪れる。確かにその場所には古くからの建造物や文化財が存在し、非日常的な景観が残されているかもしれない。しかし、そこにいた人びと・関わった人びと、寺社を運営していた人びとのありようは往時と同じではない。現在の神社で宗教行事に携わるのは、ほぼ神職に限られるが、江戸時代以前の多くの神社には、仏教色をまとった社僧をはじめ「神職以外」の宗教者が関わっていた。近世に存在した多様な宗教者が明治維新以降消滅したことは、神仏分離と並んで、寺社や信仰のあり方の大きな変化を意味する。

ここでいう多様な宗教者とは、本願《ほんがん》・御師《おし》・比丘尼《びくに》など、神社の内外で配札・祈禱を行って信仰を伝え、さい銭を受けていた人びとを指す。また、神社やその周辺で活動した神事《しんじ》舞太夫《まいだゆう》・神楽男、説教者、暦師《れきし》といった人びともいた。以下本章では、祈禱や札配り・神事芸能などの活動を行い、祭神に関わる信仰を伝えた人びとの姿を紹介し、旦那場《だんなば》（商人や職人・民間宗教者が訪れる得意先）を持って配札などの活動をしていた民間宗教者と神社の関係について考える。

神社信仰をめぐる研究では、恵比寿《えびす》信仰・八幡《はちまん》信仰など祭神・信仰の種類や分布・展開の経緯を追うものが多く、信仰を伝えた組織や宗教者への関心は比較的低調であった。これは、仏教史や仏教民俗学の領域で、宗教者たちの「唱導《しょうどう》」（寺社の縁起を文芸・芸能によって伝えること）が着目され、ヒジリ・行者《ぎょうしゃ》ら民間宗教者研究が盛んに行われてきた流れとは異なる。

1　多賀大社の宗教者組織

多賀大社の宮寺

まず近江多賀大社《たがたいしゃ》の事例から、神札《しんさつ》を配り神社の信仰を伝えた人びとの姿を描き、多様な宗教者の類型と神社との関係について考えてみたい。

多賀大社は、近江国犬上郡《いぬかみぐん》多賀に鎮座し、天平期（七二九～七四九）以前に遡るという古社である。奈良時代以来記録に現れ、犬上郡を代表する大社として地域の信仰を集めてきた。鎌倉時代には、神官多賀氏が御家人《ごけにん》として幕府の庇護を受け、祭祀を主催していたとされる。その後、次第に複数社家《しゃけ》の衆議による運営に移っていった。のち社僧《しゃそう》の活動が活発化し、近世の多賀大社は、社内にあった天台宗《てんだいしゅう》寺院の不動院《ふどういん》が財政・渉外を統括していた。

神祇に対し、仏事によって奉仕するために建立された寺院を神宮寺《じんぐうじ》あるいは宮寺《みやでら》ともいう。一般的には神前読経《しんぜんどっきょう》などの仏教儀礼を行うため神社の境内に建てられ、多くは神祇信仰と外来の仏教信仰が融合した平安～鎌倉期に成立した。神宮寺の僧官で神社の庶務を司ったものを別当《べっとう》という。ただし、

図3-1　多賀大社

不動院が別当となり多賀大社で中心的な地位を築いたのは、右のような神仏習合の隆盛よりも後の時代、戦国期であった。

不動院は、元は多賀大社の修復勧化を担った勧進《かんじん》の宗教者の拠点として成立し、本願《ほんがん》と呼ばれた。勧進とは、寺社の寄進を募って諸国を巡在する宗教者をいい、聖《ひじり》や熊野比丘尼《くまのびくに》・修験者《しゅげんじゃ》などがその役割を担った。本願とは彼らを組織して寺社経済を支えた、寺社の一部局である。仏教用語としての「本願」は、本来衆生を浄土に導く「弥陀《みだ》の本願」を意味したが、やがて仏像・堂社などを造り法会《ほうえ》などを催す発起人を指す呼称となった。

例えば治承四年（一一八〇）、源平争乱の兵火による焼亡から東大寺再建を担った造東大寺大勧進職の重源《ちょうげん》の活躍は、勧進による寺院造営の代表例であり原点である。これを勧進の時代の起点とみる見解がある（中ノ堂一信『中世勧進の研究』）。

一四世紀以降は、荘園収入の停滞・衰退に伴って、寺社付属の宗教者による勧進へと財源の移行がみられ、一五世紀後半（応仁の乱前後頃）には十穀聖《じっこくひじり》・願人などの勧進聖が穀屋《こくや》（寺院内で穀物を収納する場所）・本願所を拠点に、恒常的に寺社財政を維持する役割を担うようになった。彼らは都市や市の人びとに特定寺社の縁起・霊験を絵《え》解《とき》・唱導し巡回するという地道な営みを通して信仰者を獲得し、そうした人びとから浄財を集め、個人祈禱に立脚する新たな経済基盤を形成した。熊野の本願や比丘尼・聖らは、こうした勧進の代表例である（豊島修・木場明志『寺社造営勧進本願職の研究』）。

多賀大社の縁起・霊験譚《れいげんたん》にも、勧進の祖というべき重源が登場する。重源が東大寺再建完遂を見届けるため、伊勢神宮に自身の長命を祈願したところ、多賀神に祈願せよとの託宣《たくせん》があり、それに従うことで長命を得たというものである。この物語を同社の坊人《ぼうにん》が神札、供物《くもつ》・杓子《しゃくし》・延命酒などをもって各地に語り伝えた。多賀は延命長寿の神として世に流布し、現在に至るまで、杓子は多賀信仰の象徴として有名である。

別当不動院

多賀大社不動院の開基について、詳しいことはわからない。江戸時代に成立した「不動院歴代由緒」（『多賀大社叢書　記録篇三』）では、元々多賀大社には僧坊はなく、本地堂の傍に「神官などより有縁の僧を入れ置く仏閣」である「安居《あんご》会《え》之道場」があって、勧進聖の拠点となっていたとされる。明応三年（一四九四）、近江守護六角高頼《ろっかくたかより》が、神官多賀高満《たかみつ》に護摩《ごま》堂《どう》の建立を命じ、坊舎を建立した。このとき、近江で母とともに暮らしていた公家日野内光《ひのうちみつ》の末子が、六角高頼の指示で入寺した。この人物は、同年京都聖護院《しょうごいん》にて得度《とくど》受戒《じゅかい》して祐尊《ゆうそん》と号し、不動院の開基となったという。この記述に従えば、明応三年当時数え年六歳の日野内光に子があったことになり、信憑性は薄い。ただし、「安居会之道場」「護摩堂」という名称、二世祐賢《ゆうけん》の「木食《もくじき》」という呼称から、山林修行に関わり遊行する僧の結集の場の存在が推測され、ある程度実態を反映したものと思われる。

その後、天文十一年（一五四二）には、不動坊（院）のほか、般若坊《はんにゃぼう》・成就坊《じょうじゅぼう》・観音坊《かんのんぼう》が史料に現れる。彼らは寄進の徴収を担当する勧進として、本社拝殿・神楽所など建物ごとにそれぞれ修理費用集金を分担するという議定書を交わした。議定書は、宮戸長宗ら二三名の多賀大社神官が連署《れんしょ》したものであった。この段階では勧進聖らによる修理料勧化の役割は、神官たちの衆議によって主導・委任されるものだった（『多賀大社叢書　史料編』）。一方、翌年になると不動院を「別当」とする記述がみられる（工藤克洋「聖・山伏がうみだした戦国期の本願」）。そして天文十五年十二月、守護佐々木氏からの掟は「多賀不動坊」宛に発給された。この頃、不動院は聖護院を介して上人号を受けて修験勢力と関係をもち、卓越した地位を確立していたと考えられる。

諸坊は、のち「坊人」「同宿」とも呼ばれる勧進僧を抱えていた。彼らの活動によって、多賀大社は諸大名から信仰を集め、織田信長《おだのぶなが》や豊臣秀吉《とよとみひでよし》の帰依・寄進を相次いでうけた。天正十六年（一五八八）、母大政所《おおまんどころ》の病気平癒を願う秀吉は多賀に寄進を行ったが、直後に神官を追放し、社領支配権を全面的に不動院に与えた。社領高三二〇石余の年貢米を神官たちが私的に流用し、神事を怠ったことが理由であった。この追放の背景に不動院の暗躍をみる説もあるが（久保田収「中世の多賀大社」）、同時期、秀吉は京都清水寺《きよみずでら》でも本願成就院《じょうじゅいん》に朱印状を預けていた。寺社の運営を学侶・神官から切り離し、本願を重用することは、秀吉の寺社政策として珍しくはない（河内将芳「宗教勢力の運動方向」）。

近世に入ると、不動院は新たな地位を獲得した。慶長五年（一六〇〇）、公家の日野家出身で青蓮院《しょうれんいん》院家尊勝院《そんしょういん》の住持《じゅうじ》であった慈性《じしょう》が、多賀不動院を兼帯することになった。高い寺格を有しながら寺領をもたなかった尊勝院の財源を補うためである。開基以来の日野家との由緒は、この段階で既成事実化したものであった。以降、不動院は尊勝院による兼帯寺院となった。

多賀大社神職

多賀大社に与えられた寺領御朱印地は三五〇石（当初三〇〇石のち検地で打ち出し五〇石、彦根藩からの寄附田一五〇石の併せて五〇〇石）で、いずれも多賀村に領した。これをすべて不動院が収納し、神職には「家来給米」「社人給分」として給米を配分した。

江戸時代の多賀大社には、不動院の他に般若院・成就院・観音院という三つの寺坊があった。いずれも天文十一年（一五四二）の議定書に名前が現れる寺坊である。以来、多賀社の寄進勧化に関わる同宿（坊人・使僧とも）たちの拠点であった。社僧三院の観音院・般若院・成就院は諸国配札料をもって収入としていた。江戸時代には不動院が別当となってこれら三院を配下とし、不動院を含めて寺坊四院と総称する。

このうち般若院・成就院は、元は敏満寺《びんまんじ》という寺院の一坊であった。多賀大社から二キロほど南西に位置した敏満寺は、平安期に成立し、戦国期には都市的繁栄を誇った大寺院であったが、元亀二年（一五七一）織田信長の叡山焼打に前後して焼亡し、福寿院《ふくじゅいん》・胡宮《このみや》などわずかな堂坊を除き再興をみなかった。織豊期の近江湖東地域で起こった大寺院の解体は宗教者の流動化をもたらし、多賀を新たな拠点とする再編に至った。

組織上、不動院が支配的な立場をとるようになってからも、本社祭祀の実務にあたっていたのは、神主・禰宜《ねぎ》ら神職であった。江戸時代の人員構成は「神主三人・禰宜四人・神巫《みこ》七人・沙汰人《さたにん》二人」（天明三年〈一七八三〉分限帳）であり、この構成は幕末まで変わらない。神主は、本社の大神主以下、山田神主・日向神主の三名がいてそれぞれの社に世襲で仕えた。禰宜は大禰宜・山田禰宜・日向禰宜・三ノ禰宜の四名で、禰宜は神主たちの元で神事に従事していた。

禰宜は神事を勤めるかたわら、不動院が統括する別当所という組織にも属し、大社の運営に関わる事務的業務に携わった。禰宜の任免・昇進には不動院別当所《べっとうしょ》での業務実績が反映される例もあった。不動院だけでなく寺元の日野家が禰宜の神役登用に関与することもあった。例えば寛永十九年（一六四二）二月十五日の『慈性日記』（続群書類従完成会、二〇〇一年）には「大禰宜子甚十郎奉公に出る、鼓など稽古させ神役に就ける」といった記述がある。

一般的に近世の神官・社家は、吉田家《よしだけ》もしくは白川家《しらかわけ》の許状を取得して神職としての地位を確保していたが、天台宗寺院内の神社はその対象外であった。多賀大社の神職は、天台系門跡の支配下にあって、吉田・白川家からの補任《ぶにん》はない。敦賀気比《けひ》神社や若狭の宇波西《うわせ》神社のように、門跡青蓮院が寺社伝奏《じしやてんそう》として補任状を発給する神社もあったが、多賀の場合は青蓮院からの補任もなかったようである。

2　坊人の活動形態

四院と坊人

戦国期以来、多賀大社の経済を支え、勧化によって初穂料《はつほりよう》を集めた坊人（同宿・使僧とも）は、江戸時代にも活躍した。坊人らは家々を廻る民間宗教者であり、彼らは居村では修験者として生活していた。彼らは各地の旦家《だんか》（檀家）をめぐって神棚に納める神札や杓子といった信仰具や家族の運勢を示す年八卦《としはつけ》の他、延命酒・松魚節《かつおぶし》・鯣《するめ》・菓子・薬・艾《もぐさ》などを土産として持参した。

坊人は、不動院と三院それぞれに付属していた。そのうち、最も多くの坊人史料を残す観音院の場合、宝永元年（一七〇四）の坊人帳には、甲賀郡《こうかぐん》十四ヶ村に居住した甲賀坊人合計八二人が載る（表3-1、図3-2）。この地域には甲賀飯道《はんどう》

表3–1　観音院支配下の多賀大社坊人

宝永元年	人数	安永８年	人数
塩野	2	塩野組	7
下磯尾	3	磯尾組	5
新宮上野	12	新宮組	7
龍法師	12	龍法師組	14
野尻	18	野尻組	23
池田	2	池田組	5
瀧	1		
毛枚	3		
大原	15	大原組	11
野田	2		
虫生野	2		
深川	4		
平野	3		
市ノ瀬	3		
計	82	計	72

『多賀大社叢書』記録編三「観音院古記録」より

寺《じ》に所属する修験が住む村々があった。中世以来、飯道寺は山伏の拠点であった。村内には多賀の坊人として配札を行う者、伏見稲荷の札を配る者など、さまざまな寺社から依頼をうけ御札を配布する修験たちがいた。甲賀の他に蒲生《がもう》郡日野近辺を拠点とする「日野坊人」も記録にみえる。これら併せて、「坊人百余人」と表記され、観音院配下の坊人の総数であったと思われる。彼らは、地域ごとに塩野《しおの》組《ぐみ》・野《の》尻組《じりぐみ》といった「組」に編成されていた。

坊人が保有した旦家は、親子相続や坊人間の譲渡・売買で維持された。享保五年（一七二〇）、龍法師《りゅうほうし》村《むら》の少弐《しょうに》が親から相続した丹波国の多賀旦家四、五〇軒をめぐって兄円智と争論になった事例など、旦家をめぐる争論は多い。坊人の家では家督とともに旦家を相続していた。

坊人たちの旦家は旦家帳面に記され、観音院住持の代替わり時にはこの帳面を住持に提出し、印判を得ることで承認をうけていた。観音院は旦家の多寡に応じて運上《うんじょう》を徴収、毎年廻旦赦免の印形を発行していたという（『多賀大社叢書記録編三』観音院古記録一「宝永元年坊人名前帳」）。

旦家は、畿内・中国・中部地方を中心に分布していた。天明二年（一七八二）の「大組・野尻組・塩野組」の旦家範囲を書き上げた史料によると、畿内近国（近江・大和・和泉・河内・山城・摂津・紀伊・丹波・丹後）の他に、中国筋（但馬・播磨・伯耆・因幡・美作・備前・備中・備後・安芸）、四国（伊予）、中部（伊賀・伊勢・美濃・尾張・三河・遠江・駿河・伊豆・若狭・

越前・越後・信濃）、関東（武蔵・上野・甲斐）の各地に広がっていた。
「組」や坊人個人ごとに特定の国・地域を専有したのではなく、同一の地域内を複数の坊人が分担していたようである。尾張藩の場合、不動院が坊人八人による廻旦を一括して藩に申し入れ、許可をうけている。この場合は坊人個人の旦家というよりも、多賀大社が組織的に一定地域の配札権を分け合うという形をとった。

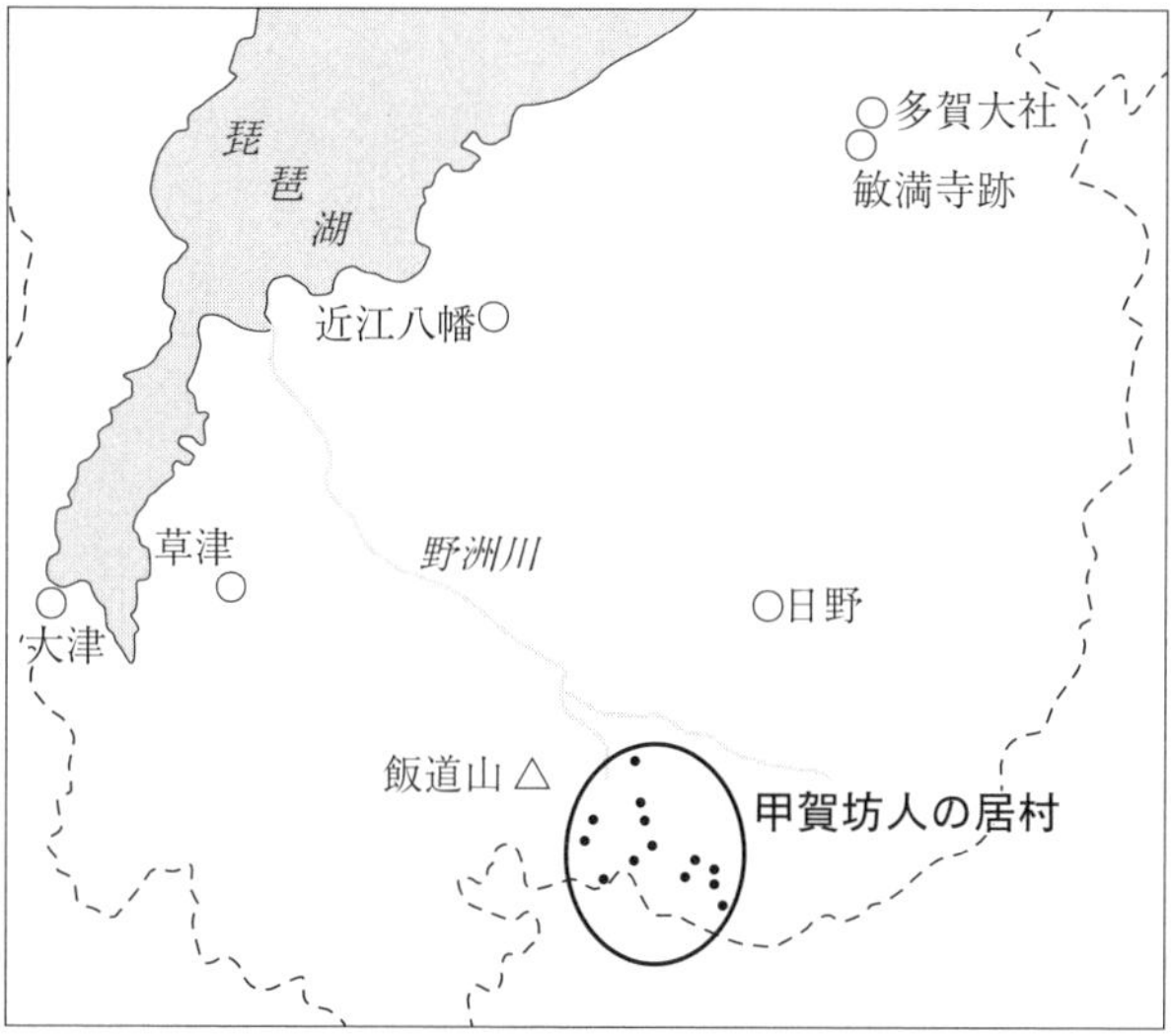

図3-2　多賀大社と甲賀坊人居村

他に、正保四年（一六四七）には甲賀野尻村出身の坊人越中が、信濃に居住した後、数年連絡を絶ち、勝手に多賀社の配札を行ったことが発覚して、願人（坊人）を辞めることとなった事例もある。このように遠隔地にあっても、本社による管理は継続していた。松本藩領の村々にも、多賀坊人が毎年各家の一年を占っていた史料が残る（志村洋「近世中期、松本藩領村々の占い文書」）。

坊人から四院への運上は、「組」ごとに徴収された。享保十九年（一七三四）、「大組使僧帳」に載る三七名が署名し、作法の通り「帳面の銘々」は運上銀を必ず上納し、未納者がいれば組割で納める旨誓約している。

しかし、観音院が坊人から徴収する運上は、年々減少していた。享保六年には「初穂帳〆高」として、坊人運上は銀十一貫八百目余を数えていたが、享保二十一年には七貫三百匁余、元文四年（一七三九）には四貫五百目、延享五年（一七四八）に三貫百二十匁と推移していた。

四院は、それぞれ大名の祈禱旦家をもっていた。成就院には、鳥取藩主から永知行一五〇石の寄附があった。観音院も紀州藩主一家への配札を行っていたが、火災からの再建もあり、財政は逼迫していた。観音院は寛保二年（一七四二）に「百万人講勧化」と称する呼びかけを始めた。趣意書では「あおげばとうとき大社の神徳　本尊の御恵みをうけ　何れも耕さずして春秋を送り」と、坊人らの生業が多賀大社の恩恵によることを強調し、諸国の旦那百万人から十二文ずつ、計一万二〇〇〇貫の勧化を呼びかけた。さらには寛延四年（一七五一）には借用総高三五七両を坊人からの集金で精算しようとしていた。坊人からは一〇年間で四〇〇石を徴収するという計画であった。

これにとどまらず同年には、住持の僧階昇進のため、「百石定禄」つまり年一〇〇石分の収入確保を目指し、祠堂銀《しどうぎん》の運用計画も立て、翌年を期限として大組坊人中に二〇石八斗八升九合を割り付けた。対して坊人側は、困窮を理由に断り、大仲間全体で年四石五斗を一〇年間負担するという条件への減額を願い出た。にもかかわらず、観音院納所中は「御判形帳」を取り上げると脅迫を繰り返した。運上を滞納する坊人に対して、たびたび仲間や本願寺院による「帳面」の没収が行われていたようである。旦家帳である「帳面」は、彼らの活動を保証する物権として機能していた。こうした苛烈な運上金徴収のもとで坊人の廻旦は行われていた。

坊人の活動範囲

それでも、なぜ坊人たちは、四院の管理下で活動していたのか。

坊人による廻旦の詳細がわかる例がある。二位坊という坊人が、玄乗《げんじょう》という坊人の代わりに、あるいは彼の持ち場を引き継いで摂津から播磨の旦家を回ることになった際に作成されたものと思われる。二九日間にわたる行程と業務の手順を詳しく記した手引きである（「摂播両国手引案内控」『多賀大社叢書　記録編七』）。両名は、文久～慶応年間（一八六一～六八）の不動院記録にしばしば登場する、不動院配下の甲賀坊人であった。当史料もこの時期に作成されたと思われる。

この行程書によれば、京都を出発した二位坊は、西国街道沿いに瀬川《せがわ》（現大阪府箕面市）から尼崎《あまがさき》・西宮《にしのみや》と海沿いを西進し、明石《あかし》から明石川に沿って北上し、明石川支流の大谷川・櫨谷《はせたに》川に沿って村々を廻り、瀬戸川沿いに南に下って再び明石から京都に戻る。この間、送っておいた荷物の受け取りや集金した初尾の送金、銀札の両替を行う中継点として、八日目・二六日目の宿泊地の明石王子《あかしおうじ》と一五日目の松本村の宿があらかじめ設定されている。そしてそれぞれの廻旦先で、不動祓いを行い、多賀社の札・杓子を納め、延命祈願の寿命経を読み、年八卦で運勢を占うなど、家や家族の安寧に関わる宗教行為を行うことになっていた（表3−3）。

表3‒2　二位坊が準備した廻旦先への土産

大阪〜明石

品　目	点　数
御札	200
牛王	500
扇	50
杓子	60
箸	300
大祇	200
小祇	500
同薬	1000粒
帯	10
風呂敷	5
守	150

明石王子〜松本

品　目	点　数
包札	300
牛王	500
扇	40
杓子	40
箸	200
小祇	700
同薬	
和中散	30
風呂敷	10
守	200
寿命経	少々
祈念	少々

明石〜塩屋

品　目	点　数
大札	200
牛王	500
杓子	50
箸	5
小支	100
小支	20
きす薬	500
手ぬぐい	3
守	150
寿命経	少々
祈念	少々

「摂播両国手引案内控」による

例えば二二日目は、草谷村甚平方に宿泊した後、野谷村の利兵衛方で夏の初尾を受け取り、秋の札を預けておく。それから草谷村酒屋へ挨拶し、冬宿の甚兵衛方で宿を頼んでおき、荷物を置いてから下草谷村へ行って帳面のとおりに回勤する。その後、上草谷村に戻って帳面の順番に回り、甚兵衛方で昼食を取ったら再び帳面通りに回り、「夏宿」の七太夫方で休息、次は帳面を逆順に廻ってから宿に入るという。初穂や銀札の両替についても細かい指示がある。坊人の廻旦はこうした詳細な手順が定まり、代役による代替が可能なほど整っていた。旦家に配布する土産物は御札・牛王・七寸扇・八寸扇など、それぞれ何百枚にものぼり、まとめて持参することは難しいため、大坂—明石間の長い廻旦を支える路次途中での補給手段も確保されていた（表3–2、図3–3）。時に漂泊の宗教者と表現される彼らの活動であるが、行商人に匹敵する整備されたルートと、金融面も含めた洗練されたシステムのうえに成り立っていたのである。

彼らは在地では甲賀飯道山周辺に分布する修験集落の住人であり、同じ村に異なる寺社の勧進を行う使僧が居住していた。例えば、同様に甲賀郡下磯尾《しもいそお》村《むら》で、伏見《ふしみ》稲荷社《いなりしゃ》本願である愛染寺《あいぜんじ》の使僧として配札を行っていた家の日記が残る（『甲賀市史』第三巻）。その日記に残る慶応二年（一八六八）の配札記録は、尾張から三州街道に沿って信濃南部を北上し、塩尻から駿河に南下する約五ヵ月間の旅程を示す。帳面に沿って廻旦し、途中の手伝い役や宿も定められていたようである。長年にわたって守り育てられてきたこうした精緻なシステムを手放すことはできず、また、より有力な寺社の保証を受けながら活動することが彼らの生活を支えていたのである。

江戸時代、山伏は修験道を統括する当山派醍醐寺《だいごじ》三宝院《さんぽういん》・本山派聖護院のいずれかの許状を受けることで、祈禱・配札活動を許されていた。甲賀飯道山系の修験は、醍醐寺三宝院に属したようである。安永八年（一七七九）五月、磯尾組坊人正円以下三名が醍醐寺三宝院に呼び出され、彼らが「諸山使僧役」であるのか「修験道」に属するのか糾問をうけた。

表3–3　二位坊廻旦行程

	宿　泊　地
初日	瀬川
2日目	尼崎
3日目	甑（越木）岩宿
4日目	兵庫（札預）
5日目	塩屋
6日目	東垂水
7日目	山田（札預）
8日目	王子（荷受送）
9日目	吉田
10日目	北別府
11日目	吹上
12日目	上海淵（開発）
13日目	福谷
14日目	谷口
15日目	松本（荷受送）
16日目	西戸田
17日目	西細田
18日目	西細田
19日目	神出南（案内）
20日目	北古新田
21日目	南古新田
22日目	草谷（両替）
23日目	石森
24日目	東二見
25日目	鳥羽
26日目	明石王子（荷受送）
27日目	西宮
28日目	山﨑
29日目	京都

「摂播両国手引案内控」による

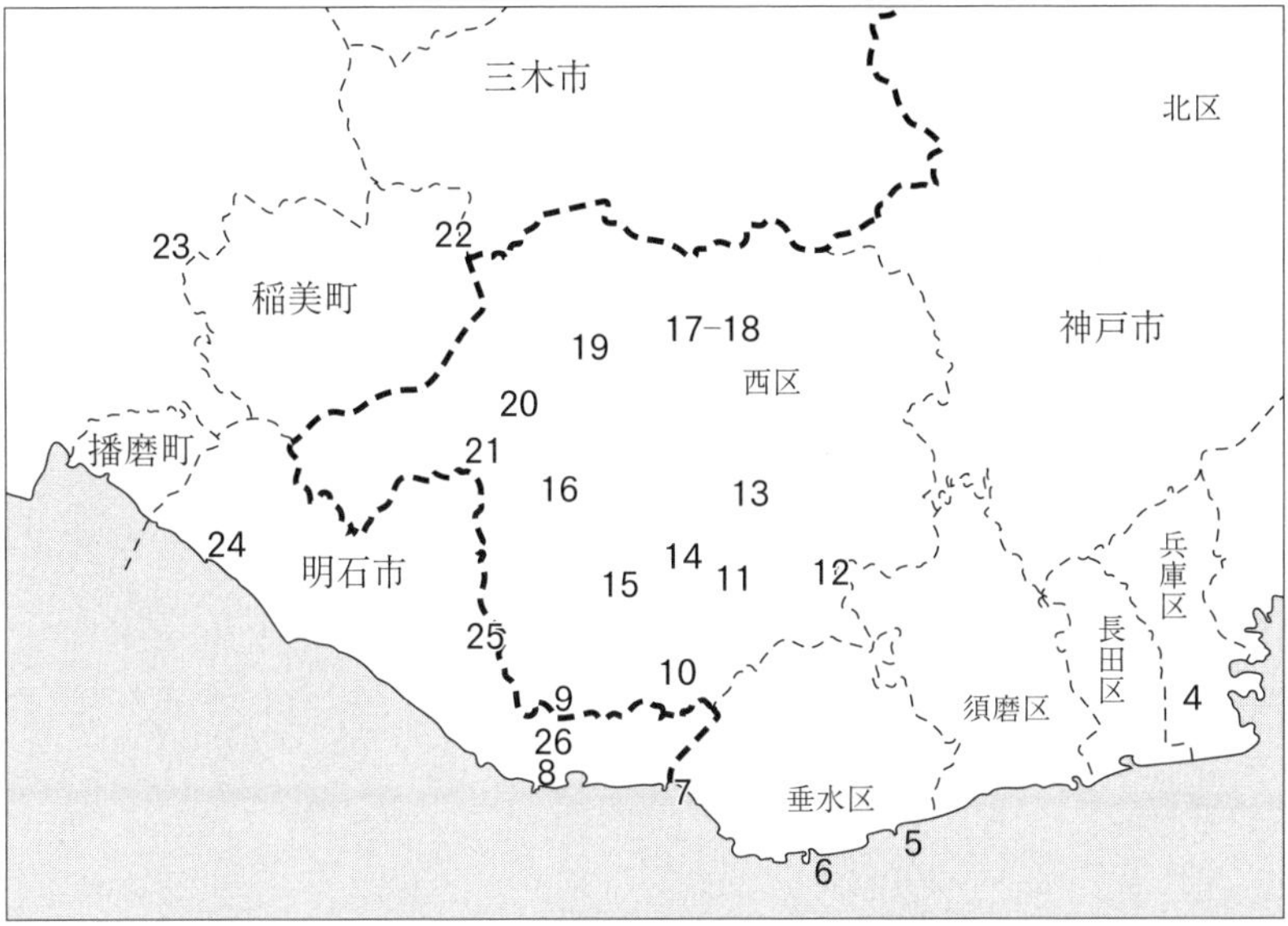

図 3–3　「摂播両国手引案内控」行程図（数字は出発からの日数，現代の行政区分名で表示）

坊人たちは「使僧役」である旨返答したが、醍醐寺側は「修験道をもって相続すべき」と厳命した。そこで、その場ではやむを得ず「修験道」への帰属を示す印形《いんぎょう》を差し出したという。

この一件を受けて、多賀社観音院役人も、坊人らを呼び出して、「使僧役」であるのか「修験道」に属するのか回答を求めた。坊人たちは「修験道の家」ではあるが、古来よりの多賀「使僧役」でもあると返答した。観音院側は醍醐寺に印形を提出したことを問題視し、その提出時に多賀に報告しなかったことも問題視した。坊人側は、無理強いされたため心外ながら応じたと釈明し、多賀の指示に違背しないことを大組（新宮組・龍法師組・池田組・大原組・野尻組・塩野組）全員が誓約することとなった。

ここで、問題となったのは、坊人たちが三宝院に印形を提出し帰属の意志を示したことであった。彼らは修験でありかつ多賀大社の配札を行うという両属的状態を、あえて解消しないことに利点を見出していたと思われる。広域的な活動の基盤となる修験道組織と、それによって伝えられる信仰の出所（多賀大社）はかれらにとって別種の存在だった。三宝院による改めは、こうしたバランスを崩しかねないものだった。

このように多賀大社では、社人・神職組織と、本願の系譜を引く天台系寺僧らの二系列に加えて、僧が坊人を編成し、大社の経営を支えるという構造が成立していた。さらに坊人は甲賀の修験集落の住人であり、修験としては醍醐寺三宝院の支配を受け、占考《せんこう》や祈禱という修験由来の実践知識を有していた。しかし配礼の板面は多賀の神であり、宗教者としての廻旦・勧進活動では、多賀大社から坊人として編成されていた。

3 御師と願人

御師

多賀の本願・坊人のような存在は、現代の神社にはほとんどみられないが、江戸時代には一般的なものだった。他の寺社周辺で活動した宗教者の例と比較したい。

近世の神社周辺にもっとも多くみられた代表例は、御師《おし》（伊勢では「おんし」と呼ぶ）と呼ばれた人びとであろう。御師は、特定の寺社に帰属して、僧侶・神職らと共存し、参詣者を誘導して祈禱・宿泊などを差配した。伊勢の他、出羽三山・鹿島《かしま》・武蔵御嶽《みたけ》・相模大山《おおやま》・江之島《えのしま》・信濃善光寺《ぜんこうじ》・三島・富士山・尾張津島《つしま》神社など多数の寺社に存在した。廻国して御札などを配る御師もいたが、宿坊を運営し、門前町の主要な構成員となる場合もあった。後者の場合、門前地域の有力町人と見なされ、宗教者という性格は比較的薄い。しかし、宿坊を営みながら祓いや神楽に関わる者も多く、神職身分を獲得した富士浅間《あさま》神社の事例もみられる。

それらの先駆けとされるのは熊野御師である。皇族・貴族の熊野参詣を導き、鎌倉期には武士をも旦家としたが、近世には衰退した。その理由として、熊野では先達と御師が分業していたことが指摘される（新城常三『社寺参詣の社会経済史的研究』）。

先達は各地に住む旦那たちに熊野信仰をひろめて参詣を勧め、修行となる道中の作法を指導しながら道案内した里修験《さとしゆげん》（山伏《やまぶし》）である。御師は熊野三山に在住し、旦那と師旦関係を結んで熊野での宿泊や祈禱を担当する。熊野御師と先達は契約関係を結び、御師が先達を補任するといった人事権を行使した関係ではない。両者は緩やかな業務委託関係で結びついていた。旦那を直接的に掌握していたのは先達であり、御師との関係が間接的であったことが、熊野参詣の減少をもたらした一因だと考えられている。新城常三は、かかる宗教者の役割を、寺社参詣という行動文化の基盤として位置づけ、交通や流通の発展に影響した役割を評価した。これに対し近年は、旦家が居住した地域での宗教者としての活動に目を向けた研究が進む。近藤祐介は先達である山伏が「遊行・漂泊イメージ」とは大きく異なり、在地に拠点をもち、活動していたことを指摘した。さらに戦国期には治安悪化による交通の途絶、旦那の村落農民層への拡大によって山伏の活動形態が変容し、在地での祈禱に移行したとする。結果、旦那を率いて熊野に参詣するのではなく、代参という形で山伏が参詣するというように先達の業務形態が変容したのである（近藤祐介「熊野参詣の衰退とその背景」）。

一方、近世に活動範囲を広げたのは伊勢御師であった。伊勢神宮には内宮《ないくう》・外宮《げくう》二箇所の正宮があり、それぞれの門前に御師集団が形成された。彼らの旦家は鎌倉期から東国武家に拡大した。室町期には大名の旦家を持ち、領主を通じ領内農民層とも師旦関係を結んだ。伊勢御師の場合は、自ら廻旦して祓・大麻および茶・白粉などの「土産」を携えて諸国をめぐる、行商人的性格も持っていた。また、富を蓄積した彼らは、金融にも関わっていた。文禄年間（一五九二〜九六）には外宮では一四五家、正徳年間（一七一一〜一六）には外宮五〇四家・内宮二四一家を数えたとされる。伊勢御師間では祈禱料・宿泊料の源となる旦那場は財産として物権化された。

商人的性格が強い伊勢御師のなかにも、修験を前身とする御師家があった。内宮御師風宮兵庫大夫の事例である（谷戸佑紀『近世前期神宮御師の基礎的研究』）。中世、内宮鳥居前町の風宮橋には十穀聖《じっこくひじり》の拠点があり、支配人がいた。これは「風宮穀屋明慶院」（一六五九）と呼ばれていたが、のち「穀屋兵庫大夫」（一六六一）、さらには「風宮兵庫大夫」（一六八九）

と表記が変遷した。この間伊勢では山伏による配札などの活動が禁止されたため、風宮家は「俗家」の御師に転換したという。

風宮は御師のなかでも特殊な例かもしれないが、こうした「ヒジリ的性格」を帯びた修験系の宗教者が、周辺に定着した痕跡は他の寺社でもみられる。明治維新後、伊勢門前町からの仏僧・山伏排除は進み、町・村など地域単位で伊勢講を結成して集団参宮を行う近代的な伊勢講へ移行した。明治維新後の明治四年（一八七一）には、神宮改革によって御師宿は宿坊化した。講を構成する信者集団と師旦関係を結び、参詣を助けるという御師の活動は、旦那の居住地域での廻旦・宗教活動を前提としていた。

願　人

御師は神社近辺にて参詣者を迎え、門前で宿を営むなど空間的にも神社周辺を拠点とするが、寺社近傍で活動した御師とは異なり、遠隔地に旦那場を持って大寺社の配札を行った宗教者もいる。熊野比丘尼・西宮社夷願人《にしのみやしやえびすがんにん》・鞍馬寺《くらまでら》願人（願人坊主）などである。彼らは願人系宗教者と分類することができるだろう。

広域的に活動した例として夷願人をあげる。夷願人は摂津西宮神社が編成する宗教者であった（西田かほる「近世前期の西宮神社」）。夷願人の分布は、畿内・中国・九州では薄く、中部以東に偏っている。南信州では蛭子《えびす》社人、相模では夷願人など、地域によってさまざまな表記がみられた。各地の夷願人は、周辺地域に旦那場を持ち、西宮神社の許可を得て夷札の配付・祈禱を行ない、初尾《はつお》（初穂とも、神仏に供える金銭・米など）を受けとっていた。

一方、彼らを支配した西宮神社内部では、神主・社家・祝部という神職層で構成され、他に神楽・湯立《ゆだて》を行う神楽大夫を勤めた男性の神子がいた。神子は元禄八年（一六九五）以降は神事を禁止され、一般の町人となっていった。

近世初期に、本社と夷願人を取り結んでいたのは「西宮本願」とも称する願人頭であった。寛文七年（一六六七）、夷願人による夷神像・田の神・神馬像の独占的配札を幕府が認可したが、この段階では西宮社辺にいた頭役二名が、全国各地で配札する夷願人を掌握し、役銭を徴収していた。しかし貞享期には願人頭の「本願」としての立場は否定され、夷社の散銭や夷像配布による役銭のみを管理し、宗教者として神事には関わらない俗人となった。さらに、願人頭は正徳四年（一七一四）に社中の争論に関与して追放され、諸国の夷願人は神主の直支配となった。以後も、西宮神社では夷神像の図像について厳しい管理を継続した。

元文五年（一七四〇）には、寺社奉行の指示によって、夷願人も神道本所の吉田家による身分保障が必要となり、神主の影響は間接的なものとなった。さらに、文政十年（一八二七）には、願人が吉田家から願人補任を受けることになった（松本和明「近世西宮神社の社中構造」）。なお、本社である西宮神社では、幕末維新期には祝部・神子・本願は断絶した。湯立ての神事も一八世紀後半以降は雇い巫女が行なっていた。しかし、維新後も元の夷願人が組織する夷講社は存続し、現在に至る。

図3-4　『人倫訓蒙図彙』「事触」（京都大学附属図書館所蔵）

鹿島の事触

もう一つ例を挙げたい。鹿島神宮の御師と事触《ことぶれ》の関係である（図3-4）。鹿島周辺には御師が存在し、伊勢・出雲・富士浅間と同様に社辺に居住した。御師は、江戸周辺で講を組んで社参する旦家と師旦関係を結び、太々神楽《だいだいかぐら》を執行していた。御師の人数は正徳元年（一七一一）に六三人であったとされる。現在も境内に残る灯籠は、彼らが組織した講によって寄進されたものである。

一方、江戸などの大都市で「鹿島の事触」として路上で活動した宗教者たちがいた。彼らは都市住民の目からは、しばしば「偽事触」として描かれていた。しかし、一三二名の印形が残る慶安元年（一六四八）の「事触共之手形」が発見され、鹿島社からの正当な付託を受けた宗教者であることが確認された。鹿島社からの「御判形」を預けられ、烏帽子白紗《しろしゃ》を着用した彼らは、六名一組（うち一名は頭）で判の管理などに連帯責任を負う二二組で組織されていた（大津忠男「鹿島事触・御師についての考察」）。『新編常陸国誌』では寛文十年（一六七〇）に鹿島事触が禁止されたと記されるが、文化十三年（一八一六）の鹿島大禰宜が発給した「言触許可状」も残存している。これまでの研究では、寛文十年の事触禁止と連動して、御師制度が創始されたと考えられてきたが、元来別系統であったととらえるべきであろう。旦家を廻る御師と、神職によって編成され都市部で活動する事触は併存しうるものだったのである。中世後半～近世前半に利根川沿岸地域でみられた「鹿島暦」頒布の担い手も事触であり、これと重なる中世後期～江戸時代初期には神宮公認の事触が活動し、江戸で神託と占いをもたらした。偽事触の横行は、江戸時代後期に都市宗教者のなかで現れた現象であり、前代からは断絶した存在とみえる。

願人は地理的には散在し、組織上は願人頭や本願など中間的元締めによって編成された。願人のなかには都市周辺の下層社会に流入し、芸能的性格を強めた者もいた。彼らは都市部では、門付《かどづけ》・大道芸に近い形で活動する傾向があった。

4 神事舞太夫

神事舞太夫

この他、祭礼など特定の機会に神社と関わりをもった宗教者集団の事例についても言及しておきたい。神事舞太夫・説教者・大神楽などである。神事舞太夫は、相模六所《ろくしょ》明神・金砂《かなさ》大権現・水戸東照宮・浅草《あさくさ》三社権現の祭礼に出仕し神楽を勤めるなど、常陸から武蔵・相模の諸社で祭礼役を務めた宗教者である。千葉妙見寺《みょうけんじ》（現千葉神社、江戸時代は真言宗寺院）

などの事例から、古くは社辺に居住し神夫として仕えた集団であったと推測されている（中野洋平「下総国妙見寺祭礼における神事舞太夫」）。また、それぞれ旦那場を持ち、配札や祈禱を行っていた。口寄せを行う梓神子《あずさみこ》を妻にもつことも多い。彼らを統括したのは、江戸開府以来の由緒をもつ神事舞太夫頭幸松勘太夫《こうまつかんだゆう》であった。

神事舞大夫という集団に対しては、修験や陰陽師・夷願人など他の民間宗教者との争論が頻発した。いずれも家々を廻り、占いや配札などを行うという職分上競合関係にあった。とくに占いやまじないの技法あるいは配札の種類が重複すると、相互に職業内容の侵犯と見なして争いとなった。こうした問題が幕府寺社奉行所に持ち込まれたのである。貞享元年（一六八四）には、神事舞太夫幸松勘太夫と陰陽師江戸触頭との間で争論が起こった。また、元禄六年（一六九三）、陰陽師が舞太夫を寺社奉行に訴え、同八年八月の争論では幸松が敗訴して追放された。この争論では、寺社奉行が、それぞれの職分を「陰陽士家業」「舞太夫職」「梓女職」として列挙した。神事舞太夫は「習合神道」（大黒像、獅子面、祭礼舞音曲、月待日待祈禱）を職分とすることになり、神事祭礼は土御門《つちみかど》配下の「神市」の職掌とされた。この経緯からも、両者の職分が自然発生的に生成・継承されたのではなく、奉行所によって法制的・外在的に決定されたことが明らかである。宗教者間の職分の境界は、奉行所によって調整された面もあり、自然発生的なものではなく、本所制度と幕府による行政介入の結果でもある（林淳「梓神子と神事舞太夫」）。

さらに正徳三年（一七一三）に、寺社奉行所は「梓神子法令」を布達し、梓神子は舞太夫集団に帰属することに決まった。その後、浅草三社権現の田村八太夫が頭となったが、舞太夫らが三社権現の勧進的役割を担ったとは考えにくい。彼らは三社権現の札を配るのではなく、自集団で独自に作成した札を配布していた。特定の神社で祭礼芸能に奉仕した彼らは、寺社への参詣者勧誘や配札という形で寺社に編成されていたものではない。神事舞太夫は神社社頭を活動の場としたが、それは神社のための勧進活動ではなかった。

夷願人以外に神事舞太夫が競合した集団に修験・陰陽師などがあるが、それらは、「職分」を基準に本所・頭のもとに広域的に編成される本所支配の宗教者であった。つまり、朝廷に属する公家の本所（吉田家・白川家・土御門家など）が、宗教者を組織する集団である（高埜利彦『近世日本の国家権力と宗教』）。一方、神事舞太夫は特定の寺社を拠点としつつも、それに縛られず祭礼役として複数の寺社に関わる宗教者であった。神事舞太夫は有力な本所の後ろ盾や、本願として関わる大寺社を持たない自立的集団であった。

本所支配の宗教者

本所による支配は、幕府による寺社・宗教者政策のなかで比較的遅い段階に成立した。江戸幕府の宗教政策は、慶長・元和期（一五九六～一六二四）の朱印状発給による寺社領地や学侶による寺僧身分の確定、本山末寺の固定化から、しだいに対象を広げていった。本所支配は寛文～元禄期（一六六一～一七〇四）以降に進行した。年貢収納と役の賦課体制を課題とした近世初期には編成対象とならず、寛文五年（一六六五）の「諸宗寺院法度《しょしゅうじいんはっと》」や「諸社禰宜《しょしゃねぎ》神主法度《かんぬしはっと》」をうけて展開したものである。村の社に専業神職が定着した神職身分の形成をうけて他の本山・本所・頭が確立されていった。神職と陰陽師に対する本所支配は、公家家職に幕府からの法制的根拠を加えた特殊な例として位置付けられる。文治政治の一環として整備が進んだものである。この時期は、神社と宗教者に関わる近世的秩序の形成期であり、制度化のなかで排斥された者が現れる時期であったと思われる。

寛文期には、陰陽道組織をめぐって幸徳井《こうとくい》・大黒《だいこく》一件《いっけん》とよばれる争論が起こっており、土御門家による陰陽師支配確立に対抗する諸勢力との衝突もあった。正徳期の西宮神社での中西追放一件といった動きもあわせて、神社の本願・願人的役割を担った「頭」的存在を排除し、神社や本所が直轄する支配を志向したといえるだろう。

5　勧進宗教者の歴史的展開

中世から近世へ

以上、神社と関わってきた宗教者の諸形態について概観してきた。御師は寺社近辺に拠点をもち、師旦関係を結んだ信者や講を受け入れる。願人は、本願に編成され、寺社とは間接的な関係をもつ。いずれも特定の寺社から配札を委ねられ、遠隔地で配札することが任務である。

多賀の坊人も本願に組織された願人の例に含めることができるだろう。多賀では本願不動院が、高い格式を得、別当として大社運営の中枢を担うようになり、坊人との直接的な繋がりを維持していた。これは、戦国期以来の本願支配を江戸幕府が追認したものであった。一方、西宮社では、夷願人を支配した願人頭（西宮本願）が追放され、夷願人の編成は社家が管轄し、さらに吉田家の介入をうけるようになった。

寺社経営の一端を担った本願・勧進が、江戸時代にどのように処遇されたか、その大きな分岐点の一つは、豊臣政権や江戸幕府など統一権力からの領地安堵を得られたかどうかにあった。このとき、多賀大社や清水寺では、本願に朱印状が与えられ、寺社組織内部でも運営を主導する立場に立った。しかし多くの寺社で、本願・勧進は臨時的に任命される外部的な存在であった。

本願や勧進は中世特有の存在とみられてきたが、近年、例えば嵯峨《さが》釈迦堂《しゃかどう》清涼寺《せいりょうじ》・松尾社《まつのおしゃ》の本願、清水寺の仏餉取《ぶっしょうとり》、桂女《かつらめ》などの、近世前期京都の寺社が編成した勧進宗教者の姿が明らかになりつつある（村上紀夫「近世寺社と「勧進」に関する覚書」）。寺社をめぐる環境変化のなかで彼らの位置づけの変化を跡づける手がかりとなるだろう。

江戸幕府は、当初幕府費用による公儀普請に積極的であったが、一八世紀以降は寺社に対する出費を削減した。そのため、寺社は新たな収入源を必要とした。幕府は、寺社に対して御免勧化・相対勧化という公認された範囲内の勧化（集金）を可能とした（高埜利彦「勧進の体制化」）。これにより、寺社は開帳や大都市での出開帳による自力勧化（要幕府／領主認可）や「講」の結成、貸付・祠堂金（金融）・富興行による自力修復へと移行していく。勿論、宗教者による「勧進」は存続するが、その役割は金融や信者組織による講を含めた勧化全体の中では相対的に縮小し、人口の流動化を危険視する幕府は、むしろ彼らを抑圧する動きを見せる。

「勧進の宗教者」

近年、近世のさまざまな宗教者を「勧進の宗教者」と総称することが多い。また、人びとの居宅に出向いて寄付を募る巡歴型の勧進だけでなく、境内などに人びとを呼寄せて寄附を募る興行型の勧進興行も、勧進の一環とする見方もある（高埜利彦「本山・本所・頭支配の勧進の宗教者」）。これらの場合、廻旦する巡歴型勧進の宗教者（山伏・萬歳・猿引きなど）は、「広い意味での勧進行為を行なう宗教者」として総括される。本山・本所・頭による組織化は、その近世的特性とみる指摘もある（林淳「幕府寺社奉行と勧進の宗教者」）。ここでいう勧進行為とは、旦那場をもち、初尾などの対価を得て宗教芸能活動を行うことを指すようである。

たしかに、江戸時代には彼らをさして「勧進」と捉える用法はあったようである。例えば、元禄期（一六八八～一七〇四）の『人倫訓蒙図彙《じんりんきんもうずい》』では「勧進　餬部《ものもらい》」という項目に、鹿島事触・梓巫女などの宗教者が集録されている。ただし、こうした用法が、中世以来の寺社修築を目的とした勧進・勧化という文脈からは乖離していることに留意する必要があるだろう。特定の寺社から許可され、その収入維持のために広い地域で当該寺社の札を配る勧進・本願的組織と、職分単位で地域横断的に編成される宗教者は、異なる文脈で形成されたものだといえよう。しかし近世の人びとがそれらを混同し、後者の神事舞太夫・陰陽師集団などを「勧進」宗教者と理解したとき、かつての意味での勧進は終焉していたのかもしれない。

勧進は個別寺社を編成の核とするものである。一方、本山・本所による編成は、個別の宗教施設を越えた職分による編成である。多賀坊人の場合、飯道山周辺の修験集落という地域での基盤をもち、また、広い地域を廻旦して多賀の信仰を支えるという双方の活動基盤をもっていた。そのため、修験道本所への帰属と、配札の出所であり勧進の根源となる多賀大社に属し、本願不動院の支配下で活動を保証されるという二元的な関係を結んでいた。近世の本所的編成は個別寺社による編成と異種であるがゆえに並列しえたが、そのバランスの変化によって衝突した。この系譜の異なる勧進的編成と近世の本山・本所による編成のもとで、両者が旦那場で宗教活動を行う民間宗教者として収斂していった歴史的展開に、中近世移行期の変容をみることもできるだろう。

おわりに

寺社の勧進的編成をうけた宗教者も、本山・本所に編成された宗教者も、廻旦する民間宗教者として近世社会に受け入れられていった。その際活動の場となったのは、庶民層も含む諸階層の「家」であった。一七世紀には、庶民層の「家」の祭祀――墓や仏壇・神棚の普及と定着にみられる――成立に伴って竈神《かまどがみ》・井戸祓・方位神そして神々の札を祀る場は広がった。豊作祈願・雨乞いなど村・地域単位で農耕に関わる祭祀の単位とは別に、現世利益・「富」への関心から家・個人単位の繁栄を願う福神信仰への関心が高まっていた。夷・大黒天・毘沙門天《びしゃもんてん》の他、稲荷《いなり》などの札を御師・願人たちはもたらした（梅田千尋「近世の神道・陰陽道」）。これら民間信仰・民俗宗教を支える民間宗教者として彼らはいずれも、廻旦・門付という形で家々を訪れていた。寺社奉行所でしばしば問題となった、札の種類をめぐる争論は、競合する彼らの職分を調整する機能を果たした。配布する札の神像を本社によって管理される御師・願人と、自ら版木を管理し配札を行なった舞太夫や陰陽師との間の性格の違いが、競合を複雑化させていた。

配札の種類や祈願内容をめぐって競合する一方、彼らの廻旦先での活動には一定の共通性がみられた。

寺社・宗教者側の「教え」「唱導」は、受容者の日常へと着地する過程で読み替えられ、家の秩序維持という方向に収斂していった。

冒頭掲げたように祭神の広がりや、神社の外部に伝わり、民間信仰・民俗宗教となった現象にたいして、それに関わった廻旦の宗教者の存在は、長く認知されてこなかった。それは近代化のなかで忘却されただけではなく、同時代的にも言語化されなかった存在である。しかし、忘却されたかれらの営みを明らかにすることで、過去の信仰世界は、より包括的に理解できるだろう。

〔参考文献〕

梅田千尋「近世の神道・陰陽道」『岩波講座日本歴史12　近世3』岩波書店、二〇一四年
大津忠男「鹿島事触・御師についての考察」『茨城県立歴史館報』三二、二〇〇五年
河内将芳「宗教勢力の運動方向―中近世移行期における―」『中世京都の都市と宗教』思文閣出版、二〇〇六年
久保田収「中世の多賀大社」『多賀大社叢書　論説篇』多賀大社社務所、一九七七年
工藤克洋「聖・山伏がうみだした戦国期の本願」『年報中世史研究』三五、二〇一〇年
近藤祐介「熊野参詣の衰退とその背景」『人文』一四、学習院大学人文科学研究所、二〇一六年
志村　洋「近世の勧進宗教者の「二面性」について―西宮神社配下の夷願人を事例に―」『歴史科学』二二四、二〇一六年
志村　洋「近世中期、松本藩領村々の占い文書―多賀吉祥坊の年筮文書を中心に―」『人文論究』六八（一）、二〇一八年
新城常三『新稿社寺参詣の社会経済史的研究』塙書房、一九八二年
高埜利彦『近世日本の国家権力と宗教』東京大学出版会、一九八九年

高埜利彦「本山・本所・頭支配の勧進の宗教者」『シリーズ日本人と宗教　近世から近代へ4　勧進・参詣・祝祭』春秋社、二〇一五年、のち『新陰陽道叢書』所収
谷戸佑紀『近世前期神宮御師の基礎的研究』岩田書院、二〇一八年
豊島修・木場明志『寺社造営勧進本願職の研究』清文堂出版、二〇一〇年
中野洋平「下総国妙見寺祭礼における神事舞太夫―寺社祭礼における先払い役の担い手―」『鷹陵史学』三五、二〇〇九年
中ノ堂一信『中世勧進の研究』法藏館、二〇一二年
西田かほる「近世前期の西宮神社」『ヒストリア』二三六号、二〇一三年
林　淳「梓神子と神事舞太夫」『国立歴史民俗博物館研究報告』一四二、二〇〇八年
林　淳「幕府寺社奉行と勧進の宗教者」末木文美士編『新アジア仏教史一三日本　Ⅲ民衆仏教の定着』佼成出版社、二〇一〇
松本和明「近世西宮神社の社中構造」『ヒストリア』二三六、二〇一三年
村上紀夫「近世寺社と「勧進」に関する覚書」『近世勧進の研究』法藏館、二〇一一年

第4章 学問流派の分立と教育・教化

小林准士

はじめに

平安末期から鎌倉期に始まった仏教宗派である浄土宗《じょうどしゅう》・浄土真宗《じょうどしんしゅう》・禅宗《ぜんしゅう》・日蓮宗《にちれんしゅう》の諸派の勢力が、戦国期から江戸初期にかけて伸長し、いくつかの本山を頂点とした教団が成立することはよく知られている。これらの教団は、近世になると政治権力によって公認され、古代から存続していた真言宗《しんごんしゅう》や天台宗《てんだいしゅう》などとともに分立する状態となった。各宗派の勢力の大きさは異なるものの、諸宗派が分立する姿は近世から現代まで続く日本仏教の特徴となっている。

また、室町期には、京都の吉田《よしだ》神社を拠点にして吉田神道（卜部《うらべ》神道、唯一神道などとも）が唱えられ、同社の神主をつとめた吉田家が諸国の神職に神道裁許状《しんとうさいきょじょう》という免状を与え、神職を組織するようになった。時代が下り、吉田家は江戸幕府によって本所《ほんじょ》としての地位が認められると、全国の神職の組織化を一層進めるとともに、神社や神祇祭祀などから仏教色を排する運動を展開するようになった。そのうえ仏教色を排した吉田神道を前提に、儒学者《じゅがくしゃ》が神道説を唱えたり、国学者が古道《こどう》の存在を主張したりしたため、仏教から独立した神道説が分立するようにもなった。

一方で、近世になると、僧侶から還俗《げんぞく》して儒学者となった藤原惺窩《ふじわらせいか》をはじめとして、朱子《しゅし》学《がく》などさまざまな説を唱える儒学が新たに展開したこともよく知られている。こうした事情は医学の場合も同様で、中世までは僧侶が兼ねることの多かった医者も、儒者と同様に仏教から独立した社会的存在として近世には出現し、これに伴い医学にも近世には後世方《こうせいほう》（陰陽五行説《いんようごぎょうせつ》を重視した金・元代の中国医学に依拠）、古方《こほう》（後世方を批判し実験を重視）、蘭方《らんほう》（オランダ流医学）などさまざまな流派が成立した。

このように、日本近世には仏教、神道、儒学、医療などに関わる諸学問流派が分岐しつつ広がり、それぞれに消長はあるものの併存していた。しかし、思想史研究では儒学や国学などが扱われることが多く、宗教とくに仏教が扱われることは少ないという状況が続いている。また宗教史研究では、仏教各宗派の教学史などを除くと思想を研究対象に据えることは稀で、宗派を単位にした研究になりがちである。近年になって思想史の分野で仏教をも取り扱い、かつ儒・仏・神の関係を問うような研究も出てきてはいるが、不十分であるといわざるをえない。地域社会におけるさまざまな宗教的要素の総体的な把握を試みる宗教社会史研究も進められているが、思想史との関連付けは十分でない。

したがって、前述した学問流派の併存が日本近世の特徴の一つであることをふまえるならば、諸宗教・諸学問の関係について、思想史的な観点にも立って考察を加え、全体像の構築に向けて努力すべきであろう。本章では、そうした課題の達成に向けた視点と方法を試みに提示することにしたい。

1　学問の担い手と教育施設

学問の担い手の身分

まず多様な展開を見せた近世の学問について、その担い手の社会的性格に着目することから試論を始めてみたい。近世における学問の担い手としては、仏教僧侶、神職、医者、儒者、国学者、蘭学者などがあげられる。彼らに共通するのは身分的な出自の多様さである。浄土真宗以外の僧侶は妻帯しなかったため、武士・百姓・町人らが出家することで僧侶となるほかなかったし、医者、儒者、国学者、蘭学者なども、医療や学問を家業として継承する場合以外には、さまざまな身分の者が勉学を通じて学問の担い手となった。神職は世襲が多かったと考えられるが、浄土真宗の僧侶の場合と同様に、他身分の者がなる例も存在し、また神職の家の子弟が医者や儒者などになることも稀ではなかった。

このように、出自の多様性が共通点として指摘できる一方で、僧侶、神職、医者、儒者などのあいだには身分的な地位の確立の程度に差がみられた。例えば、澤博勝は、神職と寺僧身分の者との間に「国家的・社会的身分掌握の差異」があったことを指摘している（澤博勝『近世の宗教組織と地域社会』）。この指摘を筆者なりに敷衍《ふえん》すると、次のような順序で身分的地位が確立していたという見方となる。

僧　＞　神職　＞　医者　＞　儒者など

そしてこの見方の根拠となる確立度の指標は次の通りである。

①師弟関係または家業化を通じた職分・社会的地位の継承の有無
②社会集団化の程度、仲間組織の有無
③本山・本所などの支配組織の有無
④幕府・藩などによる公認の有無

各身分をこの指標に照らしてみると、まず僧侶らは師弟関係（または世襲）を通じて地位が継承され（①）、領域・地域を単位に仲間をつくって集団を形成し（②）、各宗派の本山の支配を末寺・僧侶がうけ（③）、幕府や藩からは他とは異なる身分として扱われ、寺社奉行《じしゃぶぎょう》―触頭《ふれがしら》の支配をうけており（④）、四つの指標をすべて満たしていた。

次に神職についてみると、①の指標を満たすような家業として、神社に奉仕している神職が多く存在していたかどうかは、地域によって事情が異なっていた。甲斐国や中国地方などのように、近世の初期から領域単位で専業の神職が多数おり、仲間組織も存在する地域がある一方で（①②）、武蔵国のようにほとんどの神社の管轄を仏教寺院が担っている地域や、近畿や北陸地方のように専業神職が稀である地域も存在した（西田かほる『近世甲斐国社家組織の研究』、土岐昌訓『神社史の研究』、澤博勝『近世の宗教組織と地域社会』）。また、京都にいる公家であった吉田家や白川家《しらかわけ》などの本所による神職らに対する神道裁許状の発給を通じた身分の保証と組織化も、近世中後期になってから進展した地域が稀ではない（③）。こうした傾向が生じた理由は、祭祀や祈禱を担い、神社の管理に携わっていたのが専業の神職だけでなく、僧侶、修験者、百姓などさまざまであったという事情による。澤による僧侶と神職の違いの指摘は、このような事情をふまえてのものであろう。

儒者と医者

身分的地位の確立度を問題にする見方を、澤が指摘した宗教者以外にあえて当てはめてみよう。まず、儒学を教授した儒者について取り上げると、師弟関係を通じて学問が継承されるという点では、①の指標は満たされるが、家業として継承されるのは例外的であったといえよう。京都の儒学者伊藤仁斎《いとうじんさい》が開いた古義堂《こぎどう》のように、家塾の経営を通じて家業が継承される場合や、近世中期以降に諸藩に仕える家臣が「藩儒《はんじゅ》の家」を形成する場合に限られていたからである（宇野田尚哉「儒者」、浅井雅「諸藩における儒者登用の動向」など）。したがって、幕府や藩による身分的地位の公認も、家業として儒学を教える儒者に対する個別的なものであった。また、学派による党派や結社などは存在したが、領域・地域を単位とした仲間組織を儒者が結成していた事例は見出せない。こうしたことから、儒者は身分的な社会集団としては成立していなかったといえる。国学者や蘭学者なども同様であろう。

次に医者についてみると、師弟関係を通じて医学や医療技術の伝授が行なわれたという点では儒者と同様であったが、家業として継承される事例は、儒者よりも多かったと考えられる。また、幕府や藩に仕える医者の数は、儒者よりもはるかに多いことが普通で、しかも「藩医の家」が形成されることも稀ではなかった（①）。そして幕府や藩に仕える医者は僧形《そうぎょう》となることを求められることが一般的で、僧位僧官が授与されることもあったという点では、僧侶に準じる存在として扱われたといえる。しかし民間の医者は、寺社奉行支配下ではなく、百姓・町人と同様に支配され、村役人らの管轄下にあることが普通であった（④）。また儒者と異なり、領域・地域を単位とした仲間が結成されることはあったが、後述するように、地域や時期による違いが想定され（②）、本山・本所にあたる組織も存在しなかった（③）。というわけで、右に見てきたように①〜④の指標を当てはめると、

僧　>　神職　>　医者　>　儒者など

という順序で身分的地位の確立度に差があったということができるのではないかと考える。ただし、とくに神職と医者については、時期が下るほど指標を満たす事例が増え、身分的な地位が確立していく傾向にあったという点に注意が必要である。しかも医者のほうは、後述するように藩立の医学校がそうした傾向を後押しする役割を果たしていた。

宗教者と教育施設

近世における学問は、教育にあたる師と修学する弟子との関係を通じて継承、発展させられることが通常だったが、家塾とは別に、幕府や藩などの領主や仏教諸宗派の本山などが設立した教育施設を拠点にしても、学問は継承された。

仏教を例に取ると、天台宗、日蓮宗・法華宗、浄土宗などでは、檀林《だんりん》と呼ばれる寺院がそれぞれの宗派で複数開設されていたし、浄土真宗の場合には本山の一つである東本願寺《ひがしほんがんじ》が学寮《がくりょう》を、西本願寺《にしほんがんじ》が学林《がくりん》をそれぞれ設けていた。浄土宗などでは、檀林で一定の修学年限を経た僧侶しか寺院の住職になれない決まりとなっていた一方、真宗の学寮・学林では、住職となるための修学年限に定めがなかったり、住職になってからも修学できたりと、宗派によって教育施設の位置づけは異なっていたものの、僧侶の育成機関であるという点では共通していた。もちろん宗派によって修めるべき宗学の内容は異なり、真言宗などのように、学問を修める教相《きょうそう》の本寺と儀礼の伝授を受ける事相《じそう》の本寺とが異なる系統となっている宗派も存在した（朴澤直秀「仏教教団の組織と構造」）。

一方、神社に奉仕する神職の場合には、本所である吉田家などから、祭祀や祈禱などの儀式のやり方について伝授をうけ、神事を勤める際に着用する衣服の免許をうけるなど、真言宗における事相の本寺と同様の機能を本所が果たすことはあったものの、神道説を学ぶための教育施設を本所が整備することはなかった。このため、吉田家などの本所が唱えた神道説以外の神道説を唱える学者に神職たちが入門することは自由であり、儒学者の山崎闇斎《やまさきあんさい》が唱えた垂加《すいか》神道や、本居宣長《もとおりのりなが》や平田篤胤《ひらたあつたね》が唱えた国学的神道説（復古神道）を教える学者に師事することも珍しくなかった。

したがって、仏教諸宗派が設けた僧侶の教育施設とは異なり、本所には神職が学問を修める機関としての機能や神道説の学問的内容を統制する機能は著しく希薄であったといえる。このため、例えば寛政三年（一七九一）に上総国望陀《もうだ》郡《ぐん》飯富《いいとみ》村《むら》の神職深河光彦が、儒学における幕府の聖堂（昌平坂《しょうへいざか》学問所）、仏教における諸宗派の檀林、幕府の医学校（躋寿館《せいじゅかん》）などに倣って、「神道者」が学ぶ「国学校」を京都と江戸に設立することを幕府に願ったように、学校設立に向けた運動を展開する神職らも出現した（椙山林継「願奏興立国学表」）。この構想は、本所吉田家の江戸役所を拠点として継承され（椙山林継『近世神道神学の萌芽』、初出一九八〇）、「本所神学室」開設資金を調達する目的も兼ねて、江戸役所の宮川権頭《みやがわごんのかみ》が越後国を回って神職らに教諭を行ない、神職の組合も結成させるなどの活動も行われたことが知られる（中澤資裕「近世後期の本所組織と在地神職」）。しかし、その構想が実現されることはなかった。

なお、陰陽道の本所である土御門《つちみかど》家は、斉政館《せいせいかん》という教育機関を設け配下に修学を促したが、易占《えきせん》、暦学に加え和算の学者など、陰陽道の職分に含まれるものとして解釈されていた学問に従事した人びとも門下としており、斉政館は仏教諸宗派の檀林などとは、性格がやや異なる教育機関となっていた（梅田千尋『近世陰陽道組織の研究』）。

2 藩校と医学教育

儒学・医学と教育施設

仏教の檀林・学寮などが宗派ごとに開設されたのとは異なり、儒学と医学の教育施設は、家塾や郷校などを除けば、幕府や藩といった政治権力によって設立された。儒者と医者には、本山・本所にあたる組織が存在しなかったからであるが（錦小路家《にしきこうじけ》による医者に対する免許発行の試みは広がりを欠いた。海原亮「知識・技術の所有と身分」）、学校の設立が幕府・諸藩の政策に位置づけられたためでもある。

幕府に仕えた林家の家塾が発展した昌平坂学問所のほか、諸藩では一八世紀半ば頃から儒学を教える藩校が増加したことは周知のとおりで、その歴史的背景には一七世紀末頃から儒者を召し抱える藩が増えたことがあった。藩に仕えた儒者のなかには儒学教授を家業とすることが認められる者が出現し、その結果、複数の「藩儒の家」が成立する藩が現れ、そのことが藩校設立の前提となった（浅井雅「諸藩における儒者登用の動向」「諸藩における藩校の成立と藩儒の役割」）。広島藩に仕えた頼《らい》家のように、これら藩校で儒学を教授する家の子弟が教育をうけて家業相続を図る事例もみられるが（棚橋久美子「藩儒の「家」の後継者育成」）、藩校での教育対象はおもに藩士らであり、僧侶の養成を目的とする檀林・学寮などとは性格が異なっていた。すなわち儒者の養成施設ではなく、領主である武士に統治者としての自覚を促す機能が主であったといえる（小川和也『文武の藩儒者　秋山景山』）。

これに対し、幕府や諸藩が設けた医学校は、医療を職分とする医者の育成を目的としていた。このうち幕府の医学校は、幕府医官多紀《たき》玉池《ぎょくち》が明和三年（一七六六）に設けた家塾躋寿館が寛政三年（一七九一）になって官立化されたもので、幕府に仕えた医官の子弟が修学する漢方医学の教育施設であった。鈴木友和によれば、同様の性格を有した医学校は宝暦七年

（一七五七）に設立された熊本藩の再春館《さいしゅんかん》を初例として、幕末にいたるまで六二施設が確認されている（鈴木友和『近世藩立医育施設の研究』）。鈴木はこれら「医育施設」を左の三類型に分類している。

Ⅰ型：儒学中心の藩校に設けられた医育施設
Ⅱ型：藩校とは別に設けられた単科の医育施設
Ⅲ型：藩立洋学校に設けられた医育施設

鈴木によれば、確認済みの六二施設の内訳は、Ⅰ型が三四施設で五五％、Ⅱ型が二五施設で四〇％、Ⅲ型は三施設で五％であった。これらの施設は一八世紀後半から徐々に増加し、同世紀末と一九世紀半ば以降に設立のピークのあったことも明らかにされている。

医者身分と医学校

諸藩が設けた医学校では、就学者を藩に仕える医者の子弟に限る事例は少なく（鈴木友和によれば全体の四分の一）、武士以外の者の就学を許す場合が多かった。したがって、武士以外に門戸を開放していた医学校では、藩医の育成を図るだけではなく、領内の医者の育成を目的とした医学教育が行なわれていた。また、単に医学を教育するだけではなく、領内の医者またはその子弟が江戸・京都・大坂・長崎など他領へ学びに行く（遊学）際の規則を設け、遊学を規制したり支援したりする制度を整える藩も存在した。その背景には、京都などに医学修行に出向いた医者の子弟らがまじめに学ばず遊興にふけってせっかくの遊学機会が無駄になることが危惧されていたという事情があった。

例えば、仙台藩に仕えた蘭方医の大槻玄沢《おおつきげんたく》はこうした事態を憂慮し、医学教育について献策した「育才案」の中で、十分に国元で学んだ者に対してのみ医学校の支配頭が遊学を許可すべきことを提案していた（海原亮『江戸時代の医師修業』）。こうした認識をもとに遊学許可制度ができたのは、後述するように出雲国松江藩も同様であり、会津藩でも文政七年（一八二四）に技量未熟者の遊学が禁じられ、遊学者の帰国時には藩校日新館《にっしんかん》医学寮で審査をうけるしくみが導入されている

（海原前掲書）。

また、領内の医者に医学校が試験を行ない、開業許可を与えるという制度を導入していた藩も存在した。例えば秋田藩では寛政十二年（一八〇〇）から開業希望者に対し同藩の養寿局《ようじゆきよく》の学頭らが試験を行ない、合格した者に二、三年の間、師の下で実地修業させ、その師が実力を保証した者に藩が開業許可証を与えるというしくみを導入していた（鈴木友和『近世藩立医育施設の研究』）。加賀藩では天保十一年（一八四〇）から藩校明倫堂《めいりんどう》での試験に合格した者に開業が許されるようになった（池田仁子「近世金沢の医療」）。このほか佐賀藩では試験に合格した医者に医学寮が開業を許可する免札を与える制度を嘉永四年（一八五一）に導入し、安政五年（一八五八）に医学寮を移転し好生館《こうせいかん》と改称してからは、西洋医学を学ぶことを義務づけた（青木歳幸「佐賀藩医学史覚書」など）。鈴木友和によれば、開業許可制に関わったことが確認できる施設は一七あり、医学校による領内医者の統制が一九世紀になると進展したことがうかがえる（鈴木友和『近世藩立医育施設の研究』）。

このため幕末になると、領内の医者を統率する触頭としての機能を、医学校に付与する藩も現れた。すなわち萩藩では、肥後、雲州（後述する松江藩であろう）、米沢などの事例を参考にして、領内医者の開業許可制の導入と合わせ、医学校の好生館を「国中之録所」として位置づける構想が嘉永三年（一八五〇）から練られはじめ、安政三年（一八五六）に好生館は「御国中医業録所」として位置づけられた（小川亜矢子「幕末長州藩における医学館の創設とその機能」）。録所とは、仏教諸宗派が領内の同一宗派の寺院を統括する触頭を指す言葉の一つである。寺院の触頭と同様の機能を、医業について医学校に求めたために、この言葉が採用されたのであろう。したがって、医学校に領内医者の統率機能を付与した藩では、前述した身分的地位の確立度の指標③④が満たされていたことがわかる。

なお、萩藩が好生館に医者の統率機能を付与した背景には、同時期に領内で天然痘《てんねんとう》のワクチンを接種する種痘《しゆとう》が推進されていたという事情があった（小川前掲書）。このように各藩における領内の医者に対する統制は藩の医療政策と関連しており、例えば堕胎取締りが実施されていた津山藩（岩本伸二「幕末期「在村医」の組織化への動向」）などでも同様の施策が見受けられる。

松江藩における医者の身分確立運動

このようにみてくると、一九世紀になって医者の身分的地位が確立する地域が出現する歴史的背景には、藩政の動向が大きく関わっていたといえそうであるが、その一方で、前述した指標の②「社会集団化の程度、仲間組織の有無」を検討するにあたっては、医者たち自体の動向もふまえておく必要がある。そこで、以下では出雲国松江藩領の医者たちの動きを取り上げ、近世後期における藩の医療政策展開の背景を探っておくことにしたい。

寛政九年（一七九七）、出雲国松江藩は、綿実の流通、寺社などで販売された富札の購入やさまざまな倹約に関する取締りを図るために、五人組が連帯責任を負って取り決めを遵守する旨を誓約した文書に調印するよう、領民に求めていた。しかし同年冬、この請書への調印を秋鹿郡《あいかぐん》の医者三人が拒否したうえ、同郡の医者が他郡の医者へ廻状を送り同調を求めたため、翌年になると、医者たちは諸郡仲間一統として調印できないと主張しはじめた。そもそも当時、出雲国一〇郡のうち出雲・大原・楯縫《たてぬい》・秋鹿の四郡では、医者も百姓らとともに五人組に加入していたが、神門《かんど》・島根・意宇《いう》・能義《のぎ》の各郡では村によって異なり、仁多《にた》・飯石《いいし》の両郡では加入していなかった。そこで、郡村の役人らは倹約などの取締り強化にあたって医者の五人組加入を徹底しようとしたが、医者たちは、病人以外は駕籠《かご》に乗ってはならない、許可なしに木綿の合羽を着用してはならない、といった条項に従えないとして、五人組の離脱も求めて請書の調印を拒否したのである。なお、松江藩領の医者たちは、この運動を展開するにあたって、祖神講《そしんこう》と称する寄り合いを開催して意思統一を図っており、すでに郡を単位として医者が仲間組織を形成しはじめていたことがうかがえる。

翌寛政十年五月、医者の一部が松江城下に出向き、藩医に願いを提出するにいたった。郡役人らはこうした動きを、医者たちが郡村役人の支配を離れ「御医者様方御支配」を望むものとして警戒している。また、医者たちは百姓に対する規定が適用されない論拠として、武家諸法度に医者は制外である旨の記載のあることをあげたが、郡役人らは大名宛ての法度にある条文を、民間の医者に即して適用することに疑義を呈し、医者といっても、なかには「末々下賤・名子・貸屋者の悴《せがれ》」などもおり、実際には社会的階層差が大きいことを理由に、医者らを五人組から外すことに反対した。このため医者たちの願いは叶わず、これまで五人組に医者が加入していなかった諸郡でも五人組への加入が医者に命じられ、医者と郡村役人らの争いは終結している（小林准士「医者の養成と存済館」）。

医者たちの運動は目的を達しなかったけれども、この事件からは、医者が百姓とは異なる身分として藩にその地位を認めてもらおうとしていたこと、医者が地域を単位に仲間組織を形成し始めていたこと、そうした動向を前提に身分支配の系統を変更しようとするまでいたっていたこと、などがわかる。これらのことは、医者の身分的地位の確立という趨勢の背景に、医者たち自身の動向が確認できるという点で重要であろう。かつて岩本伸二は、美作国津山藩領に即して幕末における医師の組織化の動向を明らかにし、医師仲間が全国的にも成立していた可能性を指摘していたが（岩本伸二「幕末期「在村医」の組織化への動向」）、松江藩領の場合には一八世紀末に確認できる。

松江藩存済館の設立と領内医者の取締り

松江藩は領内の医者による五人組離脱運動の終息からまもない享和三年（一八〇三）、京都で医学を教えていた山本逸記《やまもといつき》（美濃国本巣《もとす》郡美江寺《ぐんみえじ》出身）を招き、医学教育を担当させることにした。山本逸記が医書講釈を行なった施設は、文化三年（一八〇六）には存済館《そんさいかん》（当初は医学所）と呼ばれるようになったようである。この存済館は、前述の鈴木が示したⅡ型の単科の医育施設にあたる。

その後、存済館の建物には松江城下の石橋町にあった山本邸が充てられたが、天保十一年（一八四〇）には同邸とともに同城下北堀町に移転した。そして移転二年後にあたる天保十三年から始められたのが、前述した領内医者の他国遊学の許可制導入であった。もともと松江藩では、医者が他国に遊学する際には、村・町役人を通じて藩に願い出る必要があったが、同年以降は山本安良《あんりよう》（山本逸記の子で当時存済館教授）が医学生の学力を認定し、藩の側医と協議したうえで遊学の許状を発行することになった。

また、この制度導入時には、安良の息子である安暢《あんちよう》が京都にいたため、出雲から上京した医学生の修学状況について、彼らが入門中の各塾から毎月報告をうけ、国元の藩医に報告するようになっていた。このしくみは幕末にいたるまで継続し、京都遊学中の医学生の成績などは、京都留守居役を通じて国元に報告され続けた。

このように、天保十三年以降は形式的にせよ、領内の医者が他国に遊学する場合には、いったん存済館の門人になる必要が生じたため、存済館を通じた医者の組織化が進んだ。この頃には、すでに領内医者は郡ごとに組織化されており、例えば神門郡の場合、杵築組・河南組など六組に編成されていた。また、各郡には知事・知事補正などの役職が置かれて有力な医者が就任し、郡内の存済館入門者を統轄し、同館との連絡にあたっていた。このため弘化五年（一八四八）には「意宇郡医者殿《しま》り合」が定められ、他国遊学時には存済館免状をうけるべきことや、医者仲間の和順、諸人病苦を救うべきことなどの規則が設けられているように、仲間組織内の規制を通じた医療の向上が目指されるようにもなっていた（小林准士「医者の養成と存済館」）。

ただし、天保十三年四月に、仁多郡医生中が五人組からの離脱を改めて願っているように、領内医者が百姓らとともに五人組に加わる状態と、郡村役人の支配をうける状況は変わっていなかった（「御用留扣巻二」島根県立図書館所蔵）。存済館による領内医者に対する支配は、あくまで医療という職分の側面に限られた支配であったといえる。

3　存済館教授山本安良の医学教育思想

医学教育思想と医者身分

天保十三年（一八四二）に松江藩で領内医者の他国遊学の許可制が導入された背景には、存済館教授を当時勤めていた山本安良による構想のあったことが、彼が天保十一年十二月に著した『課業編《かぎようへん》』（内藤くすり博物館所蔵）によって知られる。この著作は、『日本詩史』を書いたことで知られ、京都で儒学塾を開き、多くの門人を育成した江村北海《えむらほっかい》（一七一三〜一七八八）が教育論について記した『授業編』（天明三年〈一七八三〉刊）に倣って書かれている。

『課業編』で論じられているのは医学教育である。これを書いた安良は、すでに触れたように、山本逸記の子として美濃国岐阜で生まれ、五歳のときに逸記に従い京都に移り、享和三年（一八〇三）に逸記が松江藩に招かれた後は出雲国松江に移り住んだ。そして文政四年（一八二一）に逸記が亡くなると存済館教授となり、弘化三年（一八四六）に亡くなるまで医学教育に携わった。『課業編』は、天保十一年には六二歳になっていた山本安良が、長年にわたる存済館における医学教育の経験をふまえ、「本藩部内ノ医家子弟ヲ裨益《ひえき》シテ其為学ノ見合セ」にする目的で執筆した書であった。

この書のなかで安良は、漢文の素読さえできない者が上京して学ぶことを批判したうえで、郷里で修学修業の功を積んでから京都に遊学すべきことを説き、江村北海の『授業編』にある「書生之学」を全文引用している。北海はこの文章のなかで、田舎から学びに来る者らが京都の繁華さに眩まされ、遊蕩してしまい学業を怠りがちになることを憂い、昔と異なり田舎でも書籍が普及し、学ぶことができるという状況をふまえ、諸国の城下町などで師について返り点のついた漢文をある程度読みこなし、大意をつかめるようになってから上京すべきことを提唱していた。医学生の遊学について同様の趣旨を述べた、前述の大槻玄沢の「育才案」が書かれたのが文化七年（一八一〇）であることもふまえると、『授業編』が書かれた一八世紀末から一九世紀初め頃には、都会の地への遊学が増える一方で、そのことの是非が問われる状況が生まれていたことがわかる。

安良は、このような遊学の弊害に対する認識を共有しつつ、尾張藩では医学館の浅井氏が藩内の医者を支配し、開業する医者に試験を課していることや、京都への遊学には許可が必要なことなどを参考にし、同様な取締りがなされることが望ましいとした。安良の父である逸記は、尾張藩に仕えた浅井図南《あさいとなん》、南溟《なんめい》を師としており、同藩の状況について知る機会があったのであろう。事実、尾張藩では寛政年間（一七八九〜一八〇一）から領内医者の掌握が進められ、寛政十一年（一七九九）には藩医の登用試験が導入されるとともに、同十三年から町医の開業や昇進に際して試験が行なわれるようになっていた（西田かほる「新しい学問の展開」）。

望ましい医者像

医者の他国遊学の許可制を機能させるためには、送り出し側である国元で学問理解の基礎を身に付けさせておく必要があるわけで、医学校での教育はそのためにも位置づけられていた。実際、『課業編』では、当時の医学を理解するためには必須であった漢文読解教育のあり方について、『授業編』に倣って詳しく述べられている。しかし論じられたのはそれだけではなく、望ましい医者の姿と理想的な医者をめざすための学問のあり方についてであった。

例えば、安良は父の師であった浅井図南の『告徒録《こくとろく》』の一節を引いて、医を「賤業」「末技」「小道」などとする儒者らの見方に、惑わされないよう注意を促している。安良によれば、医は賤業などではなく、人の命を預かる「司命」の任を帯びた「大切ノ職業」なのであって、その証拠に、日本の古代において、医官は中務省《なかつかさ》所属の内薬司《ないやくし》と宮内《くない》省所属の典薬寮《てんやく》の管轄下にあり、式部《しきぶ》省所属の大学寮の管轄下にあった儒官よりも、むしろ高い位置づけを与えられていたとする。したがって、儒者よりも下位にある存在として卑屈に思うのは心得違いであるという。

こうした主張は、儒学者の伊藤仁斎や太宰春台《だざいしゅんだい》などが、医を賤業として恥じる者が儒を兼ねて儒医と称することなどを批判して、大道である儒と小道である医の峻別を説いていたことなどをふまえたものであろう（安西安周『日本儒医研究』）。これに対し安良は、儒を大道、医を小道とする見方を否定し、儒者にも君子儒と小人儒の名目があるように、医にも君子医と小人医があるとする。このうち君子医とは、医が「活人ノ仁術」であり「司命ノ職業」であることを自覚してその本分に叶うよう努める存在とされた。儒学者である貝原益軒《かいばらえきけん》も、『養生訓《ようじょうくん》』巻六「択医」のなかで、「人のため」を心がける君子医と、「わが身の利養のみを志」す小人医を区別しており（『養生訓・和俗童子訓』岩波書店、一九六一年）、こうした考え自体は近世に珍しかったわけではない。したがって、安良の論の特徴は、君子医の存在が儒者と医者との対等性の根拠とされている点に求められよう。

医者に求められた学問

医と儒が対等であることを主張し、医を学ぶ者に対し、小人医ではなく君子医をめざすべきことを勧める安良は、君子医になるための学問のあり方についても、近世前期の儒学者である宇都宮遯庵《うつのみやとんあん》に拠りつつ説いている（安良は遯庵の著作を『初学学要』とするが確認できるのは『童訓学要抄』）。

遯庵によれば、医学を修める者はまず「黄帝内経《こうていだいけい》」にもとづきつつ、「神農本草経《しんのうほんぞうきょう》」を読み、人体の経脈や薬の性質を理解し、易数に通じて運気を推定することから始めるべきで、最初から薬の処方の仕方を説明した方書ばかりを読んではならないという。そして「素問《そもん》」「霊枢《れいすう》」（＝「内経」）を学んでから方書を学ぶのが王道で、方書のみに頼るのは覇道、つまり王道ではないとまでいう。安良はこの考えを敷衍し、医の王道を追求する者を君子医と位置づけ、医を学ぶ者には、名利を求めず仁愛忠誠の心をもって医療に従事すべきことを求めた。

安良が医を仁術とし医業の大切さを強調する際、まず「黄帝内経」を読むべきことを説くのは、浅井図南らに師事した父の山本逸記の立場を継承したからであろう。近世の漢方医学は、「内経」などを重視し陰陽五行説によって病因を理解し治療方針を立てる後世家と、「内経」などを無用とし「傷寒論《しょうかんろん》」などの方書を重んずる古方家に学派が分かれていた。

「内経」を重視する山本逸記や安良の立場は、浅井家から後世家の学問を受け継いでいたことによる。
したがって、安良は『課業編』の「学術正邪」のなかで、古方家の医学とくに吉益東洞《よしますとうどう》の学説を「邪学辟術」であるとして激しく批判した。すなわち、万病の原因を一毒とし、「寒熱虚実」などの身体の状態に構わず、症状だけを診て投薬し、患者が生きるか死ぬかどうかの判断には医者が関わるべきではないとする東洞の立場は、生活費を稼ぐ目的で医療に携わる医者には広く受け入れられたけれども、かえって投薬によって人を殺すような禍（「朝投夕斃殺人若麻ノ禍」）を醸し出したと非難している。

山本安良が、「内経」にもとづいた教育を重んじ、古方を斥けた理由には、病因の解釈の仕方や処方の方針をめぐる医学上の立場の相違だけでなく、医者をもっぱら「疾医」と位置づけ司命の職であることを否定した吉益東洞のような考えを、存済館で君子医育成を目的とし医療倫理の教育を重視する立場からは受け入れられなかったという事情がうかがえよう。

医学校と医学流派

さて、山本安良は吉益東洞らの古方家の医学を激しく否定していたため、『課業編』の「著書益世」の項でも「後藤《（後藤良山）》・山脇《（山脇東洋）》・香川《（香川修庵）》・吉益《（吉益東洞）》・中西《（中西深斎）》輩」らによる書籍を読むことは勧めていない。その代わり、幕府の医学館の多紀藍渓《らんけい》（元徳《もとのり》）や同桂山《けいざん》（元簡《もとやす》）、山本逸記の師であった浅井図南や同南溟の著作を読むことを推奨している。ただしそれだけでなく、本草学者の稲生若水《いのうじゃくすい》や小《お》野《の》蘭山《らんざん》、蘭方医であった桂川月池《かつらがわげっち》（甫周《ほしゅう》）の著作も勧めており、とくに蘭学を排除していなかったことは注目される。そもそも安良は、京都の医者で古方家の系譜を引く漢蘭折衷医の荻野《おぎの》元凱《げんかい》に入門しており、元凱による多くの著作も世に益ある書としてあげている。

したがって、安良は医学流派の「正邪」について見解を明確にしていた一方、存済館で学ぶ医者らがさまざまな流派の師に就いて学ぶことは排除しなかった。実際、存済館に入門した領内の医者らは、安良に師事するだけでなく、藩医の弟子になることや、京都のさまざまな医学塾に遊学することが許されていた。藩立の医学校における教育は、領内外にいる医者と医学生との師弟関係を温存、むしろ前提として成り立っていたのである。よって、存済館のような公的な学校ができたとしても、家塾から学校へと医学教育の場が単純に移行したわけではなかった（鈴木友和『近世藩立医育施設の研究』）。

文人としての医者

というわけで、存済館のような藩立の医学校では、専門的な医学者を育てるというより、医学の基礎教育と医者を君子にふさわしい人物として育てることが主な目的とされていたと考えられる。したがって、医者は単に医学だけを学べばよいわけではなく、山本安良によれば、「士夫」に伍する存在として風流文雅を解する文人でもあるべきとされた。このため、存済館のある松江はさいわい「無比ノ勝概好風光景」の地勢であるとのことで、山水に放浪し「歌詩聯句《れんく》」の「唱和応酬」もたしなむよう推奨された。実際、安良には『鵝寮先生百絶句』などの作品が遺されている。

かつて塚本学が指摘したように、医者は地方在住の読書人というべき存在であった（塚本学『地方文人』）。したがって、医学だけでなく、儒学、国学、文芸、宗教などを広める担い手でもあり、その存在は学問、文芸、宗教の多様な展開の社会的基盤の一角をなしていたといえる。このため、各地における組織的な医学教育の展開は、地域医療の向上だけでなく、読書人でもある医者の増加を通じて、それらの社会的基盤の拡大にも一役買っていたことが想定できよう。

4 学問と教化のあいだ

学問をめぐる文化の階層性

前節でみたように、近世の医者の社会的実態は多様で、他国遊学に赴く医生への教育が課題となっていたように、学問的能力や医療の内容の面で、医者のなかには格差が存在していた。実はこうした状況はすでに近世前期に生まれており、元禄期の畿内の状況に即して、漢文の中国医書を読みこなせる専門的な医家に加えて、和文の通俗医書しか読めない医者が生まれていたこと、通俗医書や注釈書を読むことが漢文で書かれた専門医書に通じる階梯となっていたことが、横田冬彦によって指摘されている（横田冬彦「医学的な知をめぐって」）。これまでみてきたことをふまえると、近世後期にはこの階梯の一部を藩立の医学校が担うようになっていったとの指摘を付け加えることが可能であろう。

また横田は、近世の医療には、α医学的な医療、β通俗的な医療、γ呪術的な医療という三層があり、βが医学知と民俗知のせめぎあいの場となっていたことも指摘している。このような医療文化と同様の階層性が、儒学などの学問的な知に関しても存在することを、筆者は以前に三宅正彦の提唱した中間的文化層論をふまえながら論じたことがある（三宅正彦「安藤昌益の思想的典拠」）。すなわち、元禄〜享保期（一六八八〜一七三六）には地方に住む儒者が、京都などに居を構える専門的知識人と和文で書かれた通俗的な書籍の読者である中間的文化層との、媒介者の役割を果たしていたこと、地域間と地域内の知的・文化的ネットワークの結節点に位置して活動していたことを、土佐国の儒者谷秦山《たにじんざん》の活動を検討することで明らかにした（小林准士「近世における知の配分構造」）。

医学や儒学などにみられるこのような文化の階層性については、仏教に関する学問や教化《きょうけ》のありようにもみられることが、澤博勝、引野亨輔、松金直美、万波寿子、芹口真結子らの研究によって近年明らかにされつつある。例えば、越前国では学林・学寮で専門的に宗学を修めた学僧が、僧侶らに対する会読だけでなく一般門徒に対する法談を盛んに行なっていたこと、その一方で蓮如《れんにょ》の御文章《ごぶんしょう》（御文《おふみ》）をもとに面白おかしく譬喩《ひゆ》を駆使してわかりやすく教化にあたった僧らがいたことなど、教化の担い手が多様であったことが明らかになっている（澤博勝「仏教知の受容と伝達」）。

学僧と説教僧

確かに一八世紀半ば以降になると、東西の本願寺教団では、学寮・学林を拠点として学僧らによって講究された宗学にもとづいて、異安心（異端的教義や信仰）の取締り、師弟関係にもとづく学派の形成、門徒に対する教化が進められていったことが知られている（松金直美「僧侶の教養形成」ほか）。一方、享保期（一七一六〜三六）の幕府による民衆教化政策などをきっかけに仏教各宗においても説教が盛んになり、それが文学にも及んで談義本《だんぎ》というジャンルが生まれたり、学僧による注釈書を絵入りのわかりやすい書物に仕立てた勧化本《かんげ》の出版が盛んとなったりしたことも指摘されている（万波寿子「仏書出版の展開と意義」）。その結果、譬喩因縁譚《ひゆいんねんたん》のタネ本が流通して説教を行なう僧侶が利用する一方で、真宗門徒のなかにも読む者が出現した（引野亨輔「講釈と出版のあいだ」）。

また、学寮の講師または学林の能化《のうけ》を務めたような学僧たちも各地に赴いて説教（勧化）を行なっており、その内容を記録した講録や、異安心に対する審理や教戒などの記録、門徒との対談を記録した問答体講録などが写本で流布し読まれたことも明らかになっている（芹口真結子『近世仏教の教説と教化』ほか）。したがって真宗教団の場合には、自宗の聖教だけでなく漢文で書かれた仏教経典を読みこなし他宗の僧侶と漢文著作を通じて論争するような学僧、節談説教などの巧みな話術を用いる熟練した説教僧、通俗的な勧化本に依拠して説教を行なう一般僧侶などといった僧侶の類型区分はいちおう可能であるが、彼らの活動領域には相互に重なり合いがあったといえよう。

粟津義圭（諦住）の三業帰命説批判

実際、そのような宗学の領域と一般門徒に対して日常的に説教を行なう僧侶との間を、媒介した存在があった。東派の粟津義圭《あわづぎけい》（諦住《たいじゅう》）や西派の菅原智洞《すがわらちどう》のような僧侶である。関山和夫は彼らを「学林や学寮で正しい宗学の研究をしたうえで、それを違う次元で説教用に個性化し、下部組織の説教者に教育を施す立場の人」と位置づけている（関山和夫『説教の歴史的研究』）。

このうち粟津義圭について具体的にみてみよう。まず彼の宗学上の立場を示す著作としては寛政三年（一七九一）に刊行された『徹照西方義《てつしょうさいほうぎ》』が注目される。この書は西派学林の能化であった功存《こうぞん》が著した『願生帰命弁《がんしょうきみょうべん》』に対する批判書であった。功存は、人びとが救われるためには、阿弥陀如来に対して極楽浄土への往生を願い求めること（意業）が必要で、またそのことを表すために原則として仏前で「後生助けたまえ」と口で唱えて（口業）礼拝すべきである（身業）という、三業帰命説《さんごうきみょうせつ》を『願生帰命弁』で唱えていた。そしてこの説は、仏教経典である『仏説無量寿経《ぶっせつむりょうじゅきょう》』に書かれた「たとひわれ仏を得たらんに、十方の衆生、至心信楽して、わが国に生ぜんと欲ひて、乃至十念せん。もし生ぜずは、正覚を取らじ。」との法蔵菩薩（阿弥陀如来）の第十八願にある「至心《ししん》」「信楽《しんぎょう》」「欲生《よくしょう》」の三心のうち、「欲生」を「帰命」および「頼む」と同義とし信心の中核的要素とみなす、欲生（願生）帰命説を伴っていた。

この考えに対し、義圭は『徹照西方義』のなかで、「欲生」「至心」「信楽」のうち一つを選んで帰命に配することには典拠がないとして批判し、また「欲生」は浄土に生まれようと思う心なので「頼む」の意味はないと述べ、欲生帰命説を否定している。さらに『願生帰命弁』を根拠として、身・口・意の三業をそろえて仏像に向かって頼む儀式を人びとに強要するような教化が広がっていることを受けて、そうした儀式を行なわれなければ助からないと「頼み直し」を迫るような勧め方を批判した。このような義圭の功存に対する批判は、西派の道粋《どうすい》、僧僕《そうぼく》、憲永《けんえい》（泰巌《たいがん》）、大麟《だいりん》や東派の宝厳《ほうごん》ら学僧の所説をふまえて展開されていることから、関山和夫が指摘したように、彼が当時の宗学の成果を取り入れて、自らの立場を築いていたことがわかる。

ただし、義圭の所説で注目される点は、三業をそろえて儀式を執り行なうこと自体を否定しているわけではないことである。というのも、彼は「機類千差」、すなわち教えをうける人びとの素質がさまざまであることをふまえ、長らく教えを聞いても疑いの心が残っていた者が、仏前に向かって作法を行なうことで信を得ることもあるとするなど、いわゆる三業頼みが有効な機も存在していることを認めていた。その一方で、日頃から教えを繰り返して聞くなかで、いつしか疑いが晴れて信心を獲得する者もおり、そのような者にはいつ信を得たかなどは問題とならず、改めて頼む儀式も不要とする。

このように多様な信者がいるなか、三業帰命を唯一の正しい教えとすることは、人びとに作法の強要を迫って「往生治《おうじょうじ》定《じょう》」と印可《いんか》し謝礼金などを受け取るような、利を貪る狡猾な僧侶の出現を招来するなど、弊害が大きいという。つまり、

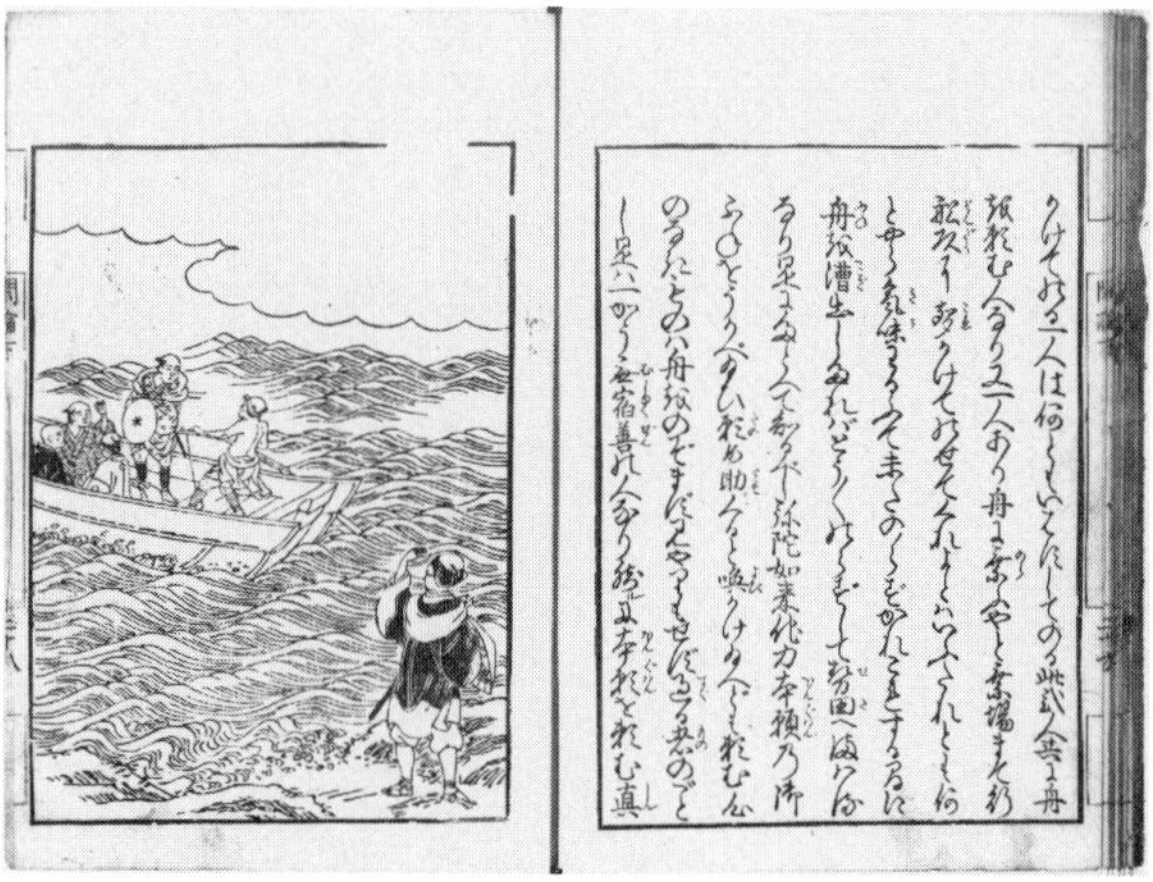

図 4-1　閑論（下 28 丁オ）天明二年刊（国文学研究資料館所蔵）

義圭は、人びとの素質（機）がまちまちであることを前提に、教化の多様性を認める立場から、三業帰命だけを正統とするような学説に反対したのであった。こうした批判の仕方は、多様な機に対して説教を行なう僧を育成していた彼の立場を反映したものであろう。

譬喩を用いた教化

義圭の『徹照西方義』は論争書であるため、聖教や先行する学僧の所説を引用しつつ三業帰命説を批判した、あくまで学問的著作であった。これに対し、天明二年（一七八二）に刊行していた『閑論《かんろん》』は、教義や信仰上の問題に関する門徒の質問に対して、譬喩をまじえて答える形式をとった絵入りの漢字・平仮名交じりの書籍で、問答体講録をさらに分かりやすくしたような体裁がとられている。この『閑論』の下巻で義圭は、三業帰命が必要かどうかを尋ねる問いに対し、次のような例え話を示して答えている。

近江国の大津打出《うちで》の浜《はま》で、山田《やまだ》矢橋《やばせ》の渡し船をよそおって旅人に呼びかける船頭に対し、まったく乗るつもりのない旅人はみることもせず通り過ぎていったのに対し、二人の旅人が船に乗ることにし、そのうち一人は「船頭乗せてくれよ」と声をかけて乗った。そしてもう一人は何も言わないで乗った。そうするとまた一人、船に乗ろうかと乗り場まで来て、船頭に声をかけて乗せてくれと言ってはみたものの、何となく気味が悪く思い、乗らなかったところ、船が漕ぎ出たため、彼は陸路で瀬田《せた》へまわった。

このような話を持ち出したうえで義圭は、話中の船は阿弥陀如来の他力本願の譬《たと》え、船頭が旅人を誘う声は「頼め助くる」との弥陀の衆生に対する呼びかけの譬えであるとする。そのうえで、船をみることもせず通りすぎた人は「無宿善」の人、船頭に声を掛けて乗った人は本願を信じる心から「助け玉へ」と声を出して弥陀を頼む人、何も言わず乗った人は声に出さなくとも深く弥陀の願力を仰いで往生を疑わない人、を譬えたものであるという。そして最後にあげた、船頭に声をかけながら船に乗らなかった人は、「助け玉へ」と口では言っているけれども「仏智不思議」を疑って自力の心が無くならない人を指すとする。こうした譬喩譚《たん》により義圭は、口に出しても出さなくても、疑う心が晴れて往生一定の信心が決定して仏恩を歓ぶ人はいずれも、弥陀の本願という船に乗って浄土に往生できるのであって、身口意の三業そろえて頼むことは必須ではないと説いた。このように『閑論』では、『徹照西方義』で展開されている三業帰命説批判の学説が、僧侶が説教で用いるような譬喩譚に変換されている。この例からも、関山和夫による「下部組織の説教者に教育を施す立場の人」という粟津義圭の位置づけは妥当であるといえよう。

おわりに

粟津義圭が批判した功存の『願生帰命弁』で説かれた三業帰命説は、一八世紀末には本願寺教団内の正統学説だったものの、一九世紀初めにかけて教団内外の批判が高まって三業惑乱と呼ばれる騒動が起こり、幕府の吟味もうけた結果、正統の地位から滑り落ちることになった。しかしこの後、特定の学説によって教団内の統一が図られたわけではなく、むしろ複数の学派が分立する状況となっていく。このように学派が分立した背景には、門徒の多様性に応じた有効な教化の試みが図られなければならなかったという事情が想定されよう。なぜなら、宗学とは単に教義に関する学問であっただけでなく、教化に関する学問であったからである。したがって、異なる文化的次元を媒介した粟津義圭のような僧侶の存在をふまえるならば、学派分立の様相について検討するにあたっては、教化のありようと学問との関係について考察することが、今後求められよう。

本章では、近世中期以降、公的教育機関を場として学問が継承されるようになるなかで、医者についてはそのことが身分的地位の確立の契機となっていたことを明らかにした。そして一八世紀前半に古方を標榜する医学が成立した後も、後世方の医学が衰退したわけではなく、むしろ公的な医学教育の場では採用されたことを、松江藩存済館の例によって示した。これは、儒学の場合にも古学派が成立した後に、朱子学が藩校などでむしろ積極的に採用されるようになった一八世紀末以降の状況に似ている。こうした状況は、近世の諸学問、諸宗教はそれぞれ互いに競合しつつも、その特性に応じて社会のなかに「居場所」を見つけ、棲み分けながら併存していたということを示唆する。また、学問をめぐる文化の階層性が儒学、医学、宗教のいずれにも見出せることをふまえるならば、文化的な階層間の媒介の様相についての横断的な検討が、諸宗教、諸学問の併存状況に関する全体的な把握のためには有効であるといえるのではないだろうか。

〔参考文献〕

青木歳幸「佐賀藩医学史覚書」同編著『西南諸藩医学教育の研究』青木歳幸、二〇一五年

浅井　雅「諸藩における儒者登用の動向―一七〜一八世紀の龍野藩を中心として―」『日本思想史学』四六、二〇一四年

浅井　雅「諸藩における藩校の成立と藩儒の役割―鳥取藩と加賀藩を主な事例として―」『日本文化論年報』二一、二〇一八年

安西安周『日本儒医研究』龍吟社、一九四三年

池田仁子「近世金沢の医療」地方史研究協議会編『伝統の礎―加賀・能登・金沢の地域史―』雄山閣、二〇一四年

岩本伸二「幕末期「在村医」の組織化への動向―美作津山の場合―」『岡山県史研究』五、一九八二年

宇野田尚哉「儒者」横田冬彦編『身分的周縁と近世社会5　知識と学問をになう人びと』吉川弘文館、二〇〇七年

海原　亮「知識・技術の所有と身分」『部落問題研究』一七六、二〇〇六年

海原　亮『江戸時代の医師修業』吉川弘文館、二〇一四年
梅田千尋『近世陰陽道組織の研究』吉川弘文館、二〇〇九年
小川亜矢子「幕末長州藩における医学館の創設とその機能」青木歳幸編著『西南諸藩医学教育の研究』青木歳幸、二〇一五年
小川和也『文武の藩儒者　秋山景山』角川学芸出版、二〇一一年
小林准士「近世における知の配分構造―元禄・享保期における書肆と儒者―」『日本史研究』四三九、一九九九年
小林准士「医者の養成と存済館」『松江市史通史編4　近世Ⅱ』第八章第四節、松江市、二〇二〇年
澤　博勝『近世の宗教組織と地域社会―教団信仰と民間信仰―』吉川弘文館、一九九九年
澤　博勝「仏教知の受容と伝達」同『近世宗教社会論』吉川弘文館、二〇〇八年
椙山林継「願奏興立国学表」『國學院大學日本文化研究所所報』四三、一九七一年
椙山林継『近世神道神学の萌芽』雄山閣、二〇一四年
鈴木友和『近世藩立医育施設の研究』思文閣出版、二〇二一年
関山和夫『説教の歴史的研究』法藏館、一九七三年
芹口真結子『近世仏教の教説と教化』法藏館、二〇一九年
棚橋久美子「藩儒の「家」の後継者育成―「家」を興した広島藩儒頼春水・梅颸夫婦の事例―」鈴木理恵編『家と子どもの社会史―日本における後継者育成の研究―』吉川弘文館、二〇二二年
塚本　学『地方文人』教育社、一九七七年
土岐昌訓『神社史の研究』おうふう、一九九五年
中澤資裕「近世後期の本所組織と在地神職―吉田家江戸役所の地域的展開に注目して―」『佐渡・越後文化交流史研究』一九、二〇一九年
西田かほる『近世甲斐国社家組織の研究』山川出版社、二〇一九年

西田かほる「新しい学問の展開」『愛知県史通史編5 近世2』愛知県、二〇一九年
引野亨輔「講釈と出版のあいだ」若尾政希ほか編『シリーズ日本人と宗教 近世から近代へ5 書物・メディアと社会』春秋社、二〇一五年
朴澤直秀「仏教教団の組織と構造―地域社会と僧侶集団―」同『近世仏教の制度と情報』吉川弘文館、二〇一五年
松金直美「僧侶の教養形成―学問と蔵書の継承―」若尾政希ほか編『シリーズ日本人と宗教 近世から近代へ5 書物・メディアと社会』春秋社、二〇一五年
万波寿子「仏書出版の展開と意義」若尾政希ほか編『シリーズ日本人と宗教 近世から近代へ5 書物・メディアと社会』春秋社、二〇一五年
三宅正彦「安藤昌益の思想的典拠―江戸時代中間的文化層の問題―」『歴史と地理』四〇九号、一九八九年
横田冬彦「医学的な知をめぐって」同『日本近世書物文化史の研究』岩波書店、二〇一八年

第5章

民衆の生活における思想・信仰

上野大輔

はじめに

本章では、近世社会のなかで生活を営んだ民衆の思想や信仰を検討したい。まずは用語の意味を確認しておこう。「民衆」とは、百姓・町人をはじめとする、支配される側の身分の人びとを指し、賤民《せんみん》を含めることもできる。もちろん、民衆は一枚岩ではなく、階層差・性差などにも注意が必要である。一方、「思想」とは、人間や社会などに関する一定のまとまった考えを指すが、本章では、高度な統一性・体系性を要件とせずに捉えたい。また、「信仰」は、信じて尊ぶことだが、本章では信じることを、「そうであるかどうかはっきりしないが、そうだとする」ことと見なす。信仰には強弱やゆらぎがあり、特定の信仰の有無も問題となる。

私たちにとって「他者」としての度合いがますます強くなっている近世民衆の思想・信仰を、どのようにとらえることができるだろうか。おそらく、史料にもとづく論証を中心とする歴史学の方法が、一層重要となってくるだろう。ただし、中下層の民衆が思想・信仰について書き残した史料は極めて少ないという問題がある。このような問題に留意し、検討の方法を以下の四点にまとめておきたい。

第一に、多くの史料を書き残した上層民衆について検討することが、まずは可能である。この階層は、下級武士や牢人《ろうにん》（浪人。武士の失業者）とも関係が深い。上層民衆の書き残した史料を検討することで、その周辺の階層についても類推することができよう。

第二に、民衆について記した史料、いわゆる観察記録を検討する方法がある。こうした観察記録は豊富だが、さまざまな偏見・差別を伴う場合や記述が一定しない場合もあり、書き手の立場や意図に注意する必要がある。

第三に、民衆に影響を与えた要素に注目する方法がある。例えば、神仏に関するものが重要だろう。近世の村や町には寺社などが所在し、僧侶・神職やその他の宗教者が民衆と関わりを持ち、さまざまな行事が営まれた。こうしたなかで、民衆の側でも神仏に関する独自の思想・信仰が成立したと考えられる。寺社などに残った関連史料が手がかりとなる。また、近世には多くの書物が流通し、広範な読者を得た。これらの書物の内容もまた、民衆の思想・信仰を考える手がかりとなる。書物が民衆の思想・信仰を反映している側面や、民衆によりさまざまに読まれる可能性にも留意したい。

第四に、民俗学などの隣接分野の成果を参照する方法がある。そのなかには近世の史料を用いたものもあり、近世史研究と方法的に重なる部分がある。こうした成果も参照することで、民衆の思想・信仰を汲み取ることができよう。

本章では、右のような検討方法を念頭に置き、一九七〇年代以降の日本の社会史研究において重視された身体観や心性《しんせい》という論点をふまえ、近世民衆の思想・信仰に迫っていきたい。ただし、近世全体を通じた検討は難しいため、一七世紀から一八世紀初頭にかけての事例に力点を置き、その後の事例にも適宜言及することとしたい。地域・階層という点では、関東・畿内・中国地方の一部における上層の百姓・町人の事例が中心となる。以下では、身体観の問題から説き起こして、芸能や通俗道徳（後述）の問題に議論を広げ、神仏に関する信仰の諸相にも目を向けたい。

1　身体観と養生論

榎本弥左衛門の病気への対処

近世民衆の身体と現代の私たちのそれとの間には、生物学的に大きな差があるわけではないだろう。ところが、衣食住や労働はもとより、医療機関を含めた社会インフラ、身体に関する知識・感性などの違いを考慮するならば、近世民衆の身体のあり方は私たちとは異なる歴史的段階にあったといえよう。そのような、他者としての身体のあり方を、具体的な史料に即して問うてみたい。

ここで取り上げるのは、一七世紀の武蔵国川越《かわごえ》の有力町人であった榎本弥左衛門《えのもとやざえもん》による記録（『榎本弥左衛門覚書』）である。彼自身の認識をふまえつつ、確認してみよう。

彼は一四歳（数え年。以下同）のときに、大男と同様に飯・蕎麦切《そばきり》を競って食べたので、腹にかたまりが出てきて一生ぬけなくなったという。また、二四歳の春から腸満《ちょうまん》を患い、色々と養生したがよくならず、二七歳のとき、榎本彦右衛門《ひこえもん》（父方の叔父）の助言をうけて腹七分の食事制限を設けたところ、病状が回復したという。

三五歳のときには病気がちで咳が出たので、薬を服用している。また、「上気《じょうき》」（頭に血が上ること）のため咳が多く出たので、藤波権右衛門《ふじなみごんえもん》という人物からの相伝にもとづき、足の底（裏）へ「気」を移すことを始めたという。足の底へ「気」を下げて、愚痴も妄念もすべて足の裏へ入れるので「心」が健やかになり、腹が張るのがやんだとある。その後も「上気」による体調不良への対応が記されており、服薬や湯治《とうじ》も確認できる。

彼は健康の維持や性欲の統御を意識しつつ、家の継承者として勤勉に稼ぐ日々を送った。四〇代に入ると体の衰えを更に感じるようになり、四六歳の時には「気」が疲れ、踏む所へ足が行かなくなったようである。そうしたなかで、身の慎みや家の存続を考えている。五〇代になると生涯を回顧しつつ、身体の管理についても、ある程度まとまった考えを示すに至っている。

このような身体をめぐる問題は、女性にも通じるものだっただろう。とはいえ、女性の場合は出産に伴う健康状態の悪化が多かった点をはじめとして、決定的に異なる部分もあった。近世には、出生児が無事でなくとも母体が無事であれば「安産」とされることがあった点は、注目される（横田冬彦「近世前期の出産」など）。話を戻し、弥左衛門の説く身体管理について補足しよう。

弥左衛門の説く身体管理

まず、子育てに際しては、木綿衣装・寝巻《ねまき》を（担当者に）日々洗濯させ、いく度もすすいで干させ、においのない衣装を着せ、おしめを沢山こしらえ、きれいに洗濯して干させ、取り替えるようにとある。汗がついてじっとりしていては身を揉み、「気」がのぼり、あらゆる病が出るもととなるとされ、大人でもこのような衣装を着るのはよくないとされる。木綿類はじっとりせず、洗濯もしやすいのでよいとある。こうしたことをはじめ、一切の身の養生を考えるべきであると弥左衛門は記す。

子育てにおいては、飯を六分食べさせ、二度の飯以外には菓子を含めて何も食べさせてはならないとされる。成人し、四、五〇歳に至るまでも飯六分とすべきであるという。病のもとは、食べ過ぎることと、「心」に物を思い胸がふさがることであり、怒ることも同様に病のもととされる。

また、何事も道理にかなわないので「気」がのぼり、胸がふさがる。根本は愚かなので、「気」に「私」があって、行いが悪いので、「心」が恥じ、苦しんで「上気」する。「上気」のときは目をふさぎ、「心」をしずめ、足の底で、一生の内で第一に面白いことを二つ三つ思い出し、足の底でいつまでも笑っていれば、「上気」が下がり、無病になる。また、「徳道《とくどう》」を実践すれば「上気」がしずまり、「心」が落ち着き、病が出ない。以上のように記されるほか、教訓書類の読書も「上気」対策として重視されている。

彼の場合、自分の内面を捉える際に「心」と「気」を分け、「気」を上手く統御することで「心」のよい状態を維持しようとする発想がうかがえる。このような内面の捉え方は、近世においても一様ではなかった。なお、「心」の場所については、現代医学では主に頭部（脳）が注目されるが、弥左衛門は胸部を重視したようである。おそらくこの点は、近世の一般的な認識であり（図5−1）、私たちにも共感しやすいものであろう。

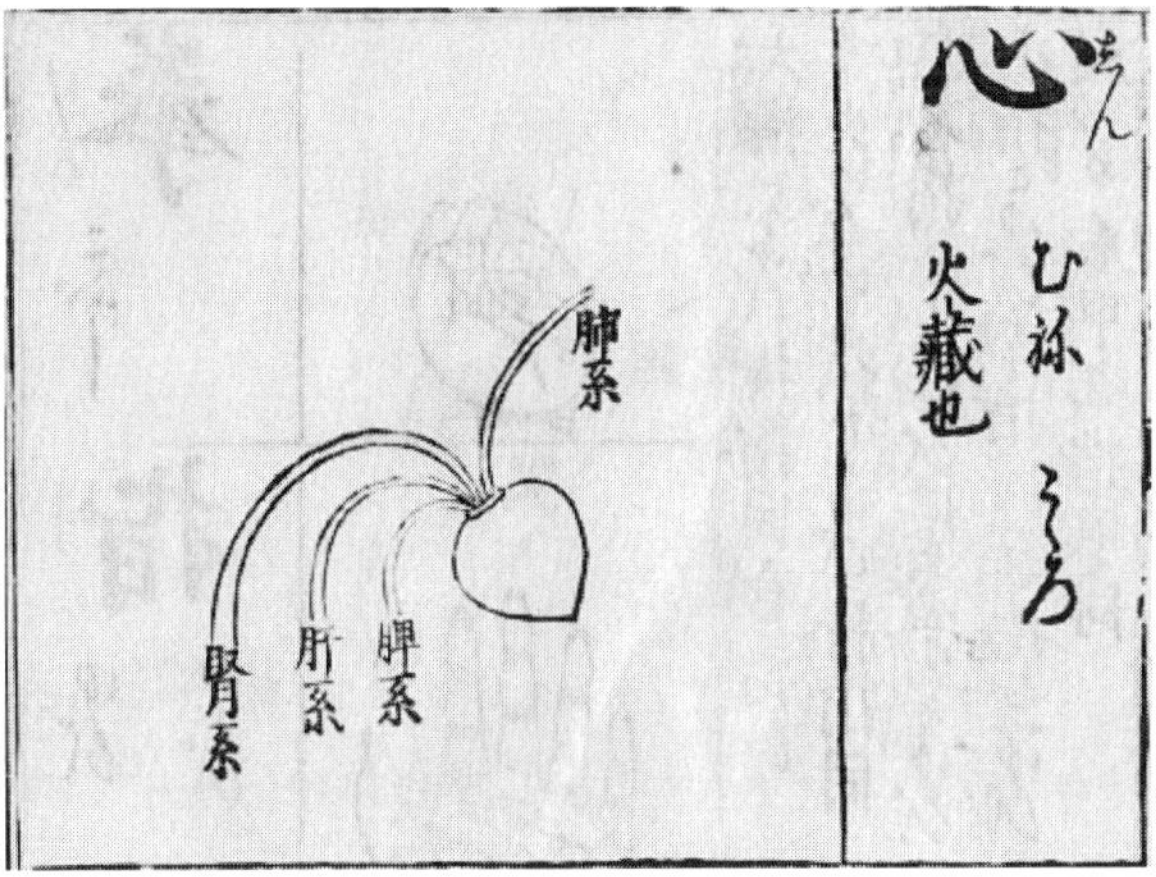

図5−1　中村惕斎編『訓蒙図彙』（寛文6年〈1666〉序）より「心」（国立国会図書館デジタルコレクション）

中村惕斎は京都の商家出身の儒者．図中では「心」に「しん」のルビがふられ，その下に，むね，こころ，火蔵（火臓）なり，とある．身体における心の場所として胸が意識されていたことを示唆する．

弥左衛門の記録に戻ると、身の立ち居《い》は軽くするのだという。重くしてしまうと、色々な用事がはかどらないからだという。また、明六《あけむ》つ（午前六時頃）に起き、夜は四《よ》つ（午後一〇時頃）前に休むようにするようで、夜更かしすると疲れて朝寝をし、昼も居眠りをし、用事が調え難いことを問題視している。ここには、家業などの用事を務めるための身体という発想がある。これとの関連で、身体管理の重要性が述べられる。したがって、養生も自己目的とは限らず、何らかの手段とされることもありうる。こうした問題の広がりを検討してみよう。

養生の意味

弥左衛門は、二一歳の頃に『可笑記《かしようき》』を読んで「心」が落ち着いたと記している。同書は牢人の如儡子《にょらいし》（斎藤親盛《さいとうちかもり》）が著した仮名教訓書で、寛永十九年（一六四二）に刊行された。例えば、同書第一巻の二七段では、孝行を実現するための手段として養生が位置づけられている。養生すればその家々の務めを果たすことができ、家の繁栄につながり、孝行も実現するというわけである。

一方、仮名草子《かなぞうし》作家の浅井了意《あさいりょうい》が著した『可笑記評判《かしょうきひょうばん》』（万治三年〈一六六〇〉刊）は、『可笑記』を批評した書物だが、右の記事についても言及がある。それによると、農業・商売や主君への奉公の身がどうしてわがままに養生するだろうか。富貴で仕事のない人であれば養生できるが、そうでない人はしたくてもできない。『可笑記』に書かれていることは、理はあるが行い難いと批評されている。

確かに、富裕で時間の余裕があれば、養生はしやすいように思われる。例えば、大坂の有力町人である鴻池吉右衛門《こうのいけきちえもん》の手になる「山中家之記《やまなかけのき》」（元禄十一年〈一六九八〉孟春。『大阪の研究』第五巻）によれば、彼は養父の鴻池善右衛門《ぜんえもん》が財を成したこともあって「安閑無事」に暮らすことができ、養生も可能となっているようである。この記録をまとめた四九歳までの時点で大病を患わず、人に苦労をかけず、自分の身は元来病気で健やかではないので常に養生をよくするとある。そして、これも子孫を思うため、身を全うな状態にして家を相続するためであるとされている。また、若年より立身の意思があり、これは先祖への「孝心」と思うためであるとされている。このように、吉右衛門は家の相続のための養生を実現できたといえよう。彼が三八、九歳の頃より、身を修め家をととのえる「仮名文」（仮名教訓書か）を、余力のある折にみていると記していることも付言しておきたい。

他方で、日々の家業に暇のない身には、養生は叶わないのだろうか。もし叶わないとすれば、養生は一部の人びとの特権となろう。しかし、この点については、貝原益軒《かいばらえきけん》『養生訓《ようじょうくん》』（正徳三年〈一七一三〉刊）において異なる議論が展開されている。すなわち、四民《しみん》（士農工商）ともに家業をよく務めるのが養生の道であるとされ、暇でなければ養生は難しいという考えが批判されている。このような一見奇異な主張は、体を動かして「気」（「元気」）をめぐらすのが養生の術だからという根拠によって論理性を獲得し、予防医学的な議論として説得力を持ったようである。それよりもここでは、各々の身分の者が家業に励むことが重視されている点に注目しておきたい（倉地克直『性と身体の近世史』も参照）。

勤労と楽しみ

こうした問題については、河内国石川郡大ヶ塚《だいがつか》の有力百姓であった河内屋可正《かうちやかしょう》が元禄・宝永期（一六八八～一七一一）に書き残した記録（野村豊・由井喜太郎編『河内屋可正旧記』）にも、興味深い記述がある（倉地前掲書も参照）。すなわち、進退（身代《しんだい》）の非常によい者は三〇～五〇歳の間で死ぬことが多いという。欲が深く、暑かろうと寒かろうと昼夜「心」を尽くし、あまりに強く（ハードに）稼ぐので、治療できない病気となってしまうからだという。命を失ってはどうにもならないため、身と命は重く、財宝は軽いとされ、それを逆にするのはよくないとされる。

しかし、これは中層以上の進退（身代）のよい者についての話であって、貧しい者たちは身をも捨て、命の危うい仕事も勤めて、富める身となることを願うべきとされる。進退（身代）のよい者の真似をして、身の養生をよくせよ、命にまさる宝はないなどといって、渡世の稼ぎに油断する者は、言語道断《ごんごどうだん》のいたずら者であるとしている。ここでは、養生よりも勤労が優先することが端的に示されていよう。

村落上層の立場にあった可正の場合は、楽しみは苦労を勤めるなかにあるという見解を示しつつも（高尾一彦『近世の庶民文化』）、勤労のみの日々を送るのではなく、養生やさまざまな楽しみの織り込まれた生活を営んだ。ライフコースの問題としてとらえるならば、榎本弥左衛門や可正らを含む上層民衆は、若い頃（青壮年期）に勤労を重視し、老後に楽をすることを志向したようである（高尾前掲書も参照）。青壮年期においても勤労だけではなく、養生やさまざまな楽しみを両立させることが課題となった。この点をふまえ、次に節を改めて芸能の世界をのぞいてみよう。楽しみの方法はさまざまだが、芸能と関わることも有力な方法となりえたからである。

2 芸能の世界

芸能とは

今日では「芸能」という言葉は、大衆的・娯楽的な意味合いが強いものとなっている。一方、近世では、学問・芸術を含む幅広い分野と対応する言葉として、「芸能」や「芸」が用いられた。各種の学問・文芸・武芸、歌舞音曲《かぶおんきょく》、絵画、茶湯《ちゃのゆ》・生花《いけばな》、囲碁・将棋など、数多くの事例をあげることができる。これらの専門的な担い手が生まれるとともに、当時の人びとの楽しみ（遊芸）の求めにも応じることとなった。もちろん、後述のように、芸能と関わることは楽しみにとどまらない意味を持っていた。

このような近世の芸能については、先行研究の蓄積も厚いが、近世史研究としては、政治や社会との関係で芸能の成り立ちを問う立場が有効であろう。近年では、社会構造と関連づけて地域における芸能の展開を検証した成果が生み出されている（神田由築『芸能と文化』など）。そのなかで、幕府・藩による把握・統制の在り方や、三都・地方都市を拠点とする芸能活動に伴う地域間・芸能者間の格差・序列にも注意が払われており、商品としての芸能を担う芸能者集団の実態も明らかにされている（芸能者については第五巻の塩川隆文論考も参照）。

右の成果をふまえ、近世における芸能の展開を多角的に把握することが求められよう。以下では、網羅的な例示はできないが、諸芸能の相互関係に注意しながら、民衆にも受容された、いくつかの事例を取り上げておきたい。

歌舞伎と浮世絵

まず、一七世紀に入ると歌舞伎《かぶき》が流行したことが注目される。江戸幕府の支配体制が整備される中、異様な服装で日常性から逸脱した行動をとる武家奉公人らが「かぶき者」として取り締まりの対象となった。出雲阿国《いずものおくに》の「かぶき踊り」から生まれた歌舞伎も、幕府の統制下で変容しつつ展開した。

こうした歌舞伎の動向は絵画ともつながるものであり、遊女や歌舞伎役者をはじめとするさまざまな題材を取り上げた浮世絵《うきよえ》が生み出された。江戸時代後期まで視野に入れると、浮世絵は、美人画や役者絵などの風俗画を中心としつつも、人びとが関心を持つような絵をさまざまに描き、商品として販売したものであった（内藤正人『うき世と浮世絵』）。「浮世」という言葉は、漢語（浮世《ふせい》など）の影響もあり、定めない世の中という意味を帯びているが、中世までは憂世《うきよ》という表記に示されるような厭世《えんせい》的な意味合いを持つことが多いのに対して、近世には現世肯定的・享楽的な意味合いが強くなるとされている。ただし、浮世の観念は「行動を断念した者の、あるいは断念せざるをえない立場におかれた者の、心のもちかたを教えようとしたもの」であり、「行動の世界でうばわれた個人の主体性を、内面的な心の世界のなかだけでても回復しようとした、ささやかな抵抗の試みとして生まれたもの」とする見方もある（尾藤正英『元禄時代』）。政治批判を伴うような江戸時代の狂歌《きょうか》・風刺画《ふうしが》の発展についても、このような文脈で展望することができよう。

浮世草子・俳諧・浄瑠璃

元禄文化の代表者の一人とされる井原西鶴《いはらさいかく》は、談林俳諧《だんりんはいかい》の担い手として活躍した他、『好色一代男《こうしょくいちだいおとこ》』（天和二年〈一六八二〉刊）を起点に、浮世の風俗を扱った小説である浮世草子《うきよぞうし》の作品群を残した。また、西鶴と同世代の松尾芭蕉《まつおばしょう》は、蕉風《しょうふう》俳諧の祖として高く評価されるに至る。江戸時代後期には、五・七・五で定型化された俳句が全国的な盛り上がりを見せた。

続いて、一七世紀以降、歌舞伎とともに流行した浄瑠璃《じょうるり》の事例にも触れておきたい。例えば、親鸞《しんらん》の生涯を描いた浄瑠璃本『しんらんき』（版本は寛永古活字版を初出とする）の内容が、大坂で操《あやつ》り人形として演じられたが、東本願寺がそれを大坂町奉行所へ訴え、正保五年（一六四八）と寛文十一年（一六七一）に上演禁止とされた。また、京都書肆《しょし》の鶴屋喜《つるやき》右衛門《えもん》と八文字屋八左衛門《はちもんじやはちざえもん》が『しんらんき』を出版したところ、寛文十二年に東本願寺が絵入の仮名草子である『親鸞聖人御伝記《しょうにんごでんき》』（同年刊）と合わせて京都町奉行所へ訴え、ともに発禁とされた。東本願寺の側は、親鸞を操り人形で演じることや、同寺から末寺への伝授内容を平仮名の絵入本《えいりぼん》として流布させることを問題視した。このように、本山との対立も引き起こしつつ、親鸞に関する浄瑠璃が演じられたことがわかっている（小川寿一「親鸞聖人を主材せる古浄瑠璃の停止に関する新資料」、沙加戸弘『真宗関係浄瑠璃展開史序説』など）。

一七世紀末から一八世紀初頭にかけては、近松門左衛門《ちかまつもんざえもん》が浄瑠璃の脚本群を生み出し、義理・人情をめぐる葛藤の物語が人気を博したとされる。一八世紀半ばになると、例えば寛延元年（一七四八）に大坂で仮名手本忠臣蔵《かなてほんちゅうしんぐら》が人形浄瑠璃や歌舞伎として初演されるなど、有名な作品が更に目立つようになる。

こうした動向は民衆文化として把握されることも多く、元禄期（一六八八〜一七〇四）とその前後を含む時期はとくに重視されている。ただし、それは単なる民衆文化ではなく、芭蕉や近松をはじめとする担い手からしても、社会の矛盾を痛切に体験した牢人を含む武士的な要素の重要性が、すでに指摘されている（尾藤正英『元禄時代』）。

河内屋可正と芸能

以下では、芸能の受容者に注目してみたい。それにより、受容者もまた、単なる受け身の存在ではなく、文化の担い手となりえたことを示したい。例えば、河内屋可正は、儒教・仏教を学び、俳諧・詩歌を好み、能を嗜《たしな》んだとされる。彼の記録（野村豊・由井喜太郎編『河内屋可正旧記』。大谷女子大学資料館編『可正雑記』も関連）を確認すると、能・狂言・歌舞伎・浄瑠璃・俳諧・謡《うたい》・相撲・囲碁・鞠《まり》などの記事が多く目に付く。これらの記事をもとに、彼らが受容した芸能の一端を確認したい。

まず、能についてだが、研究者の間では、能・狂言が武士の世界にとどまったという理解もあるものの、そうでないことが可正の記録から判明する。すなわち、古くは可正の祖父の源助《げんすけ》が文禄期に勧進能《かんじんのう》を見物し、可正の父の清右衛門《せいえもん》も学問と共に能を嗜んだようである。また、可正の孫の小三郎《こさぶろう》は能楽師《のうがくし》となっている。可正自身も能を嗜み、可正宅を含む各地での能の興行《こうぎょう》について、比較的詳しい記事を残している（狂言の記事もみえる）。例えば、大坂新地《しんち》や淀《よど》城下での能興行に際しては、可正も小三郎と共に出演している。また、京都の能役者と交流し、芸のよしあしはいざ知らず、「心ざしの温和なる事」に関しては、自分たちよりも彼らのほうがはるかに優れているようにみえたようで、諸芸をなすうえでの謙遜や専心、慎みの重要性を主張している。

「能方《のうかた》の芸者進退の事」という見出しの付いた記事では、当地では河内屋以外にも能を嗜んで舞台に出る者が少々いるが、道具や衣装の出費を思って平生は倹約を旨とすることが重要だとされ、それによる芸能の存続も願われている。諸芸を嗜んで家業を怠ることはもってのほかとされ、余力のある時に、先祖もそうであったように能の芸を習うようにとされる。能は、盤上の諸勝負の遊びとは大きく異なって、徳の多いものだとされる。このように、能の経験を通じて、芸能に関する独自の思想が形成されていることがわかる。また、「能之賦《のうのふ》」という記事では、「神国」としての日本の歴史のなかに、能を含めた諸芸を位置づけ、正当化するに至っている。

一方、「芝居興行の事」には、可正の地元近辺での歌舞伎・浄瑠璃の記事がみえる。慶長期の女《おんな》歌舞伎、明暦期の若衆《わかしゅ》歌舞伎に続く寛文〜元禄期（一六六一〜一七〇四）の歌舞伎興行の記事は、野郎《やろう》歌舞伎に関するものと推測される。また、延宝期の操り人形を伴う浄瑠璃の興行も確認できる。これら以外にも、隣郷で芝居が毎年一、二座ずつあったが、元禄三、四年（一六九〇・九一）から歌舞伎・浄瑠璃の旅芝居の禁止が大坂町奉行により命じられたため、絶えてなくなったという。とはいえ、歌舞伎がひそかに興行されることもあった（「元禄十三年油屋理左衛門《あぶらやりざえもん》歌舞伎興行」）。

また、俳諧の記事も注目される。「可正誹諧（俳諧）の事」によれば、寛永・正保の頃までは石川郡に俳諧というものはなかった。ところが慶安の始め、松村吉左衛門《まつむらきちざえもん》（幕府代官）の手代衆の和気仁兵衛《わけにへえ》・西川久左衛門《にしかわきゅうざえもん》が同郡に年貢納入業務で来た際に、当時一四、五歳であった可正が彼らから俳諧を習ったようであり、これが同郡の俳諧の始まりとされている。その後、彼は近隣村落の有力者とともに大坂や堺の俳諧師から学び、更には京都の貞門派《ていもんは》の俳人である安原貞室《やすはらていしつ》の門弟となっている。

可正の芸能観の特色

最後に「芸能を仕習《しなら》ふべき事」という記事に触れておこう。ここでは、進退（身代）のことを忘れず思う者は、暇があるときに慰《なぐさ》みに芸能をするといっても、心得が必要であるとされ、自分の身の上がもし衰えた場合に救いとなるような芸能を習うべきとされる。そしてさまざまな芸能が論評されている。例えば俳諧は、「邪路」を退けて「正道」に赴くための教えであるとし、自分も四〇余年嗜んできたが、「邪路」を恐れて俳諧の遊びを中断しているという。ここでの「邪路」は、わがままや、銭への執着と関連づけられており、俳諧の学習がいわば商品として、金銭とも関わって広まっていることがうかがえる。

一方、「手カク事」（手で文章を書くこと）は「男ノ第一ノ芸」であるとされ、手習いが算用とともに重視される。また、「舞歌音楽」は流行りものだが尋常の稽古では成り難いとされ、もし深く望む者がいれば稽古するのがよいとされる。ただし、謡は上下の者がおしなべて習うべきであり、家業などをしながらでも歌うことができるという。進退（身代）というものは定まらないものだが、手習い・算用・謡を身に付けていれば、手習い師匠になったり小謡《こうた》を教えたり、商家に奉公したりして渡世ができるとされる。四書《ししょ》（『大学』『中庸』『論語』『孟子』）の素読《そどく》もするほどの者は、商家の主人も悪く思わず、目をかけられることもあるという。

碁・将棋・双六《すごろく》・鞠《まり》・揚弓《ようきゅう》などについては、これらに親しむ若者も多いが、老後はともかくとして、生計のために働いている若者や貧乏暮らしの者にとっては無用ではないかとされる。また、立花《りっか》は、天地の理を尽くして、四季折々の景色を一瓶の内に顕わすので面白いものだが、暇のない者は成り難いとし、自分も若いときに馴染み、池坊専好《いけのぼうせんこう》の弟子になったが、忙しいため指し置いたとある。

先述の「能方の芸者進退の事」とも関わるが、身代を存続させることと関連づけて、芸能の有用性が論評されているといえる。別の言い方をすれば、それぞれ独自の価値を持つ芸能と家との間に緊張関係が存在したということであろう。可正は、基本的には家の存続を重視し、それに支障のない範囲で、好ましい芸能を嗜む方針を採ったようである。芸能の道徳性が重視されたことも、これと関わっている。以上のように、場合によっては芸能と対立を生じるような家存続の規範が確認でき、研究史上では通俗道徳と呼ばれることがある。この通俗道徳について、節を改めて掘り下げてみよう。

3　通俗道徳をめぐって

「心」の哲学と通俗道徳

民衆思想史研究の開拓者の一人とされる安丸良夫は、日本の近代化過程における民衆思想を、「心」の哲学を基盤とする通俗道徳として提示した（安丸良夫『日本の近代化と民衆思想』）。「心」の哲学とは、「心」を中心とする世界観・人生観を指す。「心」は史料用語だが、世界に貫徹し、自己にも内在する究極的な原理として語られる場合がある。一方、通俗道徳とは、家の存続などのために勤勉・倹約・謙譲・孝行などの道徳実践へと向かう行動・思惟《しい》様式を指す。

安丸は、通俗道徳の始まりを元禄・享保期（一六八八～一七三六）の三都とその周辺とし、河内屋可正にも注目した。しかし、他地域を含めて更に早い時期に通俗道徳の成立を認める立場もあり、榎本弥左衛門の事例も重要な手がかりとされる（上野大輔「近世前期における通俗道徳と禅心学」など）。この場合、近代化の問題とは一応区別して、近世化の問題として通俗道徳を把握することが求められよう。また、「心」の哲学についても、安丸が注目した石門心学《せきもんしんがく》などが成立する以前から、神道・儒教・仏教と関わる「心」の哲学が展開しており、これらも視野に入れる必要がある。以下では、具体的な史料をもとに、近世前期の通俗道徳について検討してみたい。

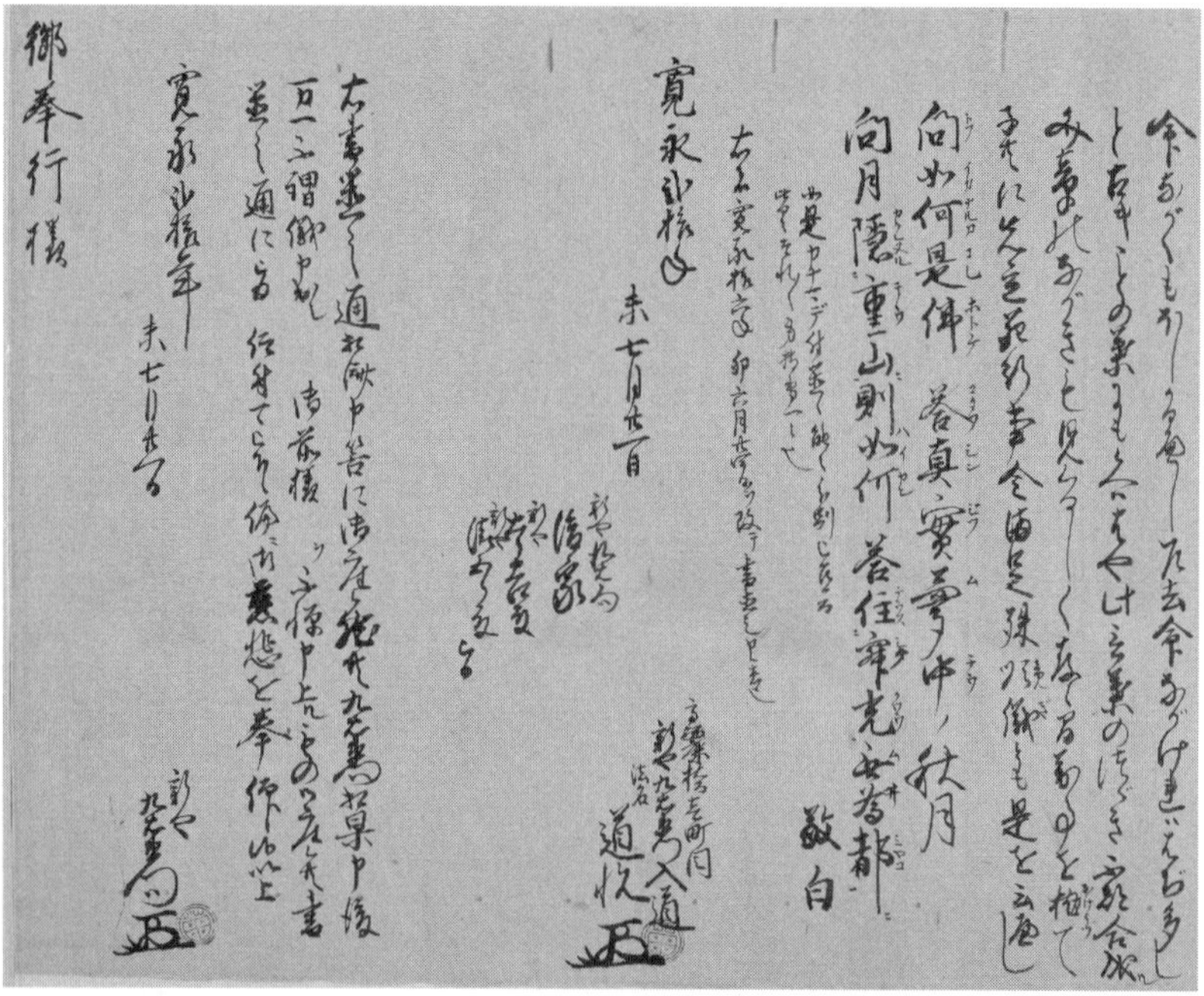

図5–2 「九右衛門跡式子共に配分之銀子幷家屋敷家財諸道具渡し申書置之事」（部分．「廣岡久右衛門家文書」9–70–6–2–2–3，神戸大学経済経営研究所寄託）

新屋九右衛門の書置

取り上げる史料は、大坂町人の新屋《あたらしや》九《く》右《え》衛門《もん》（九《く》右《え》衛門尉《もんのじょう》とも）の書置《かきおき》である（図5–2）。これは、彼が財産の配分について書き上げるとともに教戒を記した、遺言状の性格を持つ文書であり、寛永十六年（一六三九）六月二十四日に作成したものを、同二十年七月二十一日付で書き改めたものである。後に新屋家は退転したが、この書置を含む同家の文書は、もと親類であった大坂町人の廣岡家《ひろおかけ》に引き継がれることで伝来し、現在は神戸大学経済経営研究所に「廣岡久右衛門家文書」として寄託されている。最近、廣岡家研究会がこの書置についても「史料紹介　廣岡家文書と大同生命文書」（『三井文庫論叢』五一）のなかで取り上げている（本章では、原本の写真をもとに一部の文字を修正した）。

書置の差出人は新屋九右衛門入道（法名は道悦《どうえつ》）であり、宛名は後家（妻）・太郎吉《たろきち》（嫡男）・清五郎《せいごろう》（嫡男の弟）である。更に、同日付で「御奉行様」（大坂町奉行）に宛てた九右衛門の奥書があり、自分の死後に訴える者があっても、この書置の通りに命じられることを願っている。この奥書は、死後に紛争が生じた場合の備えとして、あらかじめ記されたものであろう。

書置にみる通俗道徳

通俗道徳を示す記述を順番に取り上げると、まず九右衛門の子たちで万一失敗する者がいれば、互いに協力して銀子を取らせるようにとある。この部分には割注《わりちゅう》があり、傾城狂《けいせいぐる》い（傾城は遊女を指す）やばくち打ちといった、その身に不似合いのことを行った場合は、その者への協力は無用であるとされ、常々商い事に情（精）を入れるように、などとある。

別の部分では、必ず損をするとは限らないが、儲けようとして損をしたらどうしようもないとされ、大欲を構えず随分商い事に情（精）を入れ、儲けて母・妹・弟をも養育し、残る所（残額）はどれほどであっても手柄次第に儲けて取り、下々の子たちをも引き立ててやるようにとある。

また、正直の道にて儲けた銀子は行く末もよいものだが、邪曲の道にて入った財宝は必ず命とともに悪く滅ぶと知るべきだとされ、これらをよく分別すべきとされる。そして太郎吉がばくちを打ったり傾城狂いをした場合は、一刻も早く子たちで相談し追い出すようにとある。これは太郎吉に限ったことではないとされ、行いの悪いことがあれば、吟味をして右の通りにするようにとされる。その身一人一人のためなので、心持ち・嗜みを専一にするようにとある。

更に、遺言通りの財産の配分を求め、第一に親（九右衛門）への孝行にも叶うことであるとされる。そして今後は母（九右衛門の妻）に対しても一層孝行を本分とし、兄弟で互いに存続できるように分別し、異見《いけん》し合うようにとされる。後家（九右衛門の妻）が再婚するか、親類方と銀子などのやり取りをする場合は、前記の配分の銀子を渡してはならないとされる。後家が九右衛門の言う通りにしない場合は、彼女に取りさばかせてはならず、相談もしてはならないが、彼女が子たちのためを思い、家を守り、九右衛門の言う通りにする場合は、万事相談すべきとされる。

終盤では、年月が過ぎゆくことや老少不定《ろうしょうふじょう》に触れ、自分の存命中に子たちを仕付けずに過ぎたことは残念に思っておず、願いは尽きないが子たちに先立って死にゆくことで満足し、これを順義とも言うと記している。

通俗道徳と『徒然草』・仏教的思惟

ところで、先述した「儲けようとして損をしたらどうしようもない」の「儲け」(原文は「まふけ」)の部分に、大欲は無欲に似たりという心を持って、という割注がある。これは『徒然草《つれづれぐさ》』二一七段の末尾の文言と対応することから、同書の影響が想定される。なお、書置の終盤には、命長ければ恥多しと古《ふる》き言《こと》の葉《は》にも候《そうら》えば、という文言もあり、これが『徒然草』七段の文言と対応する点も、同書の影響を物語っている。ただし、『徒然草』という書名は明記されておらず、古き言の葉のようにあるため、九右衛門が同書を直接読んで得た文言とは限らず、伝聞によって得た可能性もある。

ちなみに書置の作成された寛永十六・二十年当時には、『徒然草』の本文や注釈本の刊行も始まっていた。すでに、博多の豪商である島井《しまい》宗室《そうしつ》の慶長十五年(一六一〇)正月十五日付の異見状(東京帝国大学編『大日本史料』第一二編之二二)でも『徒然草』(一一〇段)に言及がなされている。時期は下って、河内屋可正や甲斐国の「牢人百姓」依田《よだ》長安《ながやす》が自分なりの議論の文脈で『徒然草』二一七段を引用したことも、横田冬彦によって明らかにされている(横田『日本近世書物文化史の研究』)。横田はまた、『徒然草』などの読書の主体であった元禄・享保期(一六八八〜一七三六)の村落上層が通俗道徳の実践主体でもあったことを指摘しているが、九右衛門の書置は、それ以前(近世前期)の通俗道徳が『徒然草』に関する知ともつながりえたことを示している。

書置の本文末尾には、「問う、いかなるかこれ仏。答《こた》う、真実夢中《しんじつむちゅう》の秋月。問う、月重山《ちょうざん》に隠れぬるときんばいかん。答う、寂光無為《じゃっこうむい》の都《みやこ》に住《じゅう》す」とあり、「かくの如くカナまで付け置き候《そうろう》。よくよく分別召《め》され候て、皆々それぞれ身持専一に候なり」と付記されている(引用部は読み下し)。右の記述から、商い事への精励に方向づけられる身持ちが、仏教的思惟ともつながっていることが分かる。すなわち、仏とは何かとの問いに対し、真実夢中の秋月と表現する。そして、月が重山(幾重もの山々)に隠れたらどうかとの問いに対し、寂光無為の都に住むと答えており、真理の光を発する仏の世界は失われないことを示していよう。このような仏教的思惟を拠り所として通俗道徳が志向された点は興味深い。なお、仏教的思惟の背景として、仮名法語《かなほうご》類の読書や講談も想定してよいだろう。

通俗道徳の広がり

以上のように、九右衛門の書置は、寛永期大坂商家の通俗道徳をうかがいうる貴重な史料である。また、これは彼に特異な思想ではなく、例えば榎本弥左衛門の事例との共通性も確認できる。寛永十八年、一七歳の弥左衛門はいよいよ江戸へ詰め商いに情（精）を入れて稼いだところ、父母は満足し、父が、倅《せがれ》は親に孝行で商に情（精）を入れて稼いでいるので、家屋敷・諸道具・田畠・下人《げにん》は残らず倅に譲ると記した書置を弥左衛門に見せた。そのため、一層商いや所帯にも情（精）を入れて稼いだとある（『榎本弥左衛門覚書』）。承応二年（一六五三）に家督を継いだ弥左衛門は、妻に彼の母への孝行を求め、妻は実際に孝行を尽くし、母の死の直後に病没している。また、延宝八年（一六八〇）の娘お竹の嫁入り時に弥左衛門は異見状を授けて教訓としたうえ、仮名書きを多用した教訓書類を持たせ、日々順番に読み、亭主に講釈してもらうよう指示した。以上のように、女性も含めて一七世紀段階の上層民衆（商家）における通俗道徳の広がりが想定できよう。

通俗道徳と関連する史料用語の一つとして「かせぐ」（稼ぐ）が注目されるが、新屋九右衛門の書置においては「まふく」（儲く）という言葉がみられる（ただし連用形）。「まふく」には功利的な性格があるが、彼の書置では、大欲を構えずに商い事に精を入れて儲け、家族を養うことが求められ、正直の道にて儲けた銀子はよいものであるとして肯定されており、通俗道徳的な文脈に「まふく」が位置づけられている。

また、通俗道徳的な生活が仏教的思惟によって支えられる場合があったことは、榎本弥左衛門についても当てはまる。こうした事例を含め、近世民衆の神仏に関する信仰の諸相についても、具体的に検討してみよう。

4 信仰の諸相

榎本弥左衛門の孝行祈願と禅心学

まず、榎本弥左衛門の例を挙げる（『榎本弥左衛門覚書』。先行研究は上野大輔「近世前期における通俗道徳と禅心学」など）。慶安二年（一六四九）、前年からの彼の病気（腸満）に加え、弟の五郎兵衛《ごろべえ》がますます母に讒言《ざんげん》したため、母の機嫌のよいことがなかったという。そのうえ、父にも母が悪く取り成したので、弥左衛門が金言を申しても取り上げられなかったという。このように母から気に入られなかったので、六月に彼は伊勢神宮へ参詣し、両親への孝行の実現を命がけで立願《りゅうがん》したようである。他の諸神諸仏へ参詣した際も、彼は親孝行の実現を祈ったようである。彼は翌年（慶安三年）にも伊勢参宮し、孝行を願っている。母へ讒言した弟と横山次右衛門《よこやまじえもん》（母方の叔父）の両人を殺そうと思ったが、天道《てんとう》（現世を司る原理を指す）を恐れ、堪忍《かんにん》したとある。同五年にはまた伊勢参宮して孝行を立願し、次いで善光寺《ぜんこうじ》へ参詣した後、草津《くさつ》（上野国吾妻郡）で湯治した。この年から両親の機嫌もよくなり、また前年からの腹七分の食事制限を受け病状も回復したという。

下って延宝八年（一六八〇）、五六歳の弥左衛門は、自分が愚かな生まれつきで「真実之道理」を知らないので、理に背き、「心」が落ち着かない状態であるという。そして天和三年（一六八三）段階でも、自分は愚鈍なので学問をせず、いろはで用事を達しているため、うわべだけの理屈で「真実之道理」を知らないので、「心」が落ち着くことはないという。四書の素読をして、機会を得て講釈を承ろうと思ったけれども、返り点が多くて本文が頭に入らず、終に読めるようにはならなかったようである。

そうした折、臨済宗の僧侶である善恵《ぜんね》和尚《おしょう》の『発密録《ほっぴろく》』五常の巻に、地獄・極楽は他所にはない、その身その身の

「心」の内にある、悪念が起こるときは地獄、善心が出てくるときは極楽に疑いないと講釈されているのを、弥左衛門は知った。同書は臨済宗の仮名法語類であろう。翌年（天和四年）、彼は「気」に「心」が悪くひかれれば地獄で、「心」のほうから「気」をよく使えば極楽と思うようになっている。このように、『発密録』の心学（禅宗系の心の哲学である禅心《ぜんしん》学《がく》）を弥左衛門が受容していることを確認できる。それも、同書の記述のままではなく、彼自身の立場で再構築されたものとなっている。このような信仰は、彼にとって「心」の拠り所となったのではないか。

浄土宗の信仰と儀礼

一方、来世での極楽往生を目的とする浄土宗の教説が受容されることもあった。例えば、長門国大津郡通浦《かよいうら》では、延宝期以降の網捕り捕鯨の発達を受けて、浄土宗向岸寺《こうがんじ》の讃誉《さんよ》が延宝七年より鯨回向《くじらえこう》を執行し、元禄期（一六八八〜一七〇四）以降、鯨の位牌《いはい》・墓・戒名《かいみょう》・過去帳を伴う独自の供養形態が成立した（図5−3）。鯨回向は、念仏などの功徳《くどく》を差し向ける（回向する）ことで鯨を救う儀礼である。また、捕鯨業の繁昌などの現世利益《げんぜりやく》も祈られた。

元禄五年（一六九二）の鯨位牌の裏面と同年の鯨墓の左面には、向岸寺の檀家《だんか》で鯨組の網頭を務めた人物（計四名）が願《がん》

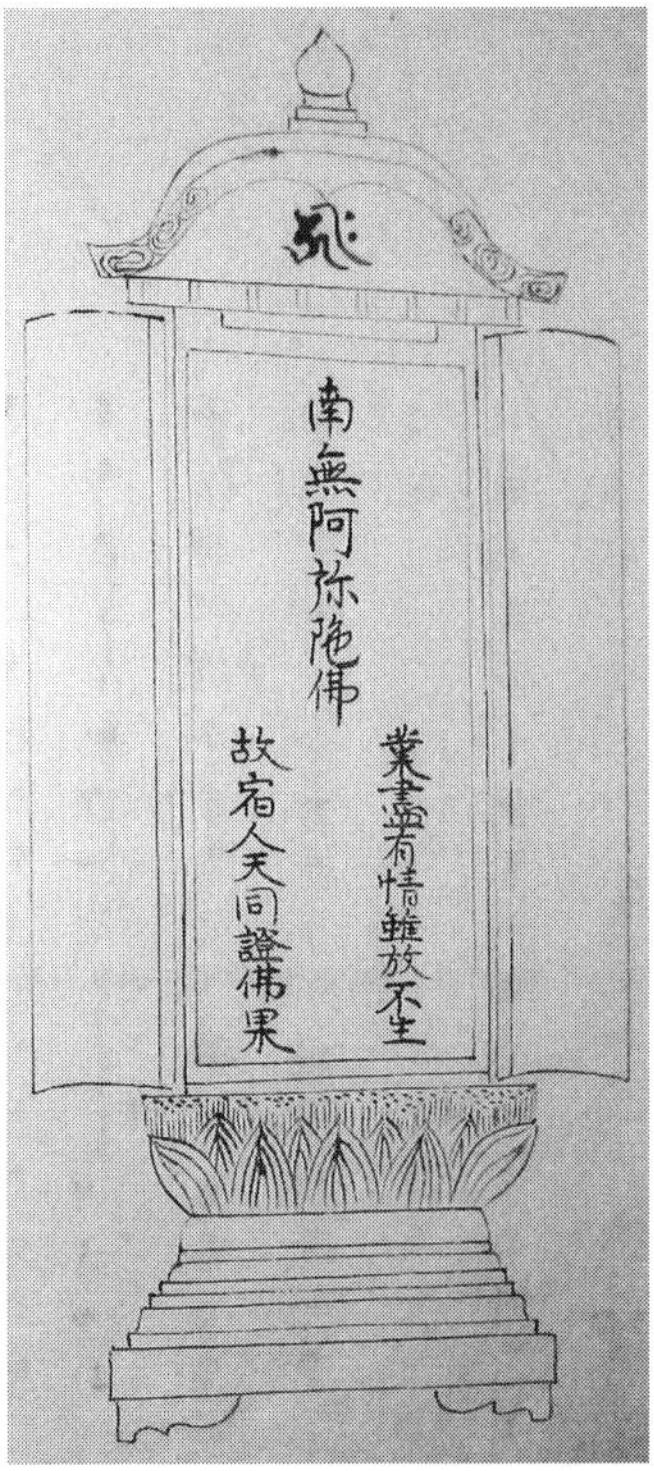

図5–3　鯨位牌（「県庁伝来旧藩記録」風土注進案350，山口県文書館所蔵）

萩藩が天保期に編纂した地誌である『防長風土注進案』に描かれた鯨位牌．同書には，通浦向岸寺の抱えとなっている観音堂にある鯨の位牌で，元禄5年（1692）に安置されたとある．また，瀬戸崎浦（長門国大津郡）の極楽寺（浄土宗）・円融寺（同宗）・普門寺（法華宗）にも鯨位牌があり，いずれも三月に供養があるとされる．

主《しゅ》（神仏に願う本人）として記されており、彼らも鯨回向に深く関与したことがうかがえる。鯨位牌と鯨墓の正面の銘文《めいぶん》を確認すると、「南無阿弥陀仏」の下に「業尽有情雖放不生《ごうじんうじょうすいほうふしょう》　故宿人天同証仏果《こしゅくにんでんどうしょうぶっか》」（業尽《ごうじん》の有情《うじょう》、放つと雖《いえど》も生きず、故《ゆえ》に人天《にんでん》に宿りて、同じく仏果《ぶっか》を証《しょう》せよ）という諏訪《すわ》の神文《しんもん》（勘文《かんもん》）が記されている。前世の因縁で宿業《しゅくごう》の尽きたために捕えられた野生の動物は、放しておいても長くは生きられず野垂れ死にする運命にあるのだから、人間の体内に取り入れられ、人間と同化して成仏するのがよいというのが、神文の大意ではないかとされる（千葉徳爾『ものと人間の文化史　狩猟伝承』）。この大意をふまえると、鯨位牌や鯨墓には、念仏によって鯨を救い、鯨を殺して食べることを正当化する思想が示されているといえる。これは単なる個人の信仰にとどまらず、通浦の民衆（とくに浄土宗の檀家）の信仰として、ある程度共有されたことが想定される。なお、回向は、日々の生業《せいぎょう》において殺生《せっしょう》の対象となる鯨以外の生類に対しても執行され、滅罪の機能を果たした。

真宗門徒の信仰と習俗

一方、真宗では、蓮如《れんにょ》『御文章《ごぶんしょう》』（『御文《おふみ》』）にもとづく教説が伝達され、信仰の対象となった。その内容は、阿弥陀如来に帰依することで来世の極楽往生が確定し、以後は感謝の念仏を称え、領主の法令や世間の道徳に従って生活する、というようなものであった。例えば、河内屋可正（檀那寺《だんなでら》は大ヶ塚村の真宗善念寺《ぜんねんじ》）は、本願寺が勧めるところは、世間と出世《しゅっせ》間《けん》は車の両輪で、外には王法《おうぼう》をもって表とし、五倫五常《ごりんごじょう》を正し、年貢などの義務をきちんと務め、仏法者・後世者《ごせしゃ》とみえるようにふるまわず、内心には信心を深く蓄えよということであり、ありがたい掟であると記している（野村豊・由井喜太郎編『河内屋可正旧記』）。ここに見える外面での法令・道徳の順守と内面での信心の堅持もまた、蓮如『御文章』にもとづくものといえる。来世往生の信心を内面に堅持し（仏法為本《ぶっぽういほん》）、現世では身分制社会の規律に従う（王法為本《おうぼういほん》・仁義為先《じんぎいせん》）という立場は、近世において改めて見出され、支持された生き方の一形態といえよう（上野大輔「近世日本における民衆と仏教」）。

可正の記録を確認すると、彼は真宗以外のさまざまな宗教的な要素とも関係を持ったことがわかり、諸教一致《しょきょういっち》的な立場も示されている。このようなあり方は、程度の差はあれ、他の真宗門徒にも確認できるものである。信仰面では真宗が中心的な位置を占める場合もあったが、その他の要素が緊張を孕《はら》みつつ並存するような場合もあった。

時期は下るが、『防長風土注進案《ぼうちょうふうどちゅうしんあん》』に記された長門国大津郡青海村《おうみむら》の習俗は、右のような問題を考えるうえで参考となる（山口県文書館編『防長風土注進案』第一九巻）。同村は真宗清福寺《せいふくじ》の檀家によって基本的に占められていたが、正月八日には近隣の瀬戸崎浦《せとざきうら》に所在する祇園社《ぎおんしゃ》の大宮司《だいぐうじ》を招いて、清福寺の境内で牛安全の祈禱が執行されたようである。その内容だが、乳の木という木で札をこしらえ、童部《わらべ》（子ども）たちが持参し、大宮司へ加持を頼んで、右の乳の木で、ささらのようなものをこしらえ、寺の椽《えん》（縁）をたたき、「はらめ〳〵大黒」と囃《はや》し立てることが「むかしよりの習《なら》せ」になっているとされる。この祭式が済むと、清福寺で御紐解《おひもとき》（経典の紐を解いて教えを確認する行事）の読経と説法があるとされる。このような前後関係で行事が催されており、清福寺の住職は祈禱に参加せず、それを批判的に捉えることもあったと想定されるが、門徒にとっては性的な含蓄《がんちく》に満ちた一連の行事として毎年正月に執行されたようである。これにより農業を含めた生活の安泰や死後の救済が実現するという信仰が、成立しえたのではないだろうか。

おわりに

本章では、近世社会が確立する中で生み出された民衆の思想・信仰の一端を、具体的に論じてきた。戦国時代以来の乱世が収束し、村や町の民衆の一部において、生活の基盤としての家を重視する意識が高まった。家の存続のためにも、身体の管理が一層切実な課題となった。とくに身体の不調に際しては、養生が必要となる。ところが、日々の家業に暇のない状態では、養生は覚束《おぼつか》ない。このような働く身体の問題に、民衆もまた直面した。

家業を営む一方で、さまざまな楽しみを享受できる機会もあった。芸能と関わることも、楽しみの有力な方法となった。ところが、芸能には独自の奥深さと価値があり、単なる楽しみの対象にとどまるものではない。民衆が芸能を突き詰めようとすると多くの場合、家業との間で対立を生じざるをえない。そうしたなかで、家の存続と関連づけた独自の芸能観が生み出された。

家の存続などのために、あるべき思惟や行動を問うことで、通俗道徳が強化された。その対極には、傾城狂いやばくち打ちといった、家の存続にとってマイナスとなる可能性の大きい事象が想起された。女性の側からみると、家で生まれ育ち、他家に嫁ぐか養子を取って、妻・母として家を支えるというライフコースが想定されるが、その途中で死去したり、家を出て遊女やその他の生業に従事したりするコースもありえた。

通俗道徳の実践のみでは解消されない課題や欲求も浮かび上がった。それに対して、宗教的な信仰が助けとなることもあった。榎本弥左衛門にとっては、通俗道徳の実践を重ねるなかで置き去りとなっていた「真実之道理」という課題を埋め合わせ「心」の安定を支えるものとして、禅心学が機能した。

仏教や神道は、現世利益や救済（極楽往生など）といった民衆の願望に応じて、個人の内面の問題にとどまらないさまざまな場面で機能を果たし、信仰の対象となりえた。もちろん、仏教や神道にも一様でない可能性が孕まれており、深刻な紛争を引き起こす場合もあった。

以上のような民衆の思想・信仰をめぐる状況は、一八世紀以降も失われず、むしろ広く共有されていっただろう。現代まで視野に入れるならば、このような状況は明治以降、変容しつつも存続していたが、昭和の高度経済成長期を一つの画期として、解体が進んだように思われる。よって、それ以降の世代にとっては、失われつつある伝統的な思想・信仰の様式ということになろう。

今日の私たちからすると、そこには個人の尊厳や権利を低く見積もる面が目に付くだろう。本論では取り上げられなかったが、いわゆる身体障害の問題にも因果応報《いんがおうほう》的な説明が与えられる場合があった。ひるがえって今日においても、人権が蔑ろにされる場面を経験せざるをえない。近世民衆の歴史的な営みをふまえ、どのような思想・信仰を模索できるかが問われていよう。

〔参考文献〕

上野大輔「近世前期における通俗道徳と禅心学」『日本史研究』六六三、二〇一七年
上野大輔「近世日本における民衆と仏教」『現代思想』四六―一六、二〇一八年
榎本弥左衛門著・大野瑞男校注『榎本弥左衛門覚書―近世初期商人の記録―』平凡社、二〇〇一年
大谷女子大学資料館編『可正雑記―大谷女子大学資料館報告書　第四一冊』大谷女子大学資料館、一九九九年
小川寿一「親鸞聖人を主材せる古浄瑠璃の停止に関する新資料」『龍谷大学論叢』二九一、一九三〇年
神田由築「芸能と文化」『岩波講座日本歴史13　近世4』岩波書店、二〇一五年
倉地克直『性と身体の近世史』東京大学出版会、一九九八年
沙加戸弘『真宗関係浄瑠璃展開史序説―素材の時代―』法藏館、二〇〇八年
高尾一彦『近世の庶民文化』岩波書店、一九六八年。岩波現代文庫、二〇〇六年
千葉徳爾『ものと人間の文化史　狩猟伝承』法政大学出版局、一九七五年
東京帝国大学編『大日本史料』第一二編之二二、東京帝国大学文学部史料編纂掛、一九二〇年
内藤正人『うき世と浮世絵』東京大学出版会、二〇一七年
野村豊・由井喜太郎編『河内屋可正旧記』清文堂出版、一九五五年
尾藤正英『日本の歴史　第一九巻　元禄時代』小学館、一九七五年

廣岡家研究会「史料紹介　廣岡家文書と大同生命文書―大坂豪商・加島屋（廣岡家）の概容―」『三井文庫論叢』五一、二〇一七年
宮本又次編『大阪の研究』第五巻、清文堂出版、一九七〇年
安丸良夫『日本の近代化と民衆思想』青木書店、一九七四年。平凡社ライブラリー、一九九九年
山口県文書館編『防長風土注進案』第一九巻、山口県立山口図書館、一九六二年
横田冬彦『日本近世書物文化史の研究』岩波書店、二〇一八年
横田冬彦「近世前期の出産」『史林』一〇三―一、二〇二〇年

※本章3の新屋九右衛門書置の利用に際し、高槻泰郎氏よりご高配を得た。記して感謝申し上げたい。なお、本章は二〇二一～二三年度慶應義塾学事振興資金による成果の一部である。

第6章

民間社会からみる書物文化と医療の実態

鍛治宏介

はじめに

太閤検地《たいこうけんち》などを扱う幕藩制構造論、百姓一揆などを扱う社会運動論、幕府と藩、さらに朝廷を組み込んだ幕藩制国家論などを中心に進められてきた日本近世史研究では、一九七〇年代末より、塚本学（塚本学『近世再考』）や高橋敏（高橋敏『日本民衆教育史研究』）らによる丹念な史料の発掘から、文字文化、書物文化の研究が進められてきた。一九九〇年代より、横田冬彦の地域社会における書物文化の研究（横田冬彦『日本近世書物文化史の研究』）、若尾政希の太平記読みに注目した政治思想史研究（若尾政希『「太平記読み」の時代』）が進められたことで、日本近世史研究のなかでの書物文化史研究の重要性が高まり、現在、地域社会史、宗教史、政治思想史など多様な分野で、書物文化を扱った研究が大きな潮流をなしている。民俗学の分野でも、文字文化を媒介とする民俗の広まりに注目した研究が近年進展しており、文学研究では、文学作品を生み出す書肆《しょし》の役割についての研究が進展するなど、歴史学の近接分野でも、書物文化に注目した研究が進み、江戸時代の書物文化、文字文化の広がりが、さまざまな側面から明らかになってきている。

本章では、書物文化、文字文化を検討するにあたって、まず江戸時代の識字率は世界一という俗説に言及したうえで、近江湖東地域を事例に、江戸時代の書物文化と医療の実態を、村の蔵書の特性、医療知識・まじない知識の書物と人を介した伝播という側面からみていく。

1 江戸時代の識字率は世界一?

江戸時代の識字率世界一説への批判

現在、Twitter などで、「江戸時代　識字率」と検索すると、江戸時代の識字率は世界一だった、というような言説を容易に見出すことができる。なかには江戸時代、識字率は「七〇%以上」とか、「八〇%」といった具体的数値を根拠なく示している発言もみうけられる。

このような江戸時代の識字率世界一説については、これまで、とくに教育史研究者により多くの批判が出されてきた。そのなかで八鍬友広は、日本の近代化の兆しを江戸時代に見出す一九六〇年代のハーバート・パッシンらの近代化論者により江戸時代の識字率が注目されるようになったことを指摘したうえで、『文部省年報』に残る一九世紀末の識字率調査の紹介をしている（八鍬友広「一九世紀末日本における識字率調査」）。木村政伸は、江戸時代の識字率の数値を出すことは残存史料状況から不可能であることを指摘しており（木村政伸「前近代日本における識字率推定をめぐる方法論的検討」）、リチャード・ルビンジャーは、識字能力について、地域差・職業差・性差が非常に激しいことなどを明らかにしている（リチャード・ルビンジャー『日本人のリテラシー』）。こうした問題関心から、近年は、花押《かおう》や、署名などに注目した識字研究が進んでいる。

また一方で、学術論文などで行われる江戸時代の識字率世界一説に関する批判は、一般書にはほとんど影響を与えておらず、樋口清之のベストセラー『続・梅干と日本刀』などによって、日本の識字率世界一説が広まったという指摘もなされている（清水一彦「出版における言説構成過程の一事例分析」）。

吉田精一の説

ここではこれまで注目されていない二人の論者に注目したい。一人目は、東京教育大学などで教鞭をとった、日本近代文学研究者の吉田精一である。吉田は、一九七三年の論考で次のように指摘する（吉田精一「近世から近代へ」一四頁）。

ライシャワーによれば維新前後の日本人の識字率は世界一だった（中略）維新当時の日本の全男子の四〇〜五〇パーセント、女子の一五パーセントが、自分の家の外で何等かの正規の教育を受けていた。

吉田が依拠したライシャワー発言の出典は不明であるが、ライシャワーは代表的著作『ザ・ジャパニーズ』では、「十九世紀中葉までには、男子の約四五パーセント、女子のおそらくは一五パーセントが、読み書きできたといわれる。これは、当時の欧米の再先進諸国の数値を、そうひどく下まわってはいない。」（一七二頁）と指摘しており、あくまで「そうひどく下まわってはいない」という程度の認識であり、世界一とはいっていない。欧米の近代化論者の江戸時代の識字への言及が、日本の論者により「世界一」と言い換えられていることがわかる。

司馬遼太郎による江戸時代の識字率世界一説

この江戸時代の識字率世界一説の普及に、大きな役割を果たしたのが、国民的作家、司馬遼太郎である。一九七四年、『週刊読売』での連載「身辺風土」（『司馬遼太郎全集』五四巻、五一一頁）にて司馬は、「江戸末期ごろの民衆の識字率というのは、むろん当時は統計がないから数字では示せないが、世界有数の水準だったろうことは、簡単に想像できる」と言及している。この二カ月後になされた講演「幕末の三藩」（『司馬遼太郎全講演』一巻、三七九頁）にて、「江戸末期の就学率はおそらく世界一だったと思います」と、識字率ではなく就学率であるが、世界一と断言している。その四年後の講演「世間について」（『司馬遼太郎全講演』二巻、九七頁）では、「日本人の識字率は、江戸中期以降はおそらく世界一だろうと思います」と、識字率が世界一という話に変わっている。

その後も一九七九年から一九八二年に連載した小説『菜の花の沖』(『司馬遼太郎全集』四三巻、二七九頁)でも、「おそらく嘉兵衛の当時、庶民の識字率は世界一だったのではあるまいか」と記したり、同時期のエッセイ『街道をゆく』(『司馬遼太郎全集』五七巻、一二二頁)にて、越前和紙に言及するなかで識字率世界一説を繰り返したりしている。一九八五年の講演「『菜の花の沖』について」(『司馬遼太郎全講演』三巻、三七頁)では、「正確な統計があるわけではないのですが、江戸の後期で十人のうち七人は読み書きができたそうです」と指摘しており、晩年のエッセー『風塵抄』(『司馬遼太郎全集』六七巻、二八三〜二八四頁)でも、「江戸末期の識字率は腰だめでみて七〇パーセント以上だったという。これは同時代の世界で比類がない」と識字率七〇%という数値を出して、世界一を強調している。数多くの読者を持つ司馬により繰り返しなされた発言が、日本の識字率世界一説の拡散に与えた影響は大きかったであろう。

識字率世界一説からの脱却

江戸時代の識字率世界一説は、一部の近世史研究者にも広がっている。近年でも、「傾向として江戸時代における識字率・就学率の上昇は顕著であり、その水準は世界的に見ても相当高かったようです」(渡辺尚志『百姓の力』二三頁)といった言及がみられる。一方で、前述したように、史料にもとづいた識字環境の解明の模索が教育史を中心に進んでいる。

世界との比較ではなく、日本という地域のなかで比較すれば、それまでの時代に比べると、江戸時代は、文字を読める層・文字を書ける層が、圧倒的に拡大した時代であることは確かである。歴史学としては、やはり実際の史料から事実を読み取りながら、書物文化、文字文化のそれぞれの段階での広がり、社会のなかで果たした役割について、等身大の実態を明らかにしていく必要がある。以下、本章では、近江湖東地域を事例に、江戸時代の書物文化の実態を、残された史料から描いていく。

2　書物文化の広がり

高木村の蔵書リスト

江戸時代の書物文化の広がりを確認するために、まずは表をみていきたい。これは現在、滋賀大学経済学部附属資料館が所有する近江国蒲生《がもう》郡《ぐん》高木村（現滋賀県東近江市高木町）の史料から、寛政十年（一七九八）における村内の蔵書状況を示したものである（宮本知恵子「「辻打狂言」の成立背景」）。高木村は、彦根藩領で、石高は一〇七四石三斗、天保十三年（一八四二）の「村明細書上」によると、家数は七三軒、人口三〇三人の水田耕作の農業を中心とする村であった。

この村内蔵書の報告書は、末尾に寛政十年五月とあり、庄屋彦左衛門・横目杢兵衛の名前が差出しとして記されているがとくに宛名はない。同じ彦根藩領の近江国犬上郡《いぬかみぐん》東沼波村《ひがしのなみむら》（現滋賀県彦根市東沼波町）にも、「書物留帳」（『新修彦根市史』二巻）という同様の史料が残されており、これは寛政十年六月に、村役人四名が彦根藩の代官二名に提出したものの控である。おそらく高木村の史料も同様に、村から彦根藩に報告をしたものと推測される。彦根藩では、寛政八年二月に、「手跡指南職仲間株」十二株を設定、さらに十月に手習いの子供に対して、手習いの学習はもちろん、孝行、行儀作法などもしっかりするようにという触を発布している。また寛政十一年に設置される藩校稽古《けいこ》館《かん》設立のために、寛政七年に僧侶海量《かいりよう》を萩藩明倫館《めいりんかん》や熊本藩時習館《じしゆうかん》へ視察として派遣するなど、この時期、藩内にて教育への関心が高まっていたことがうかがえる。この調査も、藩領内の村の蔵書の分布状況を把握しようという意図があった可能性がある。

この調査結果では、二六軒の家の蔵書が報告されている。高木村の天保十三年（一八四二）段階の家数七三軒を母数として考えると、村内の三五％の家が書物を所有していたことになる。一番多く蔵書を持つのが医師厚庵《こうあん》の一三部八四冊で、少ない家だと二部二冊という家も三軒ある。横田冬彦が紹介した事例では、河内国日下《くさか》村《むら》の庄屋森家は享保期（一七一六

表6-1　近江国蒲生郡高木村の蔵書状況

所蔵者	書　物　名
医者厚庵	本草綱目52巻36冊・傷寒論3冊・大和本草10冊・四書10冊・孝経1冊・五経10冊・顔氏家訓2冊・農業全書1冊・民家分量記5冊・大和家礼3冊・方彙小引（刪補古今方彙）1冊・大成論（医方大成論）1冊・格致余論1冊
平助	四書10冊・古文（古文真宝カ）2冊・新童子往来1冊
紋右衛門	四書10冊・小学2冊・百人首（百人一首）1冊
庄兵衛	四書10冊・慶安太平記5冊・衆方規矩1冊・新童子往来1冊
新蔵	四書10冊・五経11冊・今川（今川状）1冊
吉左衛門	四書10冊・百人首（百人一首）1冊
彦左衛門	四書10冊・庭訓往来1冊・商売往来1冊
郡右衛門	四書10冊・御成敗式目1冊・今川（今川状）1冊・百人首（百人一首）1冊
杢兵衛	四書10冊・今川（今川状）1冊・商売往来1冊
六右衛門	用文章1冊・改算ちんこう（塵劫）記1冊
平左衛門	商人軍配団1冊・用文章1冊
九兵衛	女学大全真寸鏡1冊・商売往来1冊・歌字尽（小野篁歌字尽）1冊
瀬左衛門	平家物語12冊・熊谷送状1冊・経盛返状1冊
次右衛門	商売往来1冊・節用1冊
徳左衛門	新童子往来1冊・好人ことふき草（婦人寿草カ）6冊・今川（今川状）1冊
兵左衛門	実語経1冊・童子経1冊
藤右衛門	書札調法記3冊・商売往来1冊
辻右衛門	都鄙問答1冊・新撰碁経（新撰碁経大全カ）3冊・改算ちんこう（塵劫）記1冊
瀬兵衛	節用1冊・新童子往来1冊
長兵衛	拾玉小事海（民家小事海）1冊・女大学1冊・百人首（百人一首）1冊
仁兵衛	忠義太平記（忠義武道播磨石）1冊・ちんこう（塵劫）記1冊
喜平次	新童子往来1冊・太平記10冊・用文章1冊
茂左衛門	伊勢物語2冊・歌字尽（小野篁歌字尽）1冊
久左衛門	曦太平記5冊・手習状1冊
浄教	和漢朗詠集2冊・今川（今川状）1冊
義左衛門	義経記8冊・新童子往来1冊・商売往来1冊

「覚」（寛政10年〈1798〉，滋賀大学経済学部附属資料館所蔵高木共有文書〈309号〉）より作成.

〜三六）、一二一部三九四冊を所有しており、同じく河内国柏原村《かしわらむら》の三田家《みたけ》も、享保二十一年（一七三六）段階で二四〇部一〇五四冊を所有していた（横田冬彦『日本近世書物文化史の研究』一章）。江戸時代の古文書調査のなかで、このような「蔵書の家」が見つかることはそう珍しいことではない。例えば隠岐島前《どうぜん》地方の名家で、隠岐の長者として著名な村上助《むらかみすけ》九郎家《くろうけ》には、文化七年（一八一〇）〜天保五年（一八三四）頃までの蔵書目録「蔵書簿」（『海士町村上家文書調査報告書』）が残されているが、その「蔵書簿」には一七三部九〇二冊の蔵書が掲載されている。このように家単位で一〇〇部以上の蔵書を有する事例も珍しくはない点を考慮すると、高木村の事例は、あまりに一軒あたりの蔵書数が少ないようにも思える。それでも村内数十軒の家の蔵書状況がわかることはほとんどなく、先の東沼波村の事例とともに貴重な事例であるので、詳細に検討してみたい。

医師厚庵の蔵書

もっとも多い医師の厚庵の蔵書をみていく。高木村で酒屋と医師を兼業していた久田厚庵（『近江蒲生郡志』巻五）の蔵書は、やはり医書が多いのが特徴である。『傷寒論《しょうかんろん》』は、中国後漢末期に成立した感染症の病態ごとの治療方法を記した医書であり、江戸時代中期に隆盛した漢方流派古方《こほう》派にて高く評価されて大量に注釈書も出版された書物である（小曽戸洋『日本漢方典籍辞典』）。『格致余論《かくちよろん》』は中国金・元代の医学者朱震亨《しゅしんこう》の医論書、『本草綱目《ほんぞうこうもく》』は、明代の医師李時珍《りじちん》が編んだ、一九〇三種の薬物を載せる本草書である。これらはいずれも中国で出版された漢籍に、返り点、送り仮名を付して日本の書肆が出版した和刻本と思われる。

「大成論」とあるのは明の熊宗立《ゆうそうりつ》『医書大全』二四巻を、室町末期の吉田意安《よしだいあん》が医論の部分のみを抜粋して作ったと伝えられる『南北経験医方大成論《なんぼくけいけんいほうたいせいろん》』である。「方彙小引」は、享保十八年（一七三三）に「删補古今方彙小引」という甲賀通元の識語を附して出版された『删補古今方彙《さくほここんほうい》』のことであろう。この『删補古今方彙』は、江戸時代には『衆法規矩《しゅほうきく》』と並んで流行していた和文の処方集『古今方彙』の改定本である。また貝原益軒《かいばらえきけん》が『本草綱目』を参考に日本で使用可能な薬物を集めて、庶民の日常生活に役立てるためにまとめた『大和本草《やまとほんぞう》』もある。

江戸時代に広まっていた医学書は、漢文で書かれた本に句点が付された和刻本、漢文本文に漢文の注釈がついた本、漢文本文に和文の注釈がついた本、和文で書かれた和文医学書、和文医学書よりはレベルが落ちる和文の医学実用書、さらにレベルが落ちる通俗医書にわけられ、一八世紀初頭段階には、これらの各レベルの医書が、村落にまで浸透していたことは横田冬彦が指摘するところである（横田冬彦『日本近世書物文化史の研究』十章）。医師厚庵は、数は少ないが、和刻本の割合が高く、医師としての専門知識を深めていたことがうかがえる。

また医学書以外にも『四書《ししょ》』『五経《ごきょう》』『孝経《こうきょう》』といった儒書、南北朝の学者顔之推《がんしすい》による漢籍の教訓書『顔氏家訓《がんしかくん》』、下野出身の学者常盤潭北《ときわたんぼく》の農民向け教訓書『民家分量記《みんかぶんりょうき》』、中国の冠婚葬祭儀礼書「家礼」の和訳本『大和家礼《やまとかれい》』、宮崎安貞《みやざきやすさだ》の農書『農業全書』がみられる。中国でつくられた専門書の解説本が、村の知識人の蔵書にも含まれていた。

村の蔵書のなかの往来物

厚庵以外の蔵書をみていくと、特筆すべきは、医師厚庵以外のすべての家に、往来物《おうらいもの》などの日用教養書が含まれていることである。以前、東沼波村の蔵書調査に注目した際にも往来物や節用集《せつようしゅう》などの日用教養書の広がりを指摘したが（鍛治宏介「江戸時代教養文化のなかの天皇・公家像」）、高木村の事例も同様な指摘ができる。六軒の家に蔵書がある『新童子往来《しんどうじおうらい》』は、享保十七年（一七三二）の初版以降、何度も重版された合本往来の代表的なもので、本文や頭書欄の付録記事に、『庭訓往来《ていきんおうらい》』『商売往来』『実語教《じつごきょう》・童子教《どうじきょう》』『今川状《いまがわじょう》』『熊谷状《くまがいじょう》・経盛返状《つねもりかえしじょう》』『御成敗式目《ごせいばいしきもく》』『小野篁歌字尽《おののたかむらうたじづくし》』など、高木村で所蔵する往来物も多く含んでいる。五軒が所蔵する「今川」は、南北朝時代の武将今川了俊《いまがわりょうしゅん》が書いたとされる家訓で、単独冊子としても、『古状揃《こじょうぞろえ》』のなかの一通としても、江戸時代に数多く刊行されたものである。女子用往来物として、数多く刊行されていた『百人一首』（すべて百人首と誤記されている）も四軒で見出すことができる。九兵衛所蔵の『女学大全真寸鏡』は刊本百人一首で、現状、『江戸本屋記録』や『大坂本屋記録』などの本屋仲間の記録にしか存在を見出せず、現物が確認されていないものである（小泉吉永『女子用往来刊本総目録』）。このような小さな村の蔵書に、現在、他にはほとんど所蔵がみられない江戸時代の出版物がみつかることもそう珍しいことではないが、文学研究などでは村の蔵書が研究対象となることはあまりない。古文書調査を行う歴史学の側から積極的に情報を発信していかなければならないであろう。

瀬左衛門家では、『平家物語』一二冊と同時に、『熊谷送状』と『経盛返状』を一冊ずつ所有している。『熊谷送状』は、源平合戦一の谷の戦で、熊谷直実《くまがいなおざね》が平敦盛《たいらのあつもり》を討った後に、敦盛の父経盛に送ったとされる書状であり、『経盛返状』は経盛からの返書である。この『熊谷送状』と『経盛返状』は、もともと『平家物語』の延慶本《えんぎょうほん》など読本系に収録されていたものが、歴史上の人物が書いたと仮託された書状を集めた往来物『古状揃』に掲載されて流布していたものである。この瀬左衛門家では、おそらく所蔵する平家物語を読み進めるなかで、敦盛の話に関心を持ち、この二点の往来物も入手したものと想定される。

医学書、儒学書、往来物以外では、由井正雪《ゆいしょうせつ》の乱を描いた実録本『慶安太平記《けいあんたいへいき》』や、『商人軍配団《あきんどぐんばいうちわ》』『曦《あさひ》太平記』『忠義太平記』（忠義武道播磨石）といった浮世草子類、囲碁本『新撰碁経』、石田梅岩《いしだばいがん》の心学書『都鄙問答《とひもんどう》』、町人向け教訓書『拾玉小事海《しゅうぎょくしょうじかい》』（民家小事海）などもある。

寛政期信濃国の山村の蔵書状況

高木村の寛政十年（一七九八）における蔵書の内容をみてきたが、この蔵書の傾向は、信濃国埴科郡《はにしなぐん》の中条唯七郎《なかじょうただしちろう》『見聞集録』（『成蹊論叢』三三号）が伝える寛政期（一七八九～一八〇一）の信濃の山村の状況と酷似している。

> 廿一歳の七月、……何書にもよらす、只ある物ニハ古状揃、庭訓、式目、実語教、童子教耳也。よミ本ノ軍書等ニも坊太郎、しが団七、其外珍敷大部といひハ慶安太平記の外、何ニてもなし。其頃の様、是にて可察〳〵。

安永二年（一七七三）生れの中条唯七郎が数え年で二一歳の時というから、寛政五年（一七九三）の頃、村内の蔵書といえば、古状揃や庭訓往来、御成敗式目、実語教、童子教といった往来物ばかりであることを指摘したうえで、上記以外には、軍書の田宮坊太郎物、「しが（志賀）団七」こと実録「奥州白石女敵討ち」、慶安太平記くらいしかないといっている。ほぼ同時期の近江国の高木村と信濃国の山村での蔵書状況を比較すると、儒書や医書が多い点は、京都にも近い高木村の方が進んでいる形とはなるが、ほぼ同じような傾向をみせていたことがわかる。

高木村の蔵書のなかにみえる『拾玉小事海』について、幸田露伴が「此類の書、節用集の頭書めいたものも随分世に多いが、教訓といふほどでは無い日常心得の雑智を与へるもの」（『滑稽談』）と指摘しているが、このような往来物や節用集などの日用教養書の付録記事を通じて、雅なイメージが強調された天皇像や皇都京都の情報（鍛治宏介「江戸時代教養文化のなかの天皇・公家像」）、七夕行事や七夕和歌の情報（鍛治宏介「江戸時代手習所における七夕祭の広がりと書物文化」）など、さまざまな情報が広まり、教養として定着していたことをこれまで筆者は指摘してきた。横田冬彦も節用集の記事から当時の歴史意識が読み取れることを指摘している（横田冬彦『日本近世書物文化史の研究』八章）。

江戸時代後期のとくに知識人階級以下の人びとにとって、基本的な知識の供給源であった往来物と軍書が、やはり高木村でも多数確認できる。江戸時代後期の高木村の人たちの教養知識、日常生活にも、これらの書物が大きな影響を与えていたことが想定できよう。次節では、医療に着目して、書物文化、とくにこれらの日用教養書の付録記事と日常生活との関連をみていく。

3 近江の村の医療とまじない

東古保志塚村に残るまじない本

ここからは江戸時代の医療と書物文化との関わりについてみていきたい。先に高木村の蔵書で確認したように、江戸時代、中国の医書が大量に日本でも和刻本として出版されて流通していた。海原亮は、天保期（一八三〇〜四四）の近江国蒲生郡小脇郷《おわきごう》（現滋賀県東近江市）を事例に、選択肢としては少ないが医師の選択が行われる環境にあり、薬の購入も恒常的に行われていたこと、また医療と祈禱が併存していたことなどを明らかにしている（海原亮「病の克服と地域医療」）。ここでは海原が検討した小脇郷に隣接する、先程、紹介した高木村からも一〇キロほどしか離れていない、近江国蒲生郡東古保《ひがしこぼ》志塚村《しづかむら》（現滋賀県東近江市市辺町）という家数一四七軒、人数六七一人ほどの仙台藩領の村で書かれた二冊の筆写本に注目する。ともに「万宝記」と表紙に書かれたこの二冊の写本を紹介した長友千代治は、この二冊を、それぞれ「万まじない調法記」「米商売相場人調法記」と名付けている（長友「解説」）。この二冊はともに、表紙や裏表紙、奥書などの書き込みから、東古保志塚村にすむ小嶋五郎八の息子幾治が弘化四年（一八四七）より書写したものと思われる。

「万宝記」一冊目は、長友が指摘するように、主にまじないに関する内容が載っている。例えば、「歯《は》の痛《いた》みを治《じ》す法《はう》」には次のような記事が載る（『重宝記資料集成』三二巻、一九八頁）。

一、むしば其外《そのほか》歯《は》の痛《いた》むには、白豆三粒針《しろまめさんつぶはり》にさし焼《やき》て、石地蔵《いしじぞう》ある所《ところ》の前《まへ》にうづみ、此豆《このまめ》に芽《め》の出《で》るまで、はのいたみをやめ給へと立願《りつぐわん》すれば、早速《さつそく》に治《じ》す。

虫歯などで歯の痛む所には、白豆三粒を針に刺して焼いて、石地蔵の前にその豆を埋めて、芽の出るまで歯の痛みがとまることを願えばすぐ治る、という民間療法が載っている。他にも「痢病《りんべう》を治《じ》する法《はう》」「火傷《やけど》のまじない」「安産《あんざん》の法《はう》」など、病気や怪我などに対処するまじないが多く載る。

まじない本の典拠

この冊子の内容は、実は、さまざまな版本や一枚摺からまじない記事を写したものであった。冒頭の「万まじなひ調法記」（図6−1）を長友は本全体の内題とみているが、これは冒頭の記事だけの題名であり、本の内題ではない。この冒頭の記事は、文政元年（一八一八）に出版された節用集『増廣字《ぞうこうじ》便《べん》　倭節用集悉改嚢《やまとせつようしゅうしつかいぶくろ》』（筑波大学図書館所蔵）の頭書に載

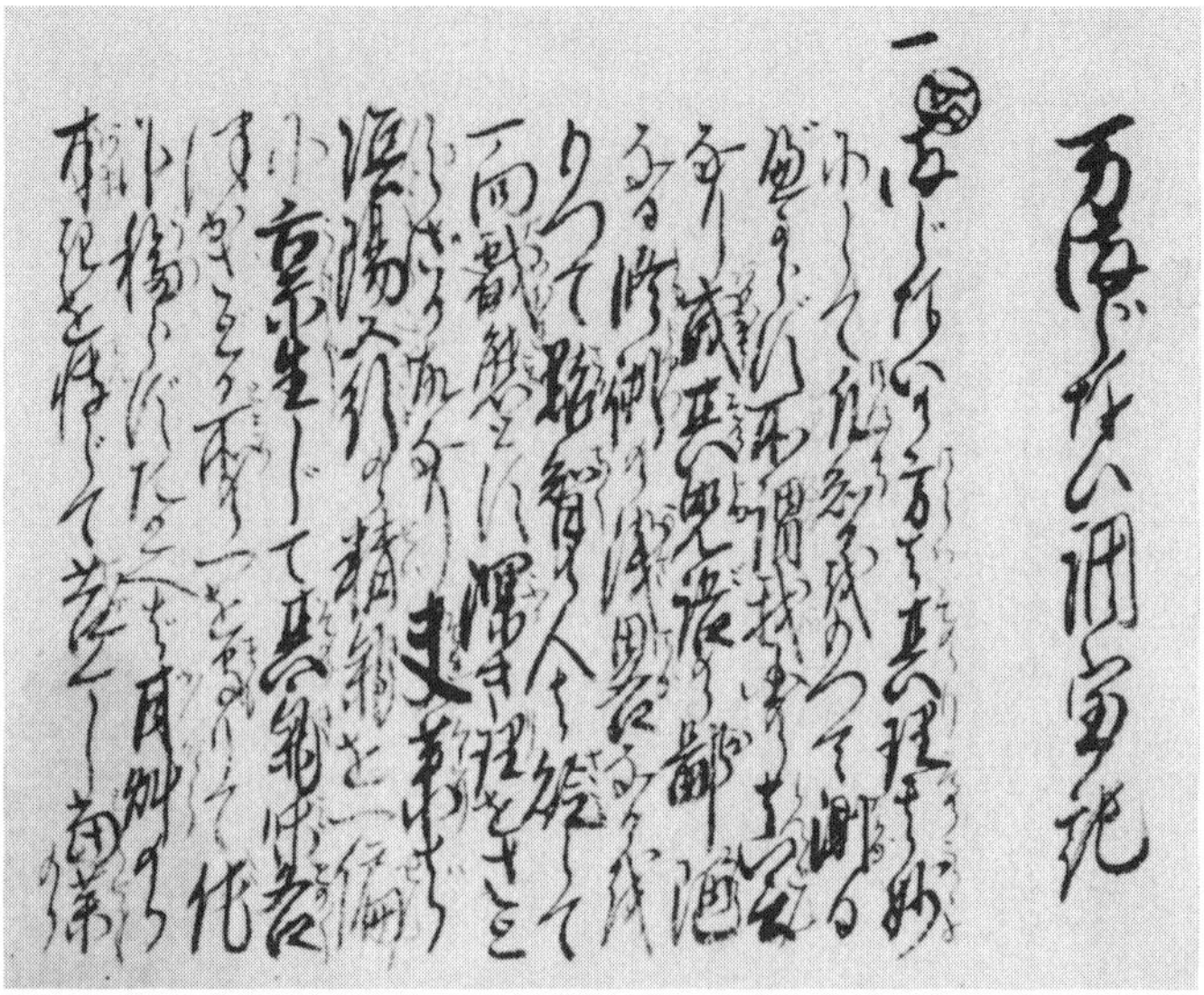
図6‒1　「万宝記」1冊目「万まじなひ調法記」（『重宝記資料集成』31巻）

る付録記事「万まじなひ調法記」（図6‒2）を写したものである。この節用集は、従来の節用集の本文に、多様な絵入りの教養付録記事を加えて、三〇〇丁を超える節用集の大型化傾向が進むなかで刊行されたものである（佐藤貴裕『近世節用集史の研究』）。

冒頭の「万まじなひ調法記」に続く「一字千金」、「口伝口訣まじない虎の巻」、「我人為妙薬伝」（図6‒3）、「萬家日用重宝秘伝」といった題がついている記事は、いずれも大坂の書林兼草紙屋である塩屋喜兵衛が発行した一枚摺『一字千金』（小泉吉永所蔵）、『口伝口訣　まじない虎の巻』（米国カリフォルニア州立大学サンフランシスコ校　医学部図書館所蔵）、『我人為妙薬伝』初編・弐編・三編（鍛治架蔵、図6‒4）、『萬家日用重宝秘伝』（早稲田大学図書館所蔵）と同内容である。さらにその後に続く、「和音五拾字之図」、「旅行心得之事」は、先述の節用集『倭節用集悉改嚢』の付録記事と同内容である。

節用集『倭節用集悉改嚢』とともに、幾治が依拠したと推測される一枚摺の版元、塩屋喜兵衛は、心斎橋馬喰町《しんさいばしばくろう》の書肆兼草紙屋で、さまざまな書籍を刊行したが、とくに一枚摺の刊行を得意として、一枚摺を交互に貼り合わせて冊子にした『浪花《なにわ》みやげ』の刊行元としてもよく知られている（小野恭靖「『浪花みやげ』の世界」）。実は上記の一枚摺は版元名を削ったものが、『浪花みやげ』初編五冊目・二編四冊目（早稲田大学

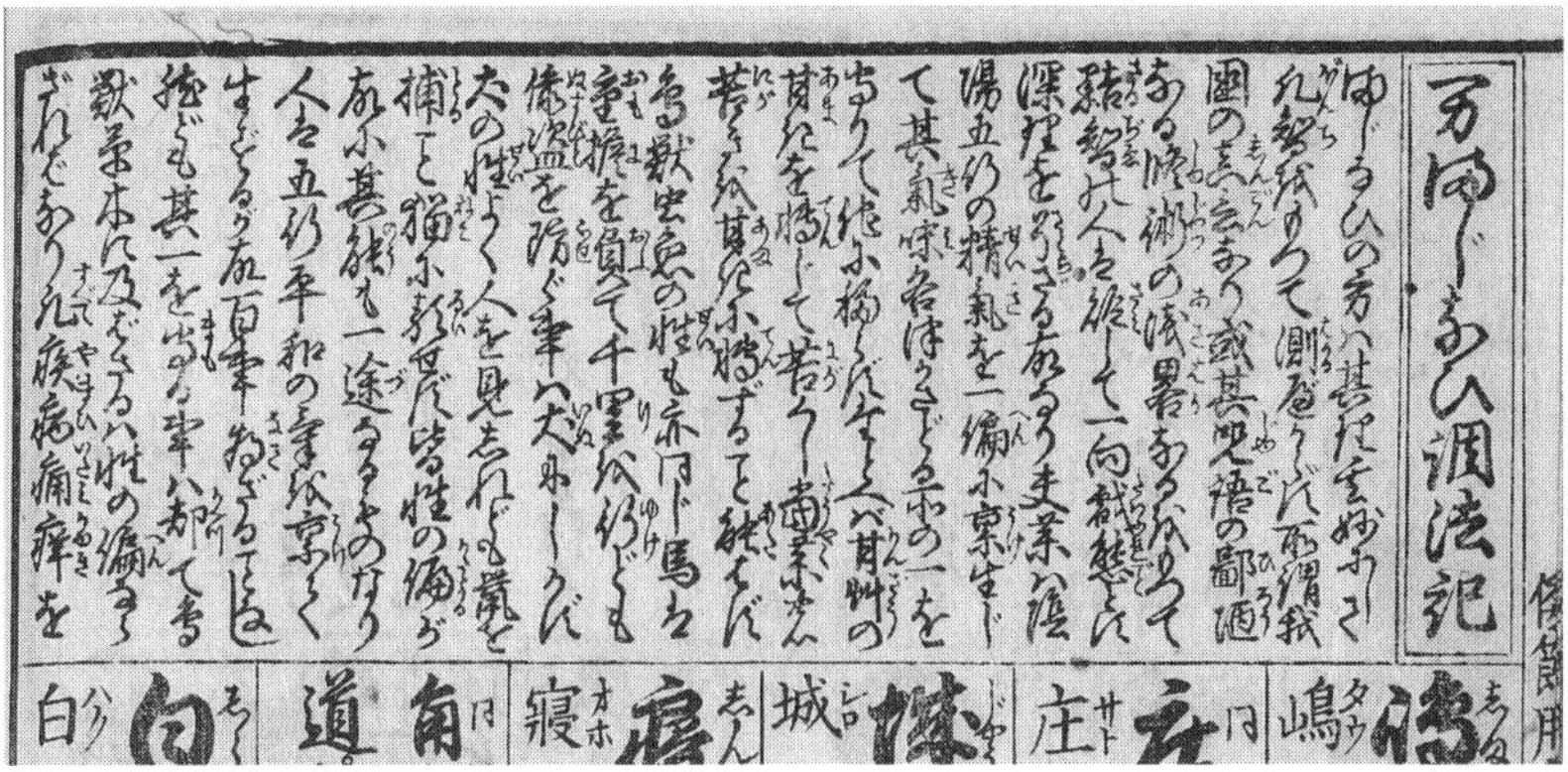

図 6–2　『倭節用集悉改嚢』付録記事「万まじなひ調法記」（筑波大学図書館所蔵）

図書館所蔵）のなかにも収録されており、幾治は『浪花みやげ』を所持していた可能性もある。こういった一枚摺は史料の性質上、廃棄されやすく、なかなか残りにくい史料であるが、当時の人にとっては版本と同様に貴重な情報源となっていたことがこの事例からわかる。

疱瘡の薬方

本書の最後に載る記事である「疱瘡之除薬」は、紅花《べにばな》四匁《もんめ》、枳殻《きこく》六匁、陳皮《ちんぴ》二〇匁、牛蒡子《ごぼうし》四匁、黒大豆二〇粒、青大豆二〇粒、桑之木切口三分・長さ一尺、桃之木切口三分・長さ一尺の合わせて八味を、水三升で煎じて、まだ疱瘡《ほうそう》にかかっていない子供の全身に行水のようにかけるとよい、という疱瘡の予防薬の配合・使用法を記すものであるが、奥書によると、土屋相模守《つちやさがみのかみ》（江戸時代前期の老中、土浦藩主の土屋政直《まさなお》か）の家から諸大名に広まり、加賀守（加賀藩主前田綱紀《まえだつなのり》か）が禁裏《きんり》にも伝えたものであり、幾治は、東古保志塚村の近隣の下羽田村（現、滋賀県東近江市下羽田町）の「勇治殿」が所持する写本を嘉永五年（一八五二）に写したという。

この「疱瘡之除薬」の内容は、江戸時代後期の知識人の記録にも確認ができて、大田南畝《おおたなんぽ》の随筆「一話一言」巻十二（国立公文書館内閣文庫所蔵）の寛政元年（一七八九）頃の記事では、先のものとほぼ同じ八味と分量の疱瘡の薬湯の記事が載る。この記事は、南畝が六誹園立路《ろくはいえんりゆうろ》の随筆「寝覚硯《ねざめのすずり》」を写したもので、もともとは林羅山《はやしらざん》の息子道春《どうしゅん》の覚書であるとのことである。文化八年（一八一一）刊の滝沢馬琴《たきざわばきん》『燕石雑志《えんせきざつし》』巻五上冊（国文学研究資料館鵜飼文庫所蔵）にも「疱瘡洗湯」として、また江戸後期の儒学者松崎慊堂《まつざきこうどう》の「慊堂日暦《こうどうにちれき》」五巻（平凡社東洋文庫）、天保七年（一八三六）十一月条には、東照宮《とうしょうぐう》の秘方「疱瘡の浴薬」として、ほぼ同内容の記事が載る。

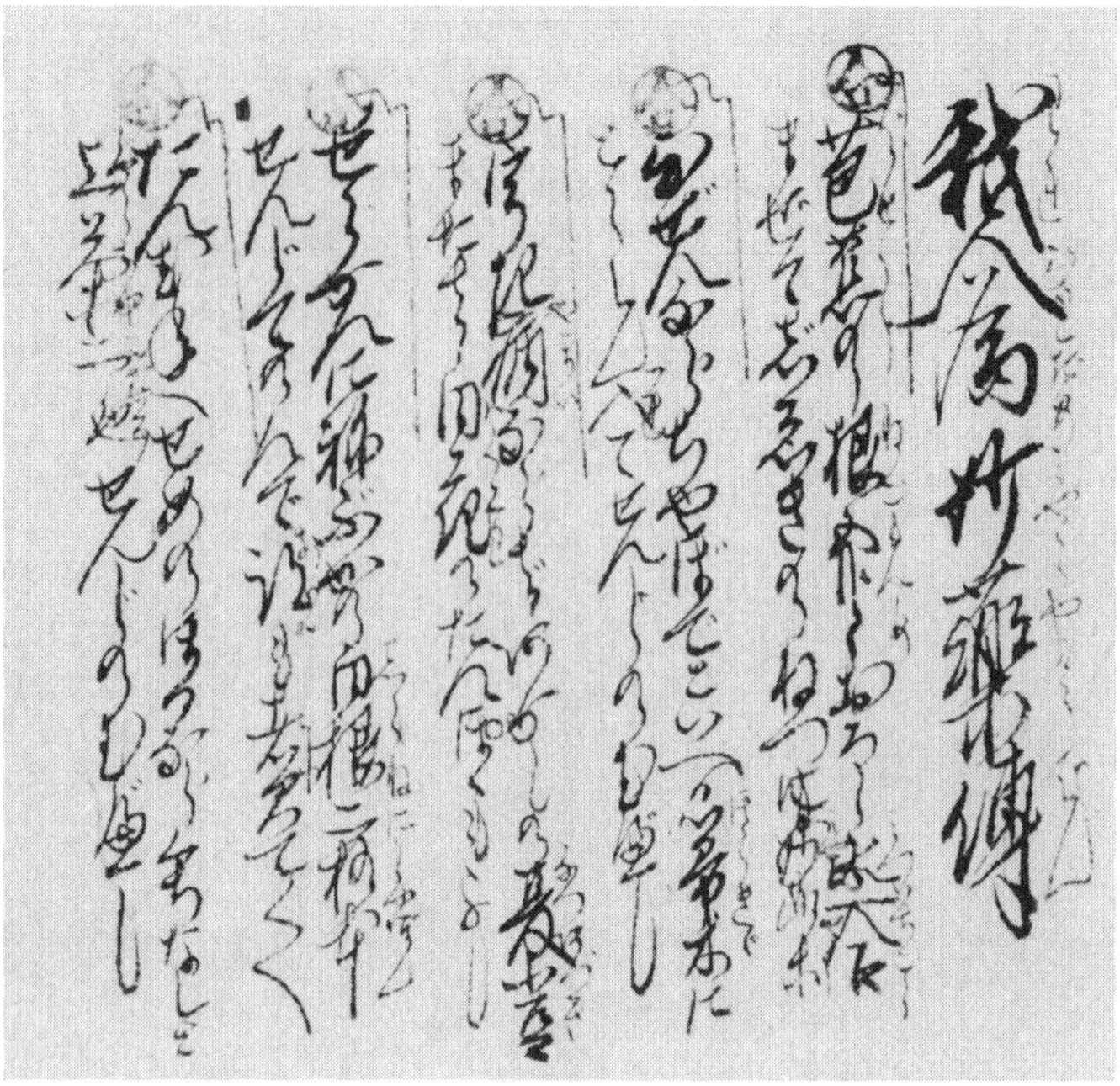

図 6–3 「万宝記」1 冊目「我人為妙薬伝」（『重宝記資料集成』31 巻）

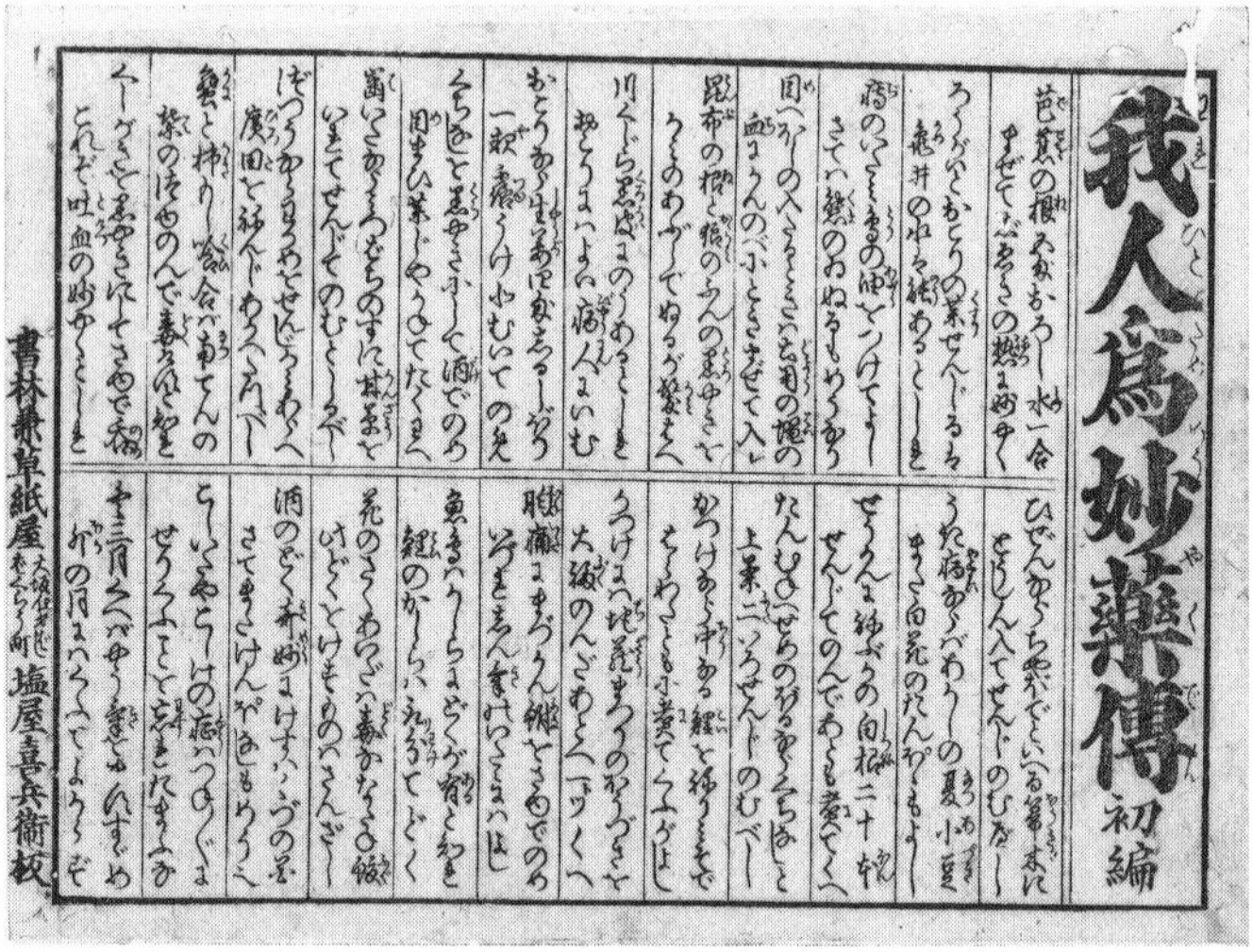

図 6–4 『我人為妙薬伝』初編（鍛治架蔵）

医学書をひもとけば、安永三年（一七七四）刊の和泉の申斎独妙《しんさいどくみょう》による薬方集『救病不邪秘方《きゅうびょうふじゃひほう》』（東北大学附属図書館狩野文庫所蔵）に、三千人に実験済みの「予防疱瘡方」として、上記の八味（ただし紅花・牛蒡子・枳穀の分量は異なる）を載せて、「水三升に煎じた湯に浴せよ」とある。上総の漢方医津田《つだ》（田村《たむら》）玄仙《げんせん》が寛政五年（一七九三）に書いた『療治経験筆記《りょうじけいけんひっき》』巻二（『近世漢方医学書集成』七二巻、三二〇頁）では、『救病不邪秘方』を引用したうえで、「予僅ニ二人ニ試ミケルニトレモ無疑也。猶此後ノ試験ヲ待テ。此方ヲヒロク世ニ伝エン事ヲ願フノミ」と一〇〇人以上の弟子を抱えたという医師が、実際にこの薬方を試している。

この疱瘡予防法の記録は各地の一般の人びとの記録にも残っている。陸奥国鹿角郡《かづのぐん》毛馬内村《けまないむら》（現秋田県鹿角市十和田毛馬内）の商人田中平左衛門家の嘉永元年（一八四八）の記録「諸用書留帳」には、「疱瘡別洗薬」としてこの薬方（ただし八味の分量なし）が記載される（『鹿角市史資料編』二八集、九六頁）。この田中家の「諸用書留帳」では、しばしば薬の記事が載るが、医師に届けた様子や、使用後の病状まで記載されることもあり、この薬も実際に使用されていたものと思われる。上野国群馬郡《ぐんまぐん》渋川村《しぶかわむら》（現群馬県渋川市渋川）の修験寺院《しゅげんじいん》月蔵院《げつぞういん》には、年未詳であるが「疱瘡洗薬」として、ほぼ同様の配合を記した薬方が残されている（『渋川市誌』二巻、九六九頁）。修験者が医療行為を行っていたことはよく知られているが（根井浄「修験者の医療について」）、これもその事例の一つであろう。越後国三島郡に残る「旧記」の明和四年（一七六七）十二月条には、土屋相模守から松平加賀守に伝わった疱瘡除けの法としてこの記事が掲載されている（『三島郡誌』六一七〜六一八頁）。美濃国恵奈郡《えなぐん》正家村《しょうげむら》（現岐阜県恵那市長島町正家）で庄屋などを勤めた加藤家に残る嘉永期（一八四八〜五四）の文書にも、「疱瘡薬湯」として八味（紅花を知花と誤記する）の調合と使用方法を記した記録が残る（『恵那市史』通史編二巻、一二二二頁）。また長府藩に仕えて郡代や寺社奉行を歴任した長門国豊浦郡《とようらぐん》長府町《ちょうふまち》（現山口県下関市長府）の荻山家《おぎやまけ》の文書にも、「疱瘡薬」として、水戸黄門が三千人に試した、という説明付きで八味の調合法が記された幕末期頃の記録が残る（『下関市史　資料編V』九八頁）。

一八世紀後半から幕末にかけて、日本各地で北から南まで、武士、村役人、商人、修験者、さまざまな人びとの手元に、土屋相模守、東照宮、水戸黄門などさまざまな権威が仮託されて、この薬方が広まっていたことが確認できる。

柏崎・桑名における疱瘡予防

さらに、この薬方の処方のあり方が具体的にわかる事例を紹介する。江戸時代における病気への対応の事例として、しばしば取り上げられる江戸時代後期の桑名藩士渡部《わたなべ》平太夫《へいだゆう》の「桑名日記」と、平太夫の養子勝之助《かつのすけ》が支領である越後の柏崎でつけていた「柏崎日記」である（皆川美恵子「近世末期の「桑名日記・柏崎日記」にみられる養育文化」）。桑名の渡部平太夫は、孫の鐐之助《りょうのすけ》のために、天保十三年（一八四二）三月十五日に、魚町（桑名の北魚町か）の鍵屋にいき、ちんひ（陳皮）、ごぼうし（牛蒡子）、べにばな（紅花）、きこく（枳殻）を分量四匁ずつ、四種で八〇文にて購入している（『桑名日記』二巻、四八頁）。翌十六日には疱瘡洗薬の準備過程が詳細にわかる記事が載る。午前十時より疱瘡洗薬を煎じはじめて、まず釜へ水二升をいれて、薬の原料をいれて、煮詰めてわずかになったところで、また水を一升いれて煮詰める。この過程に二時間ほどかかる。さらに孫の鐐之助の月代《さかやき》を剃ってあげて、先程煎じた薬を小さな桶の上にざるを置き、釜より手水だらいに移して、庭で行水をしてあげる。「あた、かニて鐐（鐐之助）大そうれしがる」なか、頭より耳まで念入りに洗う、という微笑ましい情景が見事に描写されている。

祖父平太夫は、孫鐐之助に洗湯を施した直後に、越後柏崎に住む息子勝之助にも、この「疱瘡の洗薬の法書《（ママ）》」を送っており、息子は、「これはよいもの御つかわしくだされそうろう」（『柏崎日記』上巻、一五〇頁）。と、大変喜び、近隣の知り合いにも写しを送っている。勝之助は、早速この方書通りに薬を用意するため、材料を調達している。三月二十九日には、疱瘡洗薬の原料を購入しにいったところ、「八重生《やえなり》」（緑豆《ぶんどう》）が、薬種屋にも種物屋にもなくて困ってしまい、「金子元〆」が同じ方書を持っており、そこに書かれていた小豆で代用することにしている。紅花・午房子・枳殻の三品にて七五文ほどかかったようである。妻おきくも「これで軽く致し候わば、ありがたき事なり」と喜んでいる。翌四月一日には、桃と桑の枝も貰ってきたので、昼から洗薬を煎じようとしたところ、「おろく」が熱があり、昼ごはんも食べないということで、行水は見合わせている。勝之助はこの疱瘡洗薬の方書をさらに、近隣の相沢・山本・栗本へも知らせており、その後、柏崎において、この薬方が徐々に広まったという。

柏崎では、八重生（緑豆）が入手できなくて困っていた。農書『農業全書』が広まる際に、土地により、気候なども異なるために、記載された技術がそのまま活用できないこともあるので、各地で改良を加えて受容されたことを横田冬彦が指摘しているが（横田冬彦『日本近世書物文化史の研究』九章）、医療分野でも、当然、日本全国で同じような薬が入手できることはなく、書物知が伝わる際に、同様の問題が生じていたことがわかる。

「万宝記」のまじない記事と薬方

「万宝記」のなかでは、節用集の片隅に載る付録記事や一枚摺に載るまじないも、隣村の知人から入手した薬方も、同列な情報として並置されていた。江戸時代の医療における祈禱と治療の並存はよく指摘されるところであるが、この事例でも両者が混在していることがうかがえる。幾治自身がこの本をどのように活用したかは不明だが、東古保志塚村では、村落内で広瀬又治という人物が文化年間に薬種屋を営んでおり（『八日市市史』六巻、三九八頁）、隣の中野村でも八日市の心学講舎好善舎《こうぜんしゃ》で都講《とこう》も勤めた小嶋伝兵衛が薬種問屋を営んでいる（『八日市市史』三巻、六四一頁）。東古保志塚村における医師の存在はわからないが、海原が明らかにしたように近郷の村々には多数の医師が存在している。このような医療環境のなか、桑名と柏崎の事例をみれば、この情報をもとに医師や宗教者の手にはかからずに、幾治自身の手により、薬方やまじないを使った「治療」行為が行われていた可能性も高い。江戸時代後期の医療のあり方の一端がここからうかがえよう。

米商人の倫理書

次に「万宝記」二冊目を検討する。長友が「米商売相場人調法記」と名付けたこの冊子は、米商人の相場投機に対する心掛けを記したものであるが、こちらも一冊目と同様に、いくつかの典拠を推定できる。

冒頭の記事から順番に典拠と推定されるものをあげていくと、宝暦六年（一七五六）刊の『八木虎之《はちぼくとらの》巻《まき》』の一部抜粋・改変、明和七年（一七七〇）刊の『商家秘録』（『通俗経済文庫』八巻）の記事「毎月相場高下を知る事」などの一部抜粋・改変、次の記事「往古米価大数覚」は典拠不明。「天気の考大概」は、貝原益軒『万宝鄙事記《ばんぽうひじき》』巻六「占天気」（『益軒全集』巻之二）などの内容を含むが独自のものか。「六神日取時取法」「筮気の伝授」という記事は典拠不明。六曜の星繰りようの記事は先述の『八木虎之巻』の記事の写し、「諸国大坂登り米大概」は、藩名・登り米高・石高・大名名が書かれており、『難波丸綱目《なにわまるこうもく》』（『国花万葉記』巻五之壱）の記事「御城主方御家系御知行高御任国之次第」の摘要か。続く「五性書判吉凶之事」「男女相生相剋之事」は、「万宝記」一冊目で先述した『倭節用集悉改嚢』の付録記事、「方位極秘 本命的殺方早繰」は塩屋喜兵衛刊行の一枚摺（鍛治架蔵）。「知死後時の事」「願成就日」も『倭節用集悉改嚢』の付録記事、「汐満干を知る事」は『倭節用集悉改嚢』にはみあたらないが、節用集の付録記事でよくみることができるものである。

この「万宝記」二冊目は、占いなどの記事と、米商いの心構えを記した記事の組み合わせからできており、一見、不思議な組み合わせに思えるが、易占と米市場での先物取引との深い関係については、先学によりすでに指摘があるところである（野村真紀「近世日本における「神の見えざる手」」、井上智勝「近世の易占書」）。つまりこの「万宝記」二冊目は、『八木虎之巻』や『商家秘録』など、一八世紀中葉に多数出版されて、米穀商の投機売買の正当化を後押しした経済倫理書を、小嶋幾治が取捨選択しながら、自分なりの意見を加えてまとめたものと推定される。

本書の冒頭の一箇条目は次のようにある（『重宝記資料集成』三二巻、二四五～二四四頁）。

一、米商人致ス人第一心掛之事、古より段々心を尽し、あるひは善、或は悪き何百度と云事数しれず候ニ付、去ル人此事を尋候処、たとへは千貫目も百貫目も壱貫目も道理は同じ事なり。如何様の人も私の福、程をしらず。只無理非道なる商内致す故、大事の身上疵ヲ付くるなり。何事なく常道正直の心になりて毛頭一時油断なく此道ニ気を附、商内致候ハヽ、生得の程、福の利を得る事天道のめぐむ所なり。天道満るをかき、不足をます地道はあり。楽を兼、不足ヲかくなり。五行の道理はあるひは物事至而盛なればおとろへてはまた起る。……

このなかで「天道満るをかき」以下の文章は省略した箇所も含めて、『八木虎之巻』の冒頭三箇条目以下に依拠しながら、文章表現をかえたものとみなしうる。しかし、前半は『八木虎之巻』には見出せない文章が書かれている。正直の心で商いをすることで「福の利を得る事、天道のめぐむ所なり」と書いている所などは、天道などの理念により米相場の運営を正当化しようとしているが、これは『八木虎之巻』をはじめとするこの時期の経済倫理書に共通する特徴であり（ダヴィッド・メルヴァルト「経済の思想」）、その影響下でこの文章が書かれていることがわかる。今後、この記述の典拠となる経済倫理書などがみつかる可能性もあるが、とりあえず、小嶋幾治がこの書物を書いたものとみなしておきたい。

この地域では、天保三年（一八三二）に、農村商工業者からだされた米穀商いによる株仲間設立の願いに対して、畑方農民を中心に反対運動が起こり、東古保志塚村で近隣七ケ村の庄屋集会が行われ、蛇溝村《へびみぞむら》のお堂に一五〇人の農民が集まるという一触即発の事態が生じていた（『八日市市史』三巻）。湖東の在郷商人が、一八世紀の後半より大津米会所、さらには日本最大の領主米の取引市場であった堂島《どうじま》米市場での投機的売買へ進出していった動向が明らかになっている（鶴岡実枝子「近世米穀取引市場としての大津」）。先述の東古保志塚村における文化期（一八〇四〜一八）の調査では、村内に米屋と木綿屋を兼業している嘉左衛門の名前を確認できる。小嶋幾治が米穀商いを行っていたのかどうか判明しないが、株仲間設立を企図したり、堂島米市場にも進出するような在郷米穀商人たちの活発な動向の背景には、個々の商人たちによる経済倫理書の受容があったことが想定できる。

おわりに

以上、本章では、江戸時代の識字率世界一説の展開に司馬遼太郎が果たした役割を指摘したうえで、江戸時代の書物文化について、近江国湖東地域を事例に、実際の書物の広がりをみていった。村の蔵書の特徴を確認したうえで、医療の面から、書物知の伝達の事例を実際の史料からみていき、節用集の付録記事などを媒介とした医療・まじない知識の受容の側面を明らかにした。

冒頭で、江戸時代の識字率の問題についてふれたが、実はこの近江地域は、明治十年（一八七七）の識字調査で、男子が八九・二三％、女子が三九・三一％、全体でも六四・一三％と、高い数値を記録している地域であり（八鍬友広「一九世紀末日本における識字率調査」一八頁）、文字文化が深く浸透していた地域として知られている。歴史学は、残された史料から歴史像を描き出す学問であり、どうしても史料が残った事例、この場合、書物文化が浸透した地域の事例を紹介することが多くなる。今後は、明治期の調査で、識字率が低い結果が出ている地域や職業などを事例にして、江戸時代において、書物文化、文字文化がどの程度、浸透していたか、そのありようを明らかにしていく必要があろう。

〔参考文献〕

井上智勝「近世の易占書」笹原亮二編『口頭伝承と文字文化』思文閣出版、二〇〇九年
海原　亮「病の克服と地域医療」『近世医療の社会史』吉川弘文館、二〇〇七年、初出二〇〇〇年
小野恭靖「『浪花みやげ』の世界」『日本アジア言語文化研究』九号、二〇〇二年
鍛治宏介「江戸時代教養文化のなかの天皇・公家像」『日本史研究』五七一号、二〇一〇年

鍛治宏介「江戸時代手習所における七夕祭の広がりと書物文化」飯倉洋一・盛田帝子編『文化史のなかの光格天皇』勉誠出版、二〇一八年

木村政伸「前近代日本における識字率推定をめぐる方法論的検討」『筑紫女学園大学・短期大学部人間文化研究所年報』二〇号、二〇〇九年

小泉吉永編『女子用往来刊本総目録』大空社、一九九六年

小曽戸洋『日本漢方典籍辞典』大修館書店、一九九九年

佐藤貴裕『近世節用集史の研究』武蔵野書院、二〇一九年

清水一彦「出版における言説構成過程の一事例分析」『出版研究』四八号、二〇一七年

高橋　敏『日本民衆教育史研究』未來社、一九七八年

塚本　学『近世再考』日本エディタースクール出版部、一九八六年

鶴岡実枝子「近世米穀取引市場としての大津」『史料館研究紀要』五号、一九七二年

長友千代治「解説」『重宝記資料集成』三一巻、臨川書店、二〇〇七年

根井　浄「修験者の医療について」『印度学仏教学研究』二四巻二号、一九七六年

野村真紀「近世日本における「神の見えざる手」」小川浩三編『複数の近代』北海道大学図書刊行会、二〇〇〇年

皆川美恵子「近世末期の「桑名日記・柏崎日記」にみられる養育文化」『人間文化研究年報』六号、一九八二年

宮本知恵子「「辻打狂言」の成立背景」『近江地方史研究』三九号、二〇〇八年

ダヴィッド・メルヴァルト「経済の思想」『岩波講座日本の思想6』岩波書店、二〇一三年

八鍬友広「一九世紀末日本における識字率調査」『新潟大学教育学部紀要　人文・社会科学編』三二巻一号、一九九〇年

横田冬彦『日本近世書物文化史の研究』岩波書店、二〇一八年

吉田精一「近世から近代へ」『言語と文芸』七七号、国文学言語と文芸の会、一九七三年

リチャード・ルビンジャー『日本人のリテラシー』柏書房、二〇〇八年、初出二〇〇七年
若尾政希『「太平記読み」の時代』平凡社、一九九九年
渡辺尚志『百姓の力』柏書房、二〇〇八年

column
Ⅱ

春画の出版にみる近世の書物と社会

石上阿希

「書物・物の本」と「草紙」

近世期の書物には、大きく分けて「書物・物《もの》の本」と「草《そう》紙《し》」の二つがある。前者は近世以前からの書物を引き継ぐもので、漢籍・宗教・学問・医学・詩歌・物語などを扱うものであり、後者は小説・音曲書《おんぎょくしょ》・娯楽書・実用書や一枚摺《いちまいずり》を含むもので、多くは絵を伴った。「書物・物の本」に記されるものは不変的・伝統的・正統的であることに対し、「草紙」に表されるのはその時代を映した一過性の強い表現や情報である（鈴木俊幸「本屋と出版―江戸時代における書籍文化の特質―」藤本幸夫編『書物・印刷・本屋』勉誠出版、二〇二一年）。漢文で記された書物は成人男性が、平仮名交じりで記された草紙は女性や子どもが、建前としては主な読者層であったが、当然ながらそのように明確な線引きができるはずもない。とくに草紙類は老若男女に好まれて読まれた。

本コラムでは、草紙のなかでもとくに「春画《しゅんが》」をめぐる制作と享受を概説したい。春画は近世当初から出版されており、何度も出版条例で禁止されながらつくられ続け、読まれ続けた。春画が表現したものだけでなく、その制作や流通、享受を考えることで、書物と社会の関係がみえてくるはずである。なお、春画とは、あらゆる性の交わりや性愛にまつわる事象を描いたもので、枕絵《まくらえ》や笑い絵などの呼称もある。多くは絵を主体とし、書冊の形態のものを艶本《えほん》、春本《しゅんぽん》などとも呼ぶが、本コラムではそれらをまとめて「春画」と記す。

春画出版の一例―養生書『黄素妙論』

近世期に入り、慶長（一五九六～一六一五）頃には、まず京都で民間の版元が商品としての書物を出版しはじめた。春画入りの刊本も最初期から出版されており、その一つが『修身演義人間楽事』である。これは房事と養生について記した漢文と中国風春画に『黄素妙論《こうそみょうろん》』をあわせて一書に成したものである。ただし、『黄素妙論』自体は春画ではなく、中国の

『修身演義／人間楽事』（国際日本文化研究センター所蔵）

養生書《ようじようしよ》『素女妙論《そじよみようろん》』を安土桃山時代の医学者曲直瀬《まなせ》道三《どうさん》が抄出和訳した写本を基にして、長命を保つための性交の方法や理念について解説した養生書である。その後、『黄素妙論』は何度も覆刻、改版されながら、幕末までほぼ同内容のものが出版され続けた。また、そのテキストは、その後のさまざまな春画のなかに切り貼りされ、長く読み継がれた。

『黄素妙論』を通時的にみていくと、商業出版の始まりから春画の需要があったこと、「書物・物の本」であった同書を春画化したように、春画は別分野の書物や文化事象を取り込んで再構築すること、健康と性交については時代を問わず人びとの関心事であり、その媒体として春画が機能していたことなど、近世期の春画の特質や役割が明らかになる。

出版条目の発布

この時代、春画は他の出版物とことさら隔絶されたものではなかった。版元、絵師、作者で春画を専門とする者はおらず、幅広く手がける分野の一つに春画も含まれていたというのが実態である。美人画もつくれば、春画もつくる。そこに明確な境界線があったとすれば、制作者側の意識ではなく、出版のシステム上のことである。

享保七年（一七二二）十一月、「出版条目」五箇条が江戸町触《まちぶれ》として発布された。翌八年には、大坂、京都でも同内容のものが発布されている。このうちの第二条では「好色本」が風俗にとって悪影響であるという理由で、追々絶版にすることが定められた。時代や地域、書物の種類によって細かい相違はあるが、出版を行なおうとするとき、版元は本屋仲間（行司《ぎようじ》）から内容の吟味を受けたうえで許可をもらい制作に取りかかる、という流れが基本的なものであった。「好色本」を禁止する条目が出た以上、公的な手続上において許可を出すことはできなくなり、これ以降春画や「好色」を冠した浮世草子の出版はしばし途絶える。

　再び活況を呈するようになるのは、約二十年後の延享年間（一七四四～四八）頃からであるが、条目の取締がゆるんだということではなく、公的手続きを経ずに春画が出版されるようになったのである。そのため、それまでの春画には明記されていた刊年・版元名・絵師名などの「権利」や「責任」を示す情報はなくなり、それらを導き出すためには、序文などに記される干支や画中に隠された絵師の落款《らっかん》、隠号などの考証が必要となった。しかし逆にいえば、完全に正体を隠すことはしておらず、公然の秘密としてこのような出版物が流通していたといえる。

春画の制作・流通・読者

　公的な出版物ではないということもあり、春画の制作や流通に関わる記録は他の出版物に比べて少ないため、「非公刊本」となる享保七年（一七二二）以前の資料は、重要な情報源である。例えば、版元によって編纂された出版年鑑である「書籍目録《しょじゃくもくろく》」をみてみよう。

　井《い》原《はら》西鶴《さいかく》による天和二年（一六八二）刊『好色《こうしょく》一代《いちだい》男《おとこ》』以降、「好色」を冠する浮世草子が多数出版され、「好色本」というジャンルが確立する。貞享二年（一六八五）の『改正公益書籍目録』には、はじめて「好色幷楽事」という部門ができ、当時の好色本の隆盛を示している。また、元禄九年（一六九六）刊『増益書籍目録大全』には、値段や版元名が掲載されているが、値段は基本的に内容ではなく紙を基準にしているため、他の書物と同じ価格帯であった。版元を地域別にみると京都が多く、次いで大坂、江戸となる（石上阿希「『書籍目録』にみる枕絵と好色本」前掲『書物・印刷・本屋』所収）。しかし、草紙の出版が江戸で盛んとなる一八世紀には、春画の主要生産地も江戸へとかわっていく。

　では、春画はどのように流通していたのだろうか。その一つは「絵《え》草紙《ぞうし》屋《や》」である。江戸では、錦絵や草紙の類は「絵草紙屋」と呼ばれる本屋で売られた。そこに春画も並んでいたという滑稽本《こっけいぼん》の記述や京都でも店先に春画を置いていたという町触の記録も残っている（鈴木俊幸『江戸の浮世絵ショップ』平凡社、二〇一〇年）。この他に古本屋や露店の本屋（干見世《ほしみせ》）でも売られていた。

　ただし、春画の流通に関して大きな役割を担っていたのは、貸本屋《かしほんや》であった。顧客へ直接本を届けることができる貸本屋の業態が、春画や実録物の写本など公的な流通経路にのりにくい書物の流布には適していたのである（長友千代治『江戸時代の書物と読書』東京堂出版、二〇〇一年)。

春画の主な読者層は男性であったが、女性にも鑑賞され、読まれていたことは当時の日記などからうかがえる(『春画』The British Museum Press, 2013/日本語版、小学館、二〇一五年)。また庶民だけではなく、大名や富裕町人なども春画を楽しんでおり、著名な浮世絵師に作らせた豪華な絵巻物、掛幅、屏風などが残されている。そういった特注品だけではなく、庶民が買うような春画を大名が読んでいた例として、尾張徳川十四代慶勝《よしかつ》が出入の業者に依頼して購入させていた記録を挙げることもできる(「内密御買上物留《ないみつおかいあげものとめ》」名古屋市蓬左文庫所蔵)。

受容のあり方―近世・近代・現代

享保七年(一七二二)の出版条目発布後も春画の出版は続けられたが、天保十二年(一八四一)から翌年にかけて、大がかりな取締が行なわれた。このときは為永春水《ためながしゅんすい》の人情本・艶本が問題となり、春水の他に版元九名ほどが奉行所《ぶぎょうしょ》で取り調べをうけ、大八車五台分ほどの人情本・艶本の板木《はんぎ》、仕入れ済みの本を差し出している。判決の結果、板木は絶版となり、版元は罰金、春水は手鎖《てぐさり》を命じられた(曲亭馬琴《きょくていばきん》『著作《ちょさく》堂雑記抄《どうざつきしょう》』)。この後、しばらく春画の出版が行なわれなくなり、再び確認できるようになるのは嘉永期(一八四八~五四)頃からである。しかし、それ以前に春画に関わっていたほとんどの絵師・作者がこの分野から手を引き、明らかに質は低下した。

明治に入ると、さらに春画を取り巻く状況は悪化し、近世期の春画は終焉を迎えることとなる。近代化を急ぐ日本にとって、前時代の風習のなかには排除すべき対象となるものもあった。春画の出版・売買や裸体で往来を歩くこと、刺青や混浴などを取り締まる条例が、明治に入ってすぐに発布され、明治五年(一八七二)に布達された「違式詿違条例《いしきかいいじょうれい》」に集約されていく。春画が出版禁止の対象だったことは近世期と同じであるが、近代以降の社会において、春画に対するまなざしは明らかに異なるものになった。それは、当時の主要メディアとなった新聞が記事中で、春画を指して「醜画」「怪画」などと呼ぶ態度からもみてとれる(石上阿希『日本の春画・艶本研究』平凡社、二〇一五年)。

恥ずべきもの、隠すべきものとして扱われ始めた春画は、社会の片隅へと追いやられていった。戦後になってなお、春画の研究書が猥褻な図書とみなされ裁判となった例もある(『「国貞」裁判・始末』三一書房、一九七九年)。海外では一九六〇年代から開催されていた春画展が、日本でようやく可能となったのは、二〇一〇年代のことだった（永青文庫「春画SHUNGHA」展、二〇一五年九月〜十二月）。

資料へのアクセス

近年、膨大な量の古典籍や絵画資料がオープンデータとして公開されるようになった。とくに古典籍については、国文学研究資料館が約三〇万点のデジタル化を目標に掲げて日々更新し続けている。二〇二〇年には国内データベースのポータルサイトとして、国立国会図書館が運営する「ジャパンサーチ」正式版の公開もスタートし、もはやこれらの資料を研究者のみが閲覧し、考察する時代は終わった。

他の古典籍と比べて研究が大幅に遅れていた春画も、その後を追いながら年々資料へのアクセス状況が好転している。筆者が研究を始めた二〇〇〇年代初頭には、春画の所在情報を知る手立てはほとんどなく、そのため自分で足を運び、あるいは情報収集をして得た書誌情報をもとに「近世艶本・春画総合データベース」を公開した（二〇一〇年公開、二〇一五年改訂）。しかし、その後、大学図書館などでも所在を明記する機関が増え、「図書データベース」にも情報が掲載されるようになった。

なかでも国際日本文化研究センター（日文研）の「艶本資料データベース」が、二〇二一年に申請不要で利用できるようになったことは大きい。日文研の春画コレクションは質・量ともに世界トップクラスのものであり、収集と同時にすべての資料をデジタル化し公開してきた。とはいえ、筆者が日文研に着任した二〇一五年時点では、利用を研究者のみに制限した申請方式をとっており、半ば閉じられた公開といえる状況であった。しかし、春画に対する社会の認識が変わっていくなかで、誰もが資料へアクセスできる環境を整えることが研究所が果たすべき役割だという議論のもと、完全公開に踏み切った。

近代から始まる春画の受難も、ようやく終わりを迎えつつある（はずである）。春画を含め、膨大な古典籍・浮世絵が社会に提供される時代に入り、近世文化に対する新たなアプローチを研究者・非研究者が自ら模索していくことになるだろう。社会の価値観によって切り離されてきた資料を、もう一度存在した「場」に組み込ませて、近世書物文化を読み直すための環境は整いつつある。

第7章

近世の寺社参詣とその社会的影響

原　淳一郎

はじめに

近世は文化の大衆化（寺社参詣《じしやさんけい》、湯治《とうじ》、花見、納涼、縁日、おどり、音曲《おんぎよく》、茶道、生花《いけばな》、浄瑠璃《じようるり》……）が果たされた時代である。一般的には、享保期（一七一六～三六）頃からとされており、元禄期（一六八八～一七〇四）あるいはそれ以前の社会の安定化をうけてのものと考えられる。また宝暦から文政（一七五一～一八三〇）頃までが、おおよそ最盛期だとも考えられている。この「文化の大衆化」を象徴するものが「旅の大衆化」である。

近世の民衆にとって、旅の中心は寺社参詣である。伊勢参宮《いせさんぐう》を代表として、各地の山岳信仰もさかんとなった。かなり抽象化していえば、夏の時期に山岳登拝がおこなわれ、冬から春にかけて伊勢参宮がおこなわれた。参宮は、農事を避けて行われ、苗代《なわしろ》づくりが開始されるまでに帰村することを逆算して日取りが決められていた。日本海側の豪雪地域では、ちょうど厳寒と大雪で長く感じられる冬を避ける行事ともなっていた。参宮は、おおよそ農業信仰と先祖供養を中心としていた。これに加えて各所に参詣地があり、農業と供養のほかに、安産や病気平癒などの現世利益《げんせりやく》を請け負っていた。また浄土真宗《じようどしんしゆう》がさかんな北陸では、本山《ほんざん》（東本願寺《ひがしほんがんじ》・西本願寺《にしほんがんじ》）参詣も広くおこなわれていた。

民衆の旅の研究は、歴史学だけでなく、民俗学、地理学、国文学など多様な隣接分野からも取り組まれてきた。ここでは歴史学の立場、および伊勢参宮を中心に記すならば、おおむね「お蔭参《かげまい》り」と「ええじゃないか」の研究と、平常の伊勢参宮の研究に分かれていたといえるだろう。前者は、その運動の性格から唯物史観《ゆいぶつしかん》と近接して、明治維新史にも取り込まれている。後者は、道中日記《どうちゅう》の数量分析によって、旅のルートや費用、日数などを抽出し、その行動を分析する方向性に進んだ。

これらによって、徐々に近世の旅の実相が明らかにされてきているが、旅の大衆化がいかに果たされたのか、旅の大衆化による日本列島への影響について、今後多角的に議論されることが望まれる。本章では、「旅の大衆化」の結果、どのような変容が日本列島にもたらされたか述べていくが、まずは旅への不安の解消という視点から乗り出してみたい。そのことによって、本シリーズの狙いである他分野との架け橋となる論点が生まれることだろう。

1　旅の大衆化の実相

一七世紀の社会の成熟

まず檀家《だんか》制度（近世前期に幕府や藩が人びとをいずれかの寺院の檀家として登録させたもの）の定着によって、身近な寺院は葬祭・祈禱《きとう》の場となったが、人びとのさまざまな願いに必ずしも対応できたわけではなかった。また寺社側も、もはや寄進《きしん》や荘園からの収入に期待することは困難で、五代将軍綱吉《つなよし》の治世（在職一六八〇～一七〇九）後半からは、幕府による助成は減じられた。そのため生き残りをかけて、御免勧化《ごめんかんげ》、私勧化《しかんげ》、居開帳《いがいちょう》、出開帳《でがいちょう》、富籤《とみくじ》など多様な手法を講じた。

また一七世紀は、経済成長時代である。約一世紀の間に、日本全体の石高は一八〇〇万石から二六〇〇万石となり、人口はある推計で一四〇〇万から三〇〇〇万へ増加するなど、急速な発展を遂げた（鬼頭宏『人口から読む日本の歴史』）。村落でも都市でも共同体の発達がすすみ、それぞれにおいて集団化し自治を行うようになった。それまで宗教者、芸能者、商工業者など、旅を住処《すみか》としてきた人びとが浜の真砂ほどいた社会から変容し、「旅」が非日常性を帯びるものとなった。

これにより、直系家族（三世代家族、核家族）の人力によって担えるだけの耕地を所有し、その決して大規模ではない耕地から、一単位当たりの収穫高を増やす日本型の農業の方向性が定まった。こうして最低でも数両は欠かせない伊勢参宮のような遠隔地への参詣であっても、数年貯蓄していけば十分に実施可能なレベルに達した。

また旅の大衆化を支えるものとして、もっとも貢献度が高いのは、交通制度の発達であろう。近年の研究により、中世でも各地に宿場町《しゅくばまち》があり、宿屋があったことはわかってきているが、領主にかかわらず、幕府直轄の街道が全国に整備されたことは、旅をより一層容易にさせた。さらに飛脚《ひきゃく》や為替《かわせ》の制度によって、事前に到着予定日を相手に知らせ、多くの現金をもたずに旅をできるようにしたこと、宿場町ごとで少額貨幣への両替が可能になったこと、旅先で購入したものを郷里へ送ることができるようになったことも大きい。

旅の出版文化

旅の出版物も重要である。道中記《どうちゅうき》といわれる街道、道程を中心に記載されている道中案内や、地図については、一七世紀から数多くのものが出版されていた。しかし、これらは旅を空想させるもの、そして旅を喚起するものというよりも、あくまでも旅に際して便利で実践的なものであった。旅に関する出版物の数が増えるのは寛政期（一七八九〜一八〇一）以降である。とくに地理型往来物《おうらいもの》のうち「参詣型往来物」という分野が確立されて以降、特定の名所への「○○往来」という出版物が幅広く上梓されるようになった。教育的効果という点も含めて、さまざまな名所を世に広めるのに一役買っており、モデルルートを提案することにもつながっている。

これと同時期に刊行されたものが名所図会《めいしょずえ》である。これ以前に名所記と呼ばれるものが出版されているが、多分に物語的な内容であって、挿絵も最小限のものしか付されていない。しかし名所図会は、格段に精緻で写実的な挿絵を兼ね備え、文章も故事来歴を詳細に著述し、関連する和歌を掲載するなど、旅の実用性にも適応した書物であった。ただし携帯には不向きであった。

名所図会の濫觴《らんしょう》は、安永九年（一七八〇）刊の秋里籬《あきざとり》島《とう》著・竹原春朝斎《たけはらしゅんちょうさい》画の『都名所図会』（六巻一一冊）とされるが、数多く出版されるのが寛政三年（一七九一）の『大和名所図会』（秋里籬島著、竹原春朝斎画）以降で、『和泉名所図会』（寛政八年、秋里籬島著、竹原春朝斎画）、『摂津名所図会』（寛政八年、秋里籬島著、竹原春朝斎画）、『東海道名所図会』（寛政九年、秋里籬島著、竹原春朝斎ほか画）、『伊勢参宮名所図会』（寛政九年、著者不詳、蔀関月《しとみかんげつ》画）と文化期初頭まで続いていく。

ところが、深井甚三氏によれば、奥州守山《もりやま》藩領では、文政期（一八一八〜三〇）以降、伊勢参宮（本参り、抜け参りとも）が減少したとされる（深井甚三『幕藩制下陸上交通の研究』）。また名所図会の出版は、道中日記の分析によって、参宮者が瀬戸内海を渡り、讃岐国の金毘羅《こんぴら》参詣をおこない、さらにその一部が厳島《いつくしま》、岩国錦帯橋《いわくにきんたいきょう》、出雲大社《いずもたいしゃ》にまで足をのばすという風習が定着したとされる時期の少し後にあたる。つまり、名所図会は参詣文化の高潮の最後の棹さしになっていた。

一方で十辺舎一九《じっぺんしゃいっく》の『東海道中膝栗毛《とうかいどうちゅうひざくりげ》』（初編は享和二年〈一八〇二〉）、あるいは初代歌川広重《うたがわひろしげ》の『東海道五十三次《とうかいどうごじゅうさんつぎ》』（天保五年〈一八三四〉）は、近世の旅にかかわる金字塔ともいえる作品だが、時期的にみて旅の大衆化に便乗して刊行されたものである。

往来証文（手形）の後段

旅に出やすくなったとはいえ、旅先への不安が解消されたわけではない。土産となった名所絵図（鎌倉絵図、南都絵図、厳島絵図など）は、旅先に関する、ほとんど唯一の視覚的な情報であった。それ以外では、実際に旅に出た先人から入手した情報、道中日記などの記録からイメージを紡ぎだすしかなかった。それでも不安は尽きず、その解消のため、さまざまな手段が講じられていた。

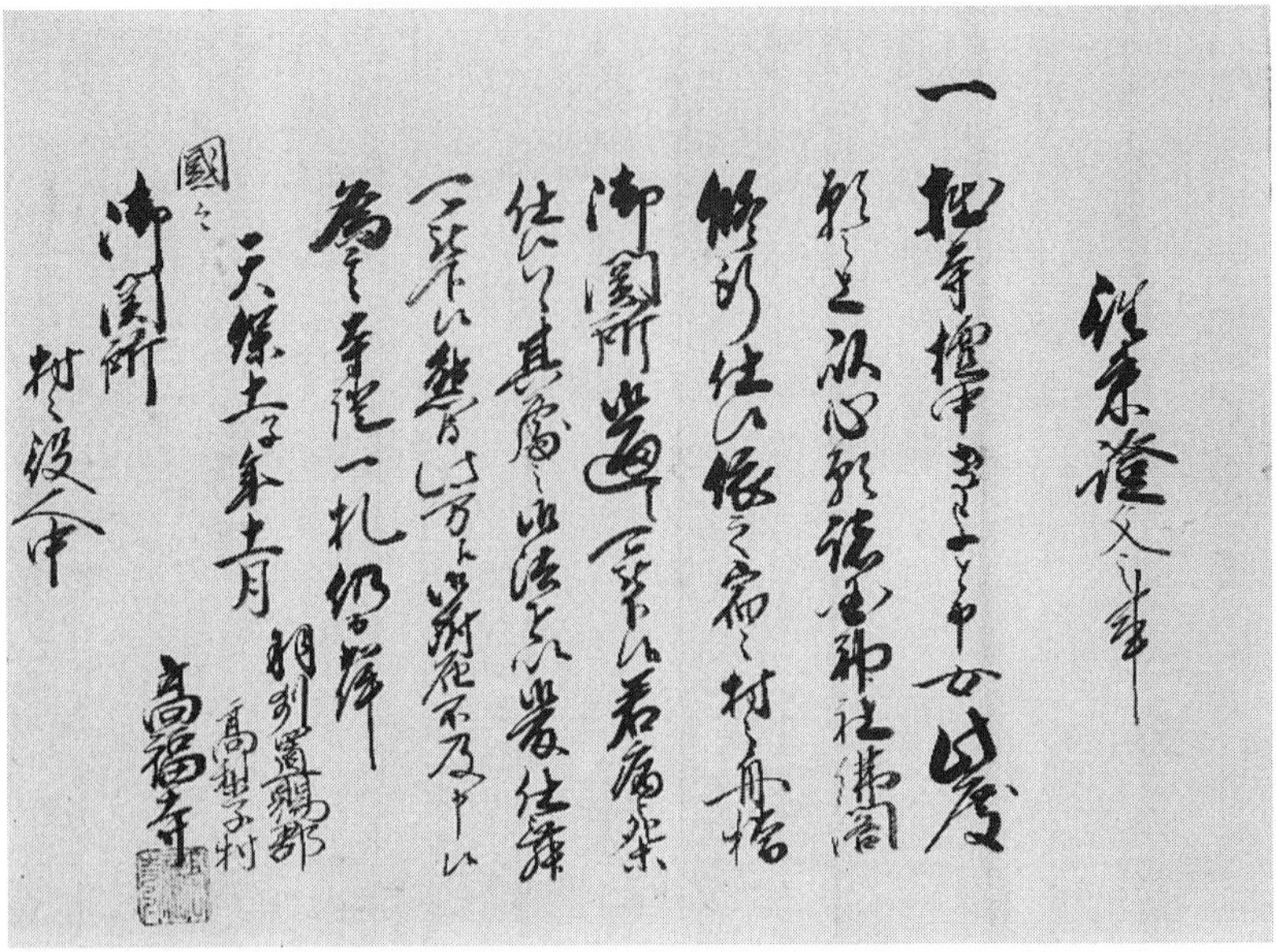

図 7-1　遠藤きよの往来手形（遠藤茂一氏所蔵，山形県長井市観光文化交流課提供）

往来證文之事

一　拙寺檀中きよと申女、此度願之上、以心願諸国神社仏閣修行仕候、依之宿々村々舟橋・御関所御通し可被下候、若病死等仕候ハヽ、其處之御法を以御取仕舞可被下候、態と此方江御附届不及申候、為其寺證一札依而如件

天保十一子年十一月　羽州置賜郡

高梨子村

高福寺（印）

國々

御関所

村々役人中

これは、天保十一年（一八四〇）十一月に、西国順礼と四国遍路《へんろ》に出かけた宮村舟町（現山形県長井市）の遠藤きよという女性の往来手形《おうらいてがた》である。往来手形の発行者は、高梨子村《たかなしむら》（現南陽市）の曹洞宗《そうとうしゅう》の高福寺《こうふくじ》である。女性は、若いときは月経によって長旅が難しい。しかし年齢を重ね、子育てから解放され、家庭内で地位が向上してくると長旅に出るケースも間々みられるものの、それでも女性の四国遍路の記録は珍し

い。

往来手形は、近世日本が、幕府領、寺社領、大名領、旗本《はたもと》領など日本列島全域に領主が併存する状態であることからこそ必要とされた統制のための身分証明であり、また旅人への保護救済政策であった（柴田純『江戸のパスポート―旅の不安はどう解消されたか』）。

往来手形の後半には、必ずといってよいほど、仮に旅先で亡くなった場合の遺体処理への言及がある。旅の途次で具合が悪くなり、最悪亡くなることは十分予見できる。そこで往来手形に現地の習俗にしたがって埋葬されることを願う文言が定着した。一見するとやや冷たい印象を与えるが、遺体が適切に処理されないという死後の不安を打ち消すには十分であったと思われる。また連絡不要と書かれていても、実際の対応は異なる場合が多かった。死亡を知らせる書状が故郷に出されて、代表者が遺品を取りに来るケースもある。往来手形に住居する村が記されているのであるから、当然の成り行きである。もちろん死の一報を願う往来手形もある。

この対応の基本には、享保十八年（一七三三）五月の触書《ふれがき》がある。差出は、道中奉行《どうちゅうぶぎょう》松波正春《まつなみまさはる》（勘定奉行《かんじょうぶぎょう》）と鈴木《すずき》重倫《しげのり》（大目《おおめ》付《つけ》）で、この触では、旅人で病人または倒死んだ者がいて、その在所がわかった場合は、遠国であってもすぐに連絡すべきと命じている。また病人ですぐに治りそうな者はそこで養生させて回復したら出発させること、倒死で在所が分からない者は、数日後土葬にすることなど、かなり細かい指示がなされている。あくまでも道中奉行からの触であるから、その管轄である五街道とその付属街道に限定された指示だが、さまざまな領地を貫く街道の性格ゆえに、各地域の先例となっただろう。実際新発田《しばた》藩では、幕府の触に則った習俗がみられる（『聖籠町史』）。

旅の手続きの柔軟さ

こうした制度や風俗の成立は、幕府や藩などの政治権力が、諸点で柔軟な対応をとっていたことに起因する。

近世当初、幕府は出女《でおんな》について厳しい制限をかけた。それは武家の女性に対しては一貫して変わらないが、町人・百姓の女性については、寺社参詣や湯治など目的がはっきりしていれば通行を許可するように緩和されている。

寛保二年（一七四二）六月三日、越中国婦負郡《ねいぐん》田苅屋村（現富山市）の与次兵衛母ろく（七〇歳）と、同郡駒見村（現富山市）浄喜母つた（四六歳）の二名が、六月五日から七月六日頃まで伊勢参宮するため、両名の請人それぞれ二名と両村の村役人三名の計七名が、大聖寺《だいしょうじ》関所と越前国、近江国の関所の過書《かしょ》を郡奉行に願い出ている。

この史料には後段があり、

壱通　過書　大聖寺村分
壱通　同　越前国
　　　　　近江国
〆弐通　六月四日ニ田苅屋村与次兵衛渡ス、右両人七月六日ニ罷帰り申旨、則右過書七日ニ受取、同九日ノ御役所ニ上ル
（内山文書、富山大学図書館所蔵）

手続きまで記されているのは珍しいと思われるので掲げたものだが、二通の過書が二人の女性に渡され、参宮から帰国後、郡役所へ過書が返却されている。出立のわずか二日前に願書が提出され、そして当初申告していた七月六日にしっかり帰村していることからも、参宮がかなり浸透し、慣習化していたことがうかがえる。

また関所破りも、そのもので摘発された事例はきわめて少なく、男性に連れられた女性は、寛大な処分を下されていることが多い。さらに関所破りが発覚した場合も、その後の手続きの煩雑さを回避するため、送り戻す事例なども知られている。

さらに往来手形を発行できるのは檀那寺の住職であったり、名主であったりと、ある程度の立場にいる者であれば誰でも可能であり、関所手形でさえも、徐々に緩められ、一九世紀には関所近くの宿場町の旅籠屋で発行してもらっている例もみられる。このような社会の柔軟さが、旅を必要以上に制約することを阻んでいた。そもそも領主は、領民が旅に出る

ことそのものにも寛容であった。飢饉や財政難など、何らかの危機感が領内で共有されている場合を除き、ほぼすべての藩で、長期または複数回にわたる旅の禁止令が出されていないことが、何よりの証拠である。

たとえば海保青陵《かいほせいりょう》は、『稽古談《けいこだん》』のなかで、抜け参りが流行って困っているという問いに、大廟《たいびょう》である伊勢への参拝を禁じることは、大いに民心を失う政策であると答えたうえで、本来領主から費用を出してまでも、百姓全員に、正式な参宮をさせるべきだが、それは現実的に難しいので、抜け参りに一貫文の過料を科して、名主庄屋より上納させるようにすれば、抜け参りが未然に防げ、少なくなるとさえ述べている。実際、会津藩領の越後国蒲原郡《かんばらぐん》域では、抜け参り者の出た村の役人をも厳しく処罰すると触れており、村役人に監視させて抜け参りを防ごうとしている。

このことからも明らかなように、平常時、問題とされているのは抜け参りなのであって、きちんと租税を収め、正式な手続きを経た伊勢参宮やその他の寺社参詣は、領主にとってあまり障壁となるものではない。こうした土壌ゆえに、領主側のしなやかな対応が呼び起こされていた。

また抜け参りについては、領主側だけの問題ではない可能性がある。新発田藩では、参宮は正式に届出すれば許可するとしているのにもかかわらず、実際には抜け参りの報告が頻繁に村役人から、大庄屋へなされている。とするならば、これは領主による統制の問題だけでなく、村社会のなかでの圧力の問題も絡んでいるのではないかと考えられる。つまり本人の経済的基盤の弱さや村内秩序などと関わって、往来手形を発行してもらえず、領主への届け出さえ妨げられていたケースが近世を通じて無数にあり、それが抜け参りの一つの淵源となっていたのではないか、ということである。新発田藩の抜け参り者は、若い男女が目立っており、彼らは正式な届け出すら許されなかったのではないだろうか。なおそのような若い彼らでも、周囲への配慮をして抜け参りをおこなっていたようである。実行時期は四～五月が多いからである。旅籠に泊まれないため、温暖な時期を選んだという側面もあろうが、同時に田植えの終わった時期を狙い、迷惑を最低限に留めようとしていたのではないだろうか。

旅先の信用と荷物回送システム

伊勢参宮を例にとれば、御師《おし》の存在は不安の処方箋である。御師とは特定の寺社に所属して、参詣者の宿泊、参拝の世話をする者たちである。その配下にある手代は、参詣者にとってより身近な存在であった。なぜなら旅先で唯一の知人であるからである。御師が全国の檀家すべてをまわることは無理であるから、手代が代わりに檀家廻りをおこなった。手代がどのような者であるかはいまだ不明だが、手掛かりとなる史料がある。天保十一年（一八四〇）、陸奥国川俣《かわまた》（現福島県伊達郡川俣町）から旅立った商人であり俳人でもある大内壺山が、その日記「西遊記」で、四月十七日に伊勢を離れる際、滞在中に世話になった多祢熊吉ら二名と、宮川《みやがわ》の川端で酒盛りをして別れた。その際に、壺山は「神宮領の百姓は一ヶ月に六度人足の役をつとめている。あるいは宮川まで参詣者を迎に出で御師宅へ案内し、あるいは参宮の日は駕《かご》を担ぎ、または引馬の役等をつとめている。だいたい一ヶ月に二度である」と記しており、周辺の伊勢神宮領の村人が、参詣者の世話をしていることがわかる。彼等が檀家廻りまでしているとは思えないが、こうした役によって参宮が支えられていた。

また旅を楽にするものの一つに、荷物回送システムがあった。たとえば筑波山、相模大山《おおやま》、鳳来寺山《ほうらいじさん》などで、別の登山口に降りた際に、そこに荷物が届けられているという、山岳宗教集落の連携による回送システムがあった。

参宮でいえば、松坂の手前の月本《つきもと》、六軒《ろっけん》という、それぞれ伊賀と初瀬《はせ》を越えて奈良に入っていく街道の追分《おいわけ》（分岐点）に、京や大坂の宿屋が支店を出していた。これから参宮をしようとする旅人と交渉して、当座必要のない荷物を預かり、大坂や京へ回送するのである。宿屋にとってみれば、参宮者の多くが京や大坂にも足を向けるわけであるから、数週間先の宿泊者を獲得できることになる。

これに加え、伊勢にまで食い込んでいる宿屋もいた。文政六年（一八二三）の石巻の菊枝楼繁路による「伊勢参宮日記」（『石巻の歴史』第九巻）には、宮川を渡った中河原町に支店を置いていた京の縫物屋嘉兵衛という宿屋が登場し、その番頭と荷物を送る首尾を相談し、酒肴《しゅこう》を振る舞われた。伊勢滞在中は、御師三日市大夫次郎宅に宿り、二月十五日朝に伊勢を立つ際、縫物屋嘉兵衛の番頭がやってきて、必要のない荷物を頼んで送った。その代金は京都で支払うこととなった。

それから奈良、吉野、高野山をまわり、大坂で止宿した先は、道頓堀《どうとんぼり》の大和屋弥三郎である。この大和屋も伊勢の月本に支店をだしていた宿屋である。この大和屋を起点に大坂をまわったのが二月二十五日である。この大和屋の箇所に、「夫《それ》より道頓堀大和屋へ戻り、夕食□暮七ツ時舟ニ乗り、其夜舟ニ而壱宿、右大和屋弥三郎方より用無き荷物、又京都縫物加兵衛へ送り申候」とある。大和屋は金毘羅参詣のための船を出していたことでも知られ、瀬戸内海の絵図も発行している。大和屋の船で四国に渡り、二十八日の四ツ時に丸亀城下の船宿大黒屋清太夫に着いた際、片旅籠（一泊一食のこと）で二〇〇文支払い、船宿へ必要のない荷物を預け、すぐに金毘羅へ向かった。それから二日ほど天候に恵まれず丸亀に逗留し、ようやく三月二日四ツ時に出帆した。海上でも天候不順で途中の浜で宿りながら、四日暮六ツに播磨国室津《むろつ》に到着した。ここで陸に上がり、片旅籠で船宿伊予屋平九郎に宿りを求めた。

大坂以降室津までの行動は、ほぼ大和屋の描いた行程をたどっている。そして姫路《ひめじ》、明石《あかし》、須磨《すま》、兵庫、西宮《にしのみや》などを経て、山陽道で大坂を経ることなく、石清水八幡《いわしみずはちまん》、宇治《うじ》、万福寺《まんぷくじ》、東福寺《とうふくじ》をまわり、三月八日に京へはいった。京では予定していた六角堂《ろっかくどう》前の縫物屋に七ツ時に着いた。翌日以降市中案内がサービスされている。

もちろんこれは縫物屋だけではない。万延元年（一八五九）七月六日、陸奥国石川郡坂路《さかじ》村《むら》（現福島県石川町）を妻（五八歳）とともに立った神職の坂路河内頭（六七歳）の「道中日記」（『石川町史』下巻）によれば、

　荷物之儀は太夫宅より、京都江相頼み百目　拵《こしらえ》　六づゝ、但京都六角堂もちや宗左門より、伊勢山田町江出張を構、参詣之衆中諸荷物は右之割合を以、六角堂餅屋宗左衛門江相送候

とあって、伊勢の外宮御師の三日市大夫次郎宅から正式な手段として、京の餅屋宗左衛門へ荷物を送っている。ほかにも同じような業者が多数伊勢街道に支店を出し、ときには御師宅にも出入りし、荷物の回送を請け負っていたのだろう。ちなみにこの餅屋には、京滞在中最初の一泊とあと一泊しかしていない。翌日からは、坂路河内頭が神職であることから、

吉田殿（吉田社社家）御宿谷伊平衛に宿泊している。その後一度大坂へ出かけた帰りに（大坂の宿所は道頓堀大和屋）、餅屋に立ち寄り、案内人を雇って京市中をめぐり、一泊だけして再び吉田殿御宿谷伊平衛に戻って、二泊したのち、中山道で帰路に就いた。神職というやや特殊なケースだが、これも伊勢山田と京六角堂、大坂道頓堀での広域な連携がうかがえる。

このように、旅人は、旅行業者同士が連携して構築した、広域なシステムのなかで動かされていた。このこと自体は、近世にも便利なシステムがあったのだということに過ぎないかもしれない。しかしそれ以上に、業者を信用して荷物をどこでも預けているという事実は、地域を超えた顔のみえないシステムを信用しているという点において、社会の進展度をはかる重要な指標なのではないだろうか。

この件に関して、天明三年（一七八三）七月、京旅宿鐙屋《あぶみや》太右衛門から、祖先の出身地である佐渡にプロモーションをかけたことを示す史料がある（『新潟県史』資料編九）。その内容は、「中頃の太右衛門が家業に志がなく、客を粗略に扱ったため、他の旅宿に旅客がうつり、生業が立ち行かなくなってしまった。したがって私が相続したこの機会に、再び鐙屋に宿泊してほしい」と高下《こうげ》村（現佐渡市高千）の人びとに宛てて依頼したものである。月本、六軒、伊勢での客引きだけでなく、こうした縁故を頼って各所に宿泊の願いをする宿屋の努力が、多くの旅人の定宿となって複数の道中日記に登場する歴史の根底にあったのであろう。

この件はより大きな広がりをみせるかもしれない。明治四年（一八七一）十一月に出羽国置賜郡十王村《おきたまぐんじゅうおうむら》（現山形県白鷹町）から出立した南部正登の「伊勢西国道中記」（著者蔵）によれば、正月四日に伊勢山田の三日市大夫についた際、京都から宿引に来た縫物屋嘉兵衛に荷物を渡し、京都へ送らせている。一行の人数が多かったためか、みのや徳右衛門という宿屋にも分割して荷物を送っている。この一行は西国順礼もおこなっており、ルートは実に複雑で、二月四日に比叡山から京都市中にはいり、みのや徳右衛門に宿泊したところ、伊勢から送った荷物が無事届いていた。そして「此ゟ《より》近江ノ今津へ送るへし、米原ハ順わろし、割判《わりはん》ニシテ手形取べし」との加筆がある。

これはどういうことだろうか。彼らはこののち西国に行き、金毘羅と各札所をまわり、若狭国小浜から今津にでて、舟で竹生《ちくぶ》島《しま》（三〇番）に詣でたのち、長浜で上陸している。このあと、本来なら美濃国谷汲寺《たにぐみでら》（三三番）に向けてまっすぐ東へ向かいたいところだが、遠回りをして荷物を米原までとりに行かざるを得なかった。この反省による加筆である。米原の箇所では、「京ゟ送る荷物有、取廻候、荷問屋北村源十郎……安し、但し、駄ちん（賃）ハ京ニて出し候、此時京ノ宿ゟ送り手形取ずニ来り故、受取るニわろかり申候」と送り手形を入手せずに来てしまって、荷物の受取に手こずったことをうかがわせる記述がある。

この事例は、京から今津と米原に送る二つの選択肢があったことを示している。これからも道中日記の解読が進めば、より広域な形で荷物をこまめに預け送りながら旅をする姿が、さらに具体的にわかってくることだろう。

村社会における旅の遺産

道中日記の荷物受取に関する記述は、後の旅行者への教訓である。道中日記はのちに清書されていることも多く、近隣に貸し出されていたことがわかっている。そのため、旅で得た知見を書き込んでいく例も多い。

文政六年（一八二三）の石巻の菊枝楼繁路による「伊勢参宮日記」では、「参宮の旅人十三ヶ条心得事」として、

一、第一信心大神宮日拝の事
一、専じひの心をもちて通るべし
一、諸の生物をころすべからず
一、女にたはむる言葉なすへからず
一、腹薬り気つけもつべし
一、酒をすこすべからず
一、同行、口論なきやう慎むべし
一、船頭日用に銭の多少にて争まし
一、身のまわりかろく金銀少シ持べし
一、足のよはき人に荷物をようしや有べし
一、日の内にはやく宿をかるべし
一、夜ぶかに宿を出ましき事
右拾三（二ヵ）ヶ条可心得事

このような旅の心得を後の旅人のために書き記す事例は決して珍しくない。いずれも現在に通じる価値観である。他人に迷惑をかけず、揉め事や危険を避け、平穏無事に旅を終えることを重視している。他人の目を気にすることは、個人の尊厳に由来するものだけではない。家を出れば家を代表し、村を出れば村を代表し、国を出れば国を代表するという意識がある。

たとえば天保九年（一八三八）七月、米沢藩士三名が、案内者二名を連れて飯豊山《いいでさん》への登山をしたところ、次第に風雨が強まり疲れ果てた泉崎賢親は、山頂を目指す残り四名と分かれて、岩陰で待機していた。その際、あまりの心細さと寒さに耐え兼ね、一度小屋ある所まで下ろうと思ったが、小屋にいる会津の人等に御山にも登れず、凍えて死にそうなところ、命を助けたと言われては、我が身だけではなく、「国の恥か、やかさんわさなるべし」と思いとどまっている（『飯豊の山ふみ』米沢市立図書館所蔵）。長期の旅に出た際には、各所で必ず生国の話になるはずであり、地元を代表しているという意識は、彼等の行動の源泉となり、ときに制約をかけるものでもあった。道中日記の戒めのなかには、自分の故郷を馬鹿にされたくない、という意識から芽生えた「恥」の意識があるように思われる。

また『旅行用心集』（八隅盧庵《やすみろあん》著、文化八年〈一八一一〉）の「道中用心六十一ヶ条」に、このような箇条がある。

一、相宿《あいやど》にて風呂へ入には、宿の案内次第、其上にて入事なれども、宿屋取込、客人の前後を取違《とりちがい》等有時、むつかし出来るものなれは、相客の様子を見受、もし其中に貴人等あらば、夫《それ》を先へいれべし。是等も前後の争ひより物いひ出来るものなり。旅ハ物事を扣勝《ひかえがち》にすれば、身の益有こと多し

健康への心得、準備不足への戒めとともに、このような揉め事の回避にも心が砕かれている。「可愛子《あいすべき》には旅をさすべし」とは、『旅行用心集』にも登場することわざである。同行者は、多いときには数十名にも及ぶケースもある。ときには発病し、ときには悪天候で逗留し、いく度も峠を越え、鳳来寺や長命寺《ちょうめいじ》（西国順礼三一番）の石段を、あるいは成相寺《なりあいじ》（同二八番）や圓教寺《えんきょうじ》（同二七番）の山道を、ひたすら上り下りをする。このような経験を、日本列島中の若人がするので

ある。これは協調性や忍耐力といった気質を培うのに一役買っただろう。他人への配慮は、同行者だけでなく、見ず知らずの人びととの間にも及んだであろう。旅という精神的鍛錬を通じて倫理性が磨かれている。

また伊勢参宮に限らず、多くの山岳登拝が、男子にとって成人への通過儀礼となっている地域も多い。これは精神性だけでなく、性的な成年式の意味合いを持つことが多い。成田《なりた》参詣における船橋宿《ふなばししゅく》、相模大山《おおやま》参詣における藤沢宿《ふじさわしゅく》は、精進落《しょうじんお》としとしての役割をもった。

こうした地域からの参詣は、多くの場合、参詣講《さんけいこう》によって果たされた。同郷の者同士による同行は、互いに安全確保となるだけでなく、経済的な懸念を払拭するものであった。一人では費用を捻出できなくとも、数十名寄り合って少額を投じれば代表の参詣者を派遣できる。その代表者は伊勢で全員分の御祓大麻《おはらいたいま》を受け取り、高野山では自他家の追善供養を代行して依頼することになる。そして講が継続される数年の間に一度は、自分にも参宮の機会がまわってくるのである。分割払いにもつながる参詣講の費用負担は、先人の知恵である。

2　旅の大衆化がもたらしたもの

旅の大衆化が日本列島にもたらした影響は多大である。旅では、他地域の人びととの接点が生じ、旅籠屋・木賃宿《きちんやど》で情報交換が行われた。そのなかには農業技術の伝達も含まれ、あるいは旅の途中で耕作風景を実見して得た知もあるだろう。後に述べるような文人同士の交流は、記録が残り目立つものだが、それ以外に多様な無名の人びとによる交流があったことの歴史的意義は一考に値する。以下、旅の大衆化の影響について、具体的にみていきたい。

土産物がもたらした地域文化の発展

天保十一年（一八四〇）、陸奥国川俣（現福島県伊達郡川俣村）の大内壺山による道中日記「西遊記」では、到着した翌日、御師西山太夫宅で、神楽《かぐら》が九名にて執行され、神酒《みき》が振舞われた様子が書き留められている。

西山太夫於神前小神楽修行
神楽役人烏帽子直衣《のうし》ニテ五人列坐　鞨鼓《かっこ》　三人
笛　弐人
謡曲　別坐上席ニ壱人
巫子《みこ》提髪《さげがみ》ニテチハヤヲ着候者一人、打掛ヲ着テ提髪ナル者二人、巫女奏神楽至テ古躰ナリ、已上九人
御神楽相済候得者、巫女三方《さんぼう》土器持出シ、御神酒《おみき》頂戴

こうした様子は、寛政九年（一七九七）の『伊勢参宮名所図会』でも克明に描かれ、そこにはレンタルした狩衣や直垂姿で同席する人びとの姿がある。ここで奏された神楽や衣装は、地方の儀礼へ影響を与えただろう。

また伊勢の外宮《げくう》と内宮《ないくう》の中間、外宮から古市《ふるいち》に登る尾部《おべ》坂（間《あい》の山）に、お杉・お玉という芸人が代々いて、参詣者が彼女たちをめがけて銭を投げると、それをさらりとかわしつつ、乱れずに三味線を弾き続けるという芸を披露していた。そのほか、ささら摺り（簓《ささら》をこすりながらおこなう遊芸）もおこなわれ、これまた『伊勢参宮名所図会』に描かれている。塚本明氏によれば、古市から内宮へ下る牛谷《うしたに》坂もあわせて両坂にでていたのは、伊勢神宮の門前町にある「拝田」「牛谷」の被差別民であり、伊勢神宮領の刑罰や葬儀のケガレを引き受ける者たちであった。彼らは両坂や宇治橋での参詣者の蒔《まき》銭《せん》によって生計をたてていた。彼らはまた御師とも連携して、伊勢の盛り場である「間の山」を創出していた。盛り場は、御師が檀家の接待のために必要な装置であったからである（塚本明『近世伊勢神宮領の触穢観念と被差別民』）。

このお杉・お玉が奏でていたものが伊勢音頭《いせおんど》とされていて、大内壺山は伊勢を出たのち松坂で、「行カフ道者《どうしゃ》衆、伊勢音頭と云へる小唄ヲ口々ニ囃《はや》シテ通ル也」という光景に出逢っている。まったくお金のかからない土産である。そのため、全国各地に伊勢音頭は残っている。

伊勢だけではない。南会津の檜枝岐《ひのえまた》歌舞伎は、参宮の際、江戸で歌舞伎をみて習ったという伝承を持っている。早池峰《はやちね》神社（現岩手県遠野市）に奉納することで知られる遠野附馬牛《つきもうし》のシシ踊りは、由来の一つに、村の寅という者が参宮の記念として鹿踊りを伝えたというものがある。これらが真実かどうかは別にして、旅が芸能の受容の大きな機会となっていたことを示唆するものである。

図 7–2　間の山の雑踏（『伊勢参宮名所図会』，三重県総合博物館所蔵）

参宮では、江戸、京、大坂に立ち寄るため、最先端の絵画、薬、書物・地本《じほん》（江戸の草双紙《くさぞうし》類）を購入し、歌舞伎・浄瑠璃などに触れる絶好の機会となっていた。あるいは、伊勢、相模国江ノ島、陸奥国金華山《きんかざん》を訪れる人びとの道中日記では、献立や膳の配置を絵図で示す人もいる。海沿いならではの新鮮な海産物は、冷凍技術の未熟な時代にあって初体験という人も多く、相当な憧れがあったことだろう。御師宅や宿坊で出される本膳料理（武家の供応料理）の配膳方法（とくに二の膳付）、調理方法は持ち帰るのにふさわしい土産である。この点については、高野山も、伊勢参宮の道中日記に限っていえば、伊勢とともに献立が記録される場所である。おそらくは、参詣者は精進料理のモデルとして書き留めたものと考えられる。

郷土を客観視する目と政治の客観性

伊勢参宮をはじめとした旅の大衆化は、自分の故郷の良し悪しに目を開かされる絶好の機会であった（堀一郎「郷土を愛する心」)。まさに、『旅行用心集』の序に、「泊々土地、処の風俗によって、けしからぬ塩梅《あんばい》の違あるものなり」とある通りである。

一八世紀をまたぐ頃に旅の大衆化がはじまり、宝暦・天明期(一七五一～八九)に最盛期を迎え、一九世紀には各地に歴史意識の高揚がみられるようになった。すなわち国学の広がりや、かなり微細な地域に絞った地誌・歴史書の編纂である。また中世後期からの定住化と幕藩制の確立によって、地域固有の文化(たとえば方言、祭礼、習俗)が生成されたが、旅の大衆化によって、その独自性が改めて認識されるに至った。つまり、旅の大衆化は、日本列島がひとまとまりであることを実感させ、近代の国民国家の前提の一つとなっていたのではないか。さらに、旅の大衆化は、身分の時代から階層の時代へと変化する前提をつくりだした。

そもそも旅では、相応の費用さえ払えば「身分」など関係なく、その対価を享受できる。一般論として、経済が発展すれば、勝者と敗者が生まれ、貧富の格差が進行する。そのような社会になれば、身分や家柄よりも金銭の重要性が増すことになる。旅のような非日常の空間・時間に没入した場合、普段の上下身分などは一時的に希薄化されて、より一層貨幣経済の世界を体感することになっただろう。

井原西鶴《いはらさいかく》は、『日本永代蔵《にっぽんえいだいぐら》』巻六第五「知恵をはかる八十八の升掻《ますかき》」で、「人はみな目も鼻もあり、手足も付いて生まれるが、一般の町人は金銀を沢山持つことでしか有名になれない。それを思うと若い時から稼いで名を世に残さないのは口惜しいことである。家柄や血筋にかかわらず、金銀だけが町人の氏系図になる。たとえば藤原鎌足の血筋でも、町屋住まいの身で貧乏だったら、猿回しにも劣っている。とにかく金持ちになることが肝要である」と述べている。

元禄時代を象徴するようなこの言葉通り、都市や在郷町では、身分制社会に対する客観的な視点が次第に成熟していった(前田勉『兵学と朱子学・蘭学・国学—近世日本思想史の構図』)。西鶴、近松門左衛門《ちかまつもんざえもん》、荻生徂徠《おぎゅうそらい》のような知識人層には、一七世紀後半から、政治に対する批判、批評、客観的な視点が成熟し、その作品を通じて広く周知されていった。高尾一彦氏は、西鶴や近松を近代意識の先駆けと評価している（高尾一彦『近世の庶民文化』）。ただし、これは都市部と一握りの知識人に限ったことで、客観的な視野を持つ人が、日本列島全体にあまねく登場してくるには、旅による人の移動と、人的交流が欠かせなかったであろう。

民衆による天皇の認識

もう一点、天皇の存在の把握につながった可能性を指摘しておきたい。たとえば参宮では、東日本・西日本ともに、ほぼ京を訪れる。京では、御所を訪れる人が一定数いるが、おそらく天皇という存在がどのようなものか、明確に認識していた人は、全体からみればごくわずかである。

文久二年（一八六二）出羽国田川郡肝煎村（現山形県庄内町）の森居権左衛門は参宮ののち畿内、金毘羅をまわって、三月五日に京へ入った。まず六角堂を訪れたのち、北上して公家町へ赴いた（「御伊勢参宮道中記」『立川町史資料』第五号）。それから南から鷹司家《たかつかさけ》、九条家、五条家、仙洞《せんとう》御所を通って、日御門前から御所を拝し、その前にある白川伯王《しらかわはくおう》邸を訪れ、三六文を出して、御札、御神酒、節分豆を頂戴している。白川家は、宮中の祭祀を司る家である。それより鴨川で橋銭六文を出して渡り、吉田《よしだ》社《しゃ》に赴いた。吉田家は、「神祇管領長上」を名乗り、全国の神社を支配して、白川家を凌駕していた。このように、御所参拝といっても、実質は外から眺めるだけで、訪れるのは白川邸のみであった。ただし他の複数の道中日記で白川家や何らかの伝手を使って内侍所《ないしどころ》まで行き、酒と節分豆を貰い受け、紫《し》宸殿《しんでん》の橘と桜を拝見している事例もあることから、伝手の有無、時期、時代によって対応が異なっていた可能性はあるだろう。この森居家は、和歌にも造詣があり、公家や天皇をしっかり認識しているが、むしろこのようなケースは稀である。

大部分の人びとにとって、参宮に付随する京訪問で、御所の長い壁と御門と白川邸を通じて、天皇の存在を認識する機会となっていたと考えられる。あるいは、京の案内人次第では、伊勢内宮の祭神・天照大神と天皇とが結びつく千載一遇の機会ともなっていただろう。もちろんこの背景には、天和期（一六八一～八四）以降の朝廷儀礼の復興があった。とくに大嘗祭《だいじょうさい》は、皇祖天照大神《あまてらすおおみかみ》から、歴代の天皇が神性と日本統治の権能を授けられる儀式であると、垂加《すいか》神道、復古神道によって位置づけられている（宮地正人「天皇制イデオロギーにおける大嘗祭の機能」）。そのため、参詣者が、京で伊勢と天皇を縫い針するような主張を耳にしている可能性は高いだろう。

だが、近世の参宮は東日本の住人が多く、しかも農業神としての外宮（豊受大神《とようけのおおみかみ》）への参拝が内宮のそれを凌駕していた。そのため参宮そのものを、天照大神への信仰や天皇崇拝に直線的に結びつけるのは甚だ危険である。また近世の村落の触留や日記をみていても、天皇はおろか、将軍でさえもほとんど意識しているようにはみえない。仮にそのような存在がいることは知っていても、実態としては、「御上」のなかのひとつに過ぎず、没個性的な存在だったであろう。

旅が生んだ文芸的公共性

旅は地域や身分を超えた文化的交流を生み出す。日本全国をまわり、交流をした事例は枚挙にいとまがない。高山彦九郎《たかやまひこくろう》も然り、吉田松陰《よしだしょういん》も然りである。尊王思想家の高山彦九郎は、寛政二年（一七九〇）に東北各地を巡っている。この帰路、十月二十一日から仙台の林子平《はやししへい》の兄宅に逗留した。途中二十八日から十一月朔日までは、塩釜まで出かけ、塩竈《しおがま》神社の神職藤塚千明宅に二泊、八幡村伊藤清之助宅に一泊しているが、林家には十一月三日まで都合八泊している。その間、子平が数日診療に行くため留守にしていたものの、ほぼ毎晩酒を酌み交わしている。もちろん、近隣の人びともその輪に加わっている。子平はこの二年後、ロシア南下と海防を説いた『海国兵談《かいこくへいだん》』や、朝鮮・琉球・蝦夷《えぞ》の三国の地理書である『三国通覧図説《さんごくつうらんずせつ》』を著したことによって、松平定信《まつだいらさだのぶ》により兄宅に幽閉されることになるが、彦九郎が訪れた時には、子平はすでに両書を書き上げたあとであった。彦九郎は、子平の蔵書である版画『和蘭陀船図解』（現神戸市立博物館所蔵）、佐崎能助『和蘭地理書』、ヒューブナー原著の『ゼオカラーヒ国字解』をみている（「北行日記」）。

もちろんこれは一例に過ぎず、近世を通じて、数多くの場所で、このような人的な交流があり、その遺産は決して小さくはない。ハーバーマスは、『公共性の構造転換』のなかで、政治的公共性の前駆をなすものとして、非政治的形態の公共性が形成されるとしている。すなわち「文芸的公共性」である。文化を対象とした論議を介して、公共的論議の術を習得していくのだともしている。近世では、例えば津々浦々で、俳句や狂歌のサークルがつくられていた。これらは、かなり風土の異なる日本列島全体が、もともとは畿内周辺の感覚で生まれた「季語」に呪縛されるという、奇妙な慣習によって中央とつながっていた。だがそれでも地域で累代「文化」を蓄えていくと、ハーバーマスが述べた都会だけでなく、その他の地域にも「文芸的公共性」が生まれることになる。

天保二年（一八三一）九月、三河国田原藩士の渡辺崋山《わたなべかざん》が藩史執筆の調査のために、相模に旅して厚木に逗留中、周辺の人びとが集まって毎晩飲み明かした。崋山によれば、人が集って、ある人は三味線を弾き、ある人は長歌《ながうた》を唄い、ある人は酔って舞う状況で、崋山も扇舞をして人びとを笑わせた。そのあと崋山は酔って寝てしまい、客が帰ったことさえ知らずという状態だった。（『游相日記』）。

崋山が交流した人のなかに「駿河屋彦八」なる人物がいた。彼は酒井村の名主で、俠客《きょうかく》であった。崋山は彼の人柄について、「姓素朴、小児ノ如シ。不義ヲ悪《にくむ》ニ至テ、己レ死ストモ不止《やまず》。自持才芸者、皆行テ蔭ヲ乞」と紹介している。訪ねてきた彦八に対して、崋山が厚木は豊かなところだが、何か不足に思うことはないか、と尋ねたところ、彦七は、今の殿様は慈仁の心は少しもなく、隙をうかがって収斂《しゅうれん》を行うので、「殿様ヲ取カヘタランコソヨカルベシト思フ也」と平気に公を批判した。

これに対して、崋山は「余、愕然《がくぜん》ト驚」いて、なるほど百姓は田作を稼げば、領主への義理もないが、あなたの言は狗《いぬ》にも劣るものであるとしたうえで、地頭に対して吠えた飼犬の首を掻いて、犬は自分ばかりを主人と思っているので許してほしいと詫びた百姓に対して、地頭が百姓に金を与えたという話を引き合いに出して、「どうして厚木の民は、この畜生（犬）にも劣っているのか」と言ったところ、彦八は黙った。ところが、それに対して、厚木で親しくなった医師唐沢蘭斎は、厚木の領主について、「御領（幕府領）ニナラバ上々、御旗本ノ知行ニテモ可ナリ」としたうえで、「ただ小諸侯というものは威勢が強く、隅々まで穿鑿《せんさく》し、少しの隙《すき》あれば刻政《こくせい》を行い、用金を申しつけ、収斂《しゅうれん》ばかりするものである。今の厚木はこのような状況である。私が医者として旗本屋敷へ出入りし、厚木の富を説いた時には、きっと権勢ある旗本はこれを奪うだろう。これは手のひらを反すことより簡単な真理である」と述べた。これを聞いて、崋山は「余聞て愕然タリ」と感想を述べている。

この厚木の人びとは、崋山が厚木の万年屋に宿りを求めた際、主人へ「我ハ三宅土佐守の家来にて、渡辺登とよべる絵など走りかきて、おかしき男なり。此里にわれ《（我）》にひと《（等）》しき人しあれば、迎ひてひと夜を語りあかさまほしく思ふなり。物売人か、手など書人か、歌、はいかい《（俳諧）》、詩など好める人か、はなし好く人か、いづれ話をきかまほしく思えば、呼たまはれ」と頼んで、近隣から集めてもらった人たちである。この旅中では、さまざまな場所で書画を拝見したり、自身の書画を所望されたりしている。

人の移動の利便性が、前時代よりはるかに向上した近世という時代に、こうした文化的営為をとおして列島各地で人びとの交流がおこなわれた結果、「文芸的公共性」があちらこちらで成立していたのであろう。また権力が分散され、民衆にとっての領主が複数かつ多岐に存在し、その領主が交代することもあったところに、民衆の自律性が醸成されていったといえるだろう。

おわりに

以上、旅先への不安の解消に対してさまざまな手段が生み出されてきたこと、旅の大衆化によってどのような影響が日本に残されたのか、という視点で縷縷《るる》述べてきた。

タクシーに安心して乗ることができる、街中でひったくりや強盗にあうことはほとんどない、という世界でも屈指の日本の治安のよさは、御師との信頼関係や荷物の一時預けに通じる。これは、人びとが広域な社会システムに組み込まれ、それを当然のように利用しているという点で、近代性を議論する際にひとつの尺度となるだろう。

参詣講の旅は日本列島全土の男子の多くに精神的鍛錬を与え、協調性や忍耐力などの倫理性を育むこともあった。そして故郷を代表しているという「恥」の意識を芽生えさせることもあった。彼等が移動することで、さまざまな文化や習俗が移動し、また故郷を客観視する目を養い、一九世紀の歴史意識の高まりを生んだ。一方で日本列島内において、例えば情報交換のなかで、異なる名称のものが実は同じ物であることに気付き、あるいは異なる地域の農作法や祭礼を取り入れるなど、さまざまな点で均質化していき、やがて到来する国民国家の一前提となった。さらには、旅のような非日常の空間・時間において、普段の上下身分などは一時的に希薄化されて、より一層貨幣経済の世界を体感することにつながった。

また天皇の存在の把握につながったと考えられ、日本列島全体の男子の一部が、京の御所を訪れ、天皇という存在に触れたことは、明治以降の天皇制国家の一前提として留意されてよいだろう。旅は地域や身分を超えた文化的交流を生み出し、各所に「文芸的公共性」を生み出してもいる。ここにまとめた要素は、政治権力が分散されており、民衆への対応が柔軟であったからこそ、人の移動が制限を過度にうけなかったことと関連している。

〔参考文献〕

石川町編纂委員会編『石川町史』下巻、石川町教育委員会、一九六八年
石巻市史編さん委員会編『石巻の歴史』第九巻・資料編三・近世編、石巻市、一九九〇年
大内史之編『西遊記―大内壷山の旅日記―』二〇〇九年
鬼頭　宏『人口から読む日本の歴史』講談社、二〇〇〇年
柴田　純『江戸のパスポート―旅の不安はどう解消されたか―』吉川弘文館、二〇一六年

高尾一彦『近世の庶民文化』岩波書店、一九六八年
立川町史編さん委員会編『立川町史資料』第五号、立川町、一九九三年
塚本　明『近世伊勢神宮領の触穢観念と被差別民』清文堂出版、二〇一四年
新潟県編『新潟県史』資料編九・近世四、新潟県、一九八一年
深井甚三『幕藩制下陸上交通の研究』吉川弘文館、一九九四年
堀　一郎「郷土を愛する心」柳田國男編『日本人』毎日新聞社、一九七六年
前田　勉『兵学と朱子学・蘭学・国学—近世日本思想史の構図—』平凡社、二〇〇六年
宮地正人「天皇制イデオロギーにおける大嘗祭の機能」『歴史評論』四九二、一九九一年
もみじの会（代表高橋陽一）編『小畑富蔵「西国道中日記」—江戸時代の旅、仙台からのお伊勢まいり—』蕃山房、二〇一九年
ユルゲン・ハーバーマス著・細谷貞雄訳『公共性の構造転換—市民社会の一カテゴリーについての探究—』未来社、一九七三年

執筆者紹介（生年／現職）―執筆順

小林准士（こばやし　じゅんじ）　→別掲
林　晃弘（はやし　あきひろ）　一九八六年／東京大学史料編纂所准教授
佐竹朋子（さたけ　ともこ）　一九七六年／京都女子大学文学部准教授
朴澤直秀（ほうざわ　なおひで）　一九七一年／東洋大学文学部教授
梅田千尋（うめだ　ちひろ）　一九七〇年／京都女子大学文学部教授
上野大輔（うえの　だいすけ）　→別掲
鍛治宏介（かじ　こうすけ）　一九七三年／京都先端科学大学人文学部教授
石上阿希（いしがみ　あき）　一九七九年／京都芸術大学通信教育部芸術学科准教授
原　淳一郎（はら　じゅんいちろう）　一九七四年／山形県立米沢女子短期大学日本史学科教授

編者略歴

上野大輔

一九八三年、山口県に生まれる
二〇〇五年、熊本大学文学部歴史学科卒業
二〇一〇年、京都大学大学院文学研究科博士後期課程修了、博士（文学）
現在、慶應義塾大学文学部准教授

〔主要論文〕
「近世前期における通俗道徳と禅心学」（『日本史研究』六六三、二〇一七年）
「近世前期の宗派紛争と政教関係」（『歴史学研究』一〇一五、二〇二一年）

小林准士

一九六九年、岐阜県に生まれる
一九九二年、京都大学文学部史学科卒業
一九九七年、京都大学大学院文学研究科博士課程単位取得退学
現在、島根大学法文学部教授、博士（文学）

〔主要著書〕
『松江城下の町人と能楽』（今井出版、二〇一四年）
『日本近世の宗教秩序―浄土真宗の宗旨をめぐる紛争―』（塙書房、二〇二二年）

日本近世史を見通す6
宗教・思想・文化

二〇二三年（令和五）十月一日 第一刷発行
二〇二四年（令和六）九月二十日 第二刷発行

編者 上《うえ》野《の》大《だい》輔《すけ》
　　 小《こ》林《ばやし》准《じゅん》士《じ》

発行者 吉川道郎

発行所 株式会社 吉川弘文館
郵便番号一一三―〇〇三三
東京都文京区本郷七丁目二番八号
電話〇三―三八一三―九一五一〈代〉
振替口座〇〇一〇〇―五―二四四番
https://www.yoshikawa-k.co.jp/

印刷＝株式会社 理想社
製本＝株式会社 ブックアート
装幀＝右澤康之

ISBN978-4-642-06889-5